VIVIAN WEIGERT
DR. FRANZ PAKY

Babys erstes Jahr

Monat für Monat das Beste für Ihr Kind

Liebe Leserin und lieber Leser,

willkommen auf dem Babyplaneten! Hier herrschen ein ganz neues Zeitgefühl und eine ungeahnte Liebe zum Detail, denn Ihr Neugeborenes lebt vollkommen im jeweiligen Augenblick. Die meisten Eltern, die in unsere Beratungsstelle und Praxis kommen, möchten wissen, wie ihr Kleines diese Welt erfährt, was es braucht und wie sie ihm das Beste geben können.

Die Bedürfnisse Ihres Babys ebenso wie seine immer wieder erstaunlichen Fähigkeiten sind auf den nächsten Seiten ausführlich beschrieben. Mit diesem fundierten Wissen im Hintergrund wird es Ihnen leichter fallen zu **VERSTEHEN, WAS IHR BABY IHNEN SAGEN WILL.** Denn wie jedes Neugeborene beherrscht es von Anfang an viele Ausdrucksmöglichkeiten mit seiner Stimme, seiner Mimik und Körpersprache. Je besser Sie die Sprache Ihres Babys verstehen, desto mehr können Sie es in seinen Lernschritten unterstützen und desto **HARMONISCHER WIRD SICH IHR NEUER ALLTAG GESTALTEN.**

Bis zum ersten Geburtstag erlebt Ihr kleines Kind eine rasante Entwicklung – und Sie mit ihm! Nie wieder wächst es so schnell, nie wieder lernt es so viel. Kein Wunder also, dass es sich beständig verändert und Sie als Eltern tagtäglich vor neue Aufgaben stellt. So werden Sie in kürzester Zeit fast zu Experten in Sachen Ernährung, Schlaf, Körperpflege und Gesundheit und **LERNEN VON WOCHE ZU WOCHE DAZU.** Kaum eine andere Phase im Leben ist spannender und bewegender als das erste Jahr mit Kind, selten öffnen sich so viele überraschend neue Perspektiven.

Wir haben dieses Buch für Sie geschrieben, um Ihnen einen verlässlichen und soliden Guide in die Hand zu geben. Denn schließlich zählt jetzt jeder Schritt, den Sie tun, und Sie möchten von Anfang an alles richtig machen. Es ist unser Wunsch, dass Ihnen dies so gut wie möglich gelingt – mit **VIEL LIEBE, GEDULD UND GELASSENHEIT!**

Inhalt

Vorwort 3

MIT ALLEN SINNEN IN BEZIEHUNG SEIN SEITE 9

Die ersten Tage Ihres Babys 10
Hallo Baby! 10
Ein guter Start 10
So nimmt Ihr Neugeborenes
die Welt wahr 12

Die ersten drei Monate 14
So nimmt Ihr Baby
die Welt wahr 14
Nähe durch Berührung 16
So kann sich Ihr Baby mitteilen 21
Ist Ihr Kind ein »Schreibaby«? 26
Sprachentwicklung:
Lautmalereien 28

Vierter bis achter Monat .. 29
So nimmt Ihr Baby
die Welt wahr 29
Das Verwöhn-Gespenst 30
Sicherheit kontra Abenteuerlust 31
Grundpfeiler der gesunden
Entwicklung........................ 31
Sprachentwicklung:
erste Silbenbildung 33

Neunter bis zwölfter Monat 35
So nimmt Ihr Baby die Welt wahr 35
Trennungsangst und Fremdeln 35
Sprachentwicklung: erste Worte 37

DIE MOTORISCHE ENTWICKLUNG IHRES BABYS SEITE 39

Die ersten Tage Ihres Babys 40
Was Ihr Baby schon kann 40
Bewegungsentwicklung.............. 40

Die ersten drei Monate 43
Bewegung: die Basics üben 43
Das Baby tragen 46
»Bewegte« Babys gedeihen besser ... 49

Vierter bis achter Monat .. 53
Babys Übungen im Liegen............. 53
Das Baby kommt vom Fleck 55
Das Baby-Workout: Strampelspiele ... 58
Feinmotorische Entwicklung:
Greifen und Begreifen................ 60

Neunter bis zwölfter Monat 61
Das Baby will hoch hinaus 61
Feinmotorische Entwicklung:
Greifen und Begreifen................ 67

STILLEN UND ERNÄHRUNG SEITE 68

Die ersten Tage Ihres Babys ... 70

Einfach stillen ... 70
So klappt das Anlegen ... 71
Stillen in verschiedenen Positionen ... 72
Kraftnahrung für den Anfang ... 74
Die ersten Tage und Nächte: rund um die Uhr zusammen sein ... 74
Stillen unter besonderen Umständen ... 78
Ernährung mit Formulamilch ... 79

Die ersten drei Monate ... 80

Wissenswertes rund um die Stillmahlzeit ... 80
Hilfe – das Baby weint an der Brust ... 86
Brustprobleme? So schaffen Sie Abhilfe ... 88
Die Ernährung mit dem Fläschchen ... 90

Vierter bis achter Monat ... 95

Einfach stillen ... 95
Das Baby weint, anstatt zu trinken ... 96
Abpumpen und Milch aufbewahren ... 96
Beikost: Essen mit Freude ... 98
Rezepte: Mama, was gibt's heute? ... 102

Neunter bis zwölfter Monat ... 105

Stillen ... 105
Beikost ohne Brei und Löffel ... 107

ALLES FÜR GESUNDEN SCHLAF SEITE 108

Die ersten Tage Ihres Babys ... 110

Babys schlafen anders ... 110
Das Nest erweitern: wo Babys gut schlafen ... 111

Die ersten drei Monate ... 115

Babys Schlafrhythmus ... 115
Hilfe in der »Nachteulen-Phase« ... 116
Mehr Schlaf von Anfang an ... 116
Einschlafen für Anfänger ... 118

Vierter bis achter Monat ..121

»Und, schläft es schon durch?« 121
Einschlafen: Braucht das Baby
schon ein Einschlaf-Ritual? 127
Schlaf am Tag 128

Neunter bis zwölfter Monat 130

Das abendliche Einschlafritual 130
Einschlafen 131
Durchschlafen........................132
Angstträume und Schreckgespenster 133
Schlaf am Tag 134

PFLEGE UND GESUNDHEIT SEITE 137

Die ersten Tage Ihres Babys 138

Typisch Neugeborenes 138
Schonende Hautpflege 142
Die Vorsorgeuntersuchungen
U1 und U2 143
Babys Wachstum 144

Die ersten drei Monate....145

Rund um die Hautpflege.............145
So wickeln Sie Ihr Baby 146
Die richtige Windel für Ihr Baby 148
Angenehm: konstante Wärme 150
Die Vorsorgeuntersuchungen
U3 und U4 151

Impfen 153
Alles ok? Das zeigt der Stuhl.........155
Babys Wachstum....................156
Beschwerden, die jetzt
auftreten können....................156

Vierter bis achter Monat ..158

Die ersten Zähnchen 158
Die Vorsorgeuntersuchung U5........161
Alles ok? Das zeigt die Verdauung....161
Babys Wachstum....................163
Beschwerden, die jetzt
auftreten können....................163

Neunter bis zwölfter Monat 166

Die Vorsorgeuntersuchung U6........166
Alles ok? Das zeigt die Verdauung....167
Babys Wachstum....................167
Beschwerden, die jetzt
auftreten können....................168

SERVICE-TEIL SEITE 174

- Erstausstattung für Ihr Baby 174
- Sicherheit in Haus und Garten 177
- Die Hausapotheke 179
- Vorsorge im Überblick 180
- Formalitäten nach der Geburt 181
- Gesetzliche Regelungen 182
- Adressen 184
- Literatur 186

MIT ALLEN SINNEN IN BEZIEHUNG SEIN

Wie nimmt Ihr Baby die Welt wahr? Was möchte es Ihnen sagen, wenn es weint? Am Anfang stehen viele Fragen, doch erstaunlich rasch lernen Sie und Ihr Kleines sich wortlos zu verstehen. Ihr Baby ist von Geburt an auf Kommunikation eingestellt. Es bringt alle wichtigen Fähigkeiten dafür mit auf die Welt und entwickelt sie in rasantem Tempo weiter. Für seine soziale Entwicklung müssen Sie Ihrem Kind im ersten Lebensjahr noch nichts Besonderes bieten, denn die wichtigsten Anregungen erhält es in der Zeit, in der Sie es einfach genießen, mit ihm zusammen zu sein.

Die ersten Tage Ihres Babys 10
Die ersten drei Monate 14
Vierter bis achter Monat 29
Neunter bis zwölfter Monat 35

Die ersten Tage Ihres Babys

Hallo Baby!

Wie oft haben Sie in den vergangenen Monaten daran gedacht, wie es sein wird, wenn Sie zum ersten Mal Ihr Baby im Arm halten, und jetzt ist es Wirklichkeit geworden: Ihr Kleines ist da! Die ersten gemeinsamen Stunden mit Ihrem Neugeborenen zählen zu den kostbarsten im Leben. Wenn Ihr Baby Ihnen nach der Geburt in die Augen sieht mit seinem grenzenlos tiefen Blick, ist das eine Erfahrung, die für immer unvergesslich bleibt.

Ein guter Start

Die Umstellung nach der Geburt ist für ein Baby riesengroß. Ungefiltertes Licht umgibt es, Stimmen, Klänge und Geräusche treffen direkt auf sein Ohr und sind anders als alle bisherigen Hörerfahrungen. Sogar die eigene Stimme hört sich anders an. Am meisten ist ihm die Stimme seiner Mutter vertraut, so wie ihr Herzschlag, ihr Atemrhythmus, ihr Geruch, ihre Bewegungen und Stimmungen. Ihr Körper bleibt vorerst der Ort, an dem sein Nervensystem die größte Vertrautheit registriert, wo es sich vollkommen geschützt fühlt.

Die Bedeutung des »Bondings«

In den ruhigen Minuten des ersten Zusammenseins, des Streichelns und Liebkosens, stellt sich zwischen Eltern und Baby meist ganz von selbst das Bonding ein. Es bedeutet so viel wie »sich fest verbinden«. Direkt nach einer natürlichen Geburt ist physiologisch alles so gut darauf eingestellt wie sonst nie. Die ein-

> **Die erste Stunde**
> Zahlreiche Studien haben gezeigt, wie wichtig es ist, dass Mutter und Vater in der sensiblen Phase nach der Geburt ungestört und ausgiebig ihr Baby betrachten und liebkosen können und dass Mutter und Kind bis nach dem ersten Stillen in ununterbrochenem Hautkontakt zusammenbleiben. Erst danach sollten die Erstuntersuchungen wie Wiegen, Messen etc. durchgeführt werden. Durch die intensive Nähe wird sowohl die frühe Entwicklung des Babys als auch die Eltern-Kind-Beziehung ganz entscheidend unterstützt.

Die ersten Tage Ihres Babys

Beim Kuscheln mit Ihrem Kind erholen Sie sich beide von der Geburt.

malig tiefe gegenseitige Wahrnehmung wird bei den Eltern ebenso wie beim Neugeborenen durch eine besondere Hormonlage gefördert, die sich während des normalen Geburtsverlaufs entwickelt. Bei der Mutter erreicht das Hormon Oxytozin in der Stunde nach einer natürlichen Geburt sogar die höchsten Werte im Leben. Oxytozin wird gerne als Liebeshormon bezeichnet, weil es untrennbar mit diesem Gefühl verbunden ist. Bindungsforscher haben herausgefunden, dass beim »Bonding« zwischen Eltern und Baby ein ganz ungewöhnlicher Bewusstseinszustand entsteht, ein Zauber, wie man es sonst nur bei Verliebten kennt. Damit diese besondere emotionale Bindung zwischen Eltern und Kind entsteht, ist es ideal, in den ersten 72 Stunden nach der Geburt so hautnah wie möglich mit dem Baby zusammenzubleiben.

Bonding mit Verspätung

Beobachtungen zeigen jedoch, dass sich die Bonding-Erfahrung auch später einstellen kann. Es muss nicht unbedingt Liebe auf den allerersten Blick sein. Gerade wenn nicht alles ideal verlief, ist von Müttern oft zu hören, dass ihnen ihr Baby in den ersten Tagen zunächst noch fremd war und sie keineswegs sofort von großartigen Gefühlen überschwemmt wurden. Wenn Sie oder Ihr Baby zuerst medizinische Betreuung benötigen, ist es auch nach Tagen noch nicht zu spät. Sorgen Sie einfach so früh wie möglich dafür, dass Sie vollkommen ungestört mit Ihrem Kind zusammen sein können. Am besten ziehen Sie es dabei bis auf die Windel aus, legen es auf Ihren nackten Oberkörper und kuscheln sich mit ihm unter eine warme Decke.

Durch innige Zweisamkeit und insbesondere durch den Hautkontakt entsteht eine besonders bindungsfördernde Hormonlage.

Mit dem Baby neu vereint sein

Ein ganz wichtiger Teil des Begrüßungsrituals von Mutter und Kind ist das erste Anlegen. Im Idealfall ist das eine sehr intime Erfahrung für die soeben entstandene Familie, wobei der Vater assistieren kann, indem er Kissen zurechtrückt sowie dafür sorgt, dass es warm genug ist und dass niemand stört. Alles zum Thema Stillen, so auch Tipps zum richtigen Anlegen, finden Sie ab Seite 71 im Kapitel Ernährung. Wenn Ihr Baby in der ersten Stunde nach der Geburt nicht von selbst die Brust sucht, versuchen Sie, durch sanfte Lippenberührungen die Such- und Saugreflexe Ihres Babys auszulösen. Bleiben Sie mit Ihrem Kind viel in unmittelbarem Hautkontakt. Denn das führt zu einer gesteigerten Bildung des Oxytozins, was jetzt wie ein natürliches Zaubermittel wirkt, indem es für gesunde Körperfunktionen sorgt, vor Stress schützt und Glücksgefühle intensiviert.

So nimmt Ihr Neugeborenes die Welt wahr

Wenn etwas seine Aufmerksamkeit gewinnt, kann schon das Neugeborene seine vollkommen konzentrierte Wahrnehmung darauf richten – es ist keinen Augenblick gedankenabwesend. Und, was genauso wichtig ist: Es kann sich abwenden, sobald es Ruhe braucht von all den neuen Eindrücken auf der Welt. Doch was sieht, hört, riecht, schmeckt und fühlt ein Neugeborenes?

Sehen

Wenn es stimmt, dass die Augen ein Spiegel der Seele sind, dann sieht man der Seele eines Neugeborenen bis auf den Grund: Dieser unvergleichlich offene Blick, mit dem es seinen Eltern in die Augen schaut, gehört sicherlich zu den schönsten und innigsten Begegnungen, die möglich sind. Wenn Eltern den Blickkontakt mit Ihrem Neugeborenen suchen, nähern sie sich seinem Gesicht intuitiv genau so weit, wie ihr Baby sie vorerst am besten sehen kann. Egal ob sie es dabei hochheben oder ob sie sich über Ihr liegendes Kind beugen, wählen die Eltern meistens spontan einen Abstand von rund 20 cm, obwohl dieser für erwachsene Augen keineswegs ideal ist – sie kommen unbewusst den Vorlieben ihres Kindes entgegen.

Schon im Mutterleib können Babys fühlen, schmecken und hören, während das Sehen in dieser halbdunklen Welt eine untergeordnete Rolle spielt.

Hören

Das Gehör des Babys ist ab der 25. Schwangerschaftswoche bereits ausreichend entwickelt. Im Körper der Mutter hat es eine beständige und keineswegs leise Klangkulisse vernommen – das Klopfen des Herzens, das Rauschen der großen Blutgefäße, das Gluckern des Darms. Auch äußere Geräusche konnte das Kind im Bauch bereits hören. Von der ersten Stunde an unterscheidet es deshalb die vertraute Stimme seiner Mutter von fremden Stimmen. Bei der Geburt sind Babys bereits auf ihre Muttersprache eingestellt. Als Forscher die Schreimelodien von deutschen und französischen Neugeborenen verglichen, stellten sie fest: Bereits mit den allerersten Lauten kommunizieren Babys in ihrer Muttersprache. Die deutschen mit einer absteigenden Tonfolge, die französischen mit einer aufsteigenden.

Riechen, Schmecken

Der Geruchssinn bildet sich während der Schwangerschaft besonders früh aus. Nach der Geburt hilft er dem Neugeborenen sofort, die Mutter von anderen Menschen zu unterscheiden. Schon ab dem zweiten Lebenstag reagieren Babys auf starke Gerüche, indem sie mit Armen und Beinen strampeln und schneller atmen. Sogar das kleine Herz schlägt schneller – und diese sensible Wahrnehmung von Gerüchen wird noch intensiver.

An unterschiedliche Geschmacksrichtungen gewöhnen sich Babys schon während der Schwangerschaft, denn sie trinken geringe Mengen des Fruchtwassers, dessen Geschmack durch die mütterliche Ernährung immer ein wenig variiert. In der Zeit nach der Geburt befinden sich tatsächlich die meisten Sinneszellen im Mund. Später nehmen sie wieder ab.

Fühlen

Die Basis-Sinne Tast-, Bewegungs- und Gleichgewichtssinn sind schon seit dem zweiten Drittel der Schwangerschaft aktiv, sie reiften bereits durch die Bewegungen und Berührungen im Mutterleib und sind bei der Geburt voll ausgebildet. Für die frühkindliche Entwicklung sind die Anregungen dieser körpernahen Sinne weiterhin besonders wertvoll (siehe Seite 16).

Die ersten Tage

Ob Ihr Baby sich wohlfühlt, hat viel damit zu tun, wie es angefasst und behandelt wird. Der bekannte Gynäkologe Frédérick Leboyer drückt es so aus: »Berührt, gestreichelt, massiert werden, das ist Nahrung für das Kind. Nahrung, die genauso wichtig ist wie Mineralien, Vitamine und Proteine. Nahrung, die Liebe ist.« Genauso wichtig ist es für Ihr Kind, dass Sie viel mit ihm sprechen. Beschreiben Sie ihm was Sie tun, wenn Sie es wickeln, waschen oder umziehen, bleiben Sie dann immer mit Ihrer Aufmerksamkeit bei ihm.

Die ersten drei Monate

So nimmt Ihr Baby die Welt wahr

Im Vergleich mit Kindern und Erwachsenen ist die Wahrnehmung Ihres Babys im Augenblick noch ganz anders – manches nimmt es weniger in seinen Fokus, aber vieles andere bemerkt es jetzt wesentlich deutlicher als später im Leben. Diese wunderbaren Fähigkeiten im Einzelnen:

Sehen

Von Geburt an sind Babys von Gesichtern fasziniert. Es gibt nichts, was ihre Aufmerksamkeit mehr fesselt. Schon in der zweiten Lebenswoche können sie die Gesichter fremder Menschen von denen ihrer Eltern unterscheiden und versuchen schon bald, ihre Mimik zu imitieren – auch wenn man dies nur mit sehr viel Aufmerksamkeit und Geduld wahrnehmen kann. Unterschiedliche Formen und Muster erkennen Babys bereits im ersten Lebensmonat, Helligkeitsunterschiede nehmen sie zunächst nicht so deutlich wahr, aber schon mit zwei Monaten erkennen sie Kontraste wesentlich besser und können dann auch schon Farben unterscheiden. Sehschärfe und Formwahrnehmung sind eng verwoben, deshalb können Babys anfangs besser die kontrastreichen Formen sehen als die kontrastarmen und interessieren sich stärker für klare Konturen.

Visuelle Wahrnehmung und Bewegungsentwicklung

Dass die visuelle Wahrnehmung besonders eng verbunden ist mit der Bewegungsentwicklung wird daran deutlich, dass ein Baby von Anfang an so weit wie möglich Augen, Kopf und Oberkörper bewegt, um ein Gesicht oder Objekt im Blick zu behalten und ihm nachzuschauen. Das tun Babys lange bevor sie sich selbstständig vorwärts bewegen oder etwas ergreifen können: Schon am zweiten Lebenstag verfolgen sie etwas mit den Augen, mit einem Monat bereits bis zu einem Winkel von 90 Grad. In den ersten drei Monaten schauen Babys bewegte Objekte länger an als unbewegte.
Bunte Mobiles über dem Wickeltisch oder dem Babybettchen stehen ab jetzt hoch im Kurs! Überall wo Ihr Kleines längere Zeit auf dem Rücken liegt, können Sie eines hinhängen, dabei sollte es mindestens einen halben Meter, besser noch etwas weiter von seinem Gesicht entfernt sein. Sehr interessiert und aufmerksam betrachten Babys anfangs auch ihre eigenen Hände und Arme, die wie zufällig in ihrem Blickfeld auftauchen und wieder

verschwinden. Dabei helfen Sie Ihrem Kind sehr, wenn Sie ihm jetzt immer dann, wenn es auf dem Rücken liegt, ein »Nestchen« bauen (siehe Seite 42). So erhalten seine Arme einen besseren Halt und Sie fördern damit seine Auge-Hand-Mund-Koordination (siehe Seite 44).

Hören

Von Anfang an sucht Ihr Baby mit den Augen den Ursprung eines Klangs oder einer Stimme und kann Ihnen mit dem Blick folgen, wenn sich beispielsweise Ihr Gesicht bewegt, während Sie mit ihm sprechen. Das zeigt, dass Sehen und Hören bereits koordiniert sind, wenn ein Kind auf die Welt kommt. Schon im Mutterleib entsteht offenbar Vertrautheit mit der mütterlichen Stimme. Durch die Analyse von Videoaufnahmen konnte man erkennen, dass kleine Babys auf ganz bestimmte Weisen reagieren, wenn ihre Mutter zu ihnen spricht – sie bewegen sich rhythmisch synchron mit den Lautmustern ihrer Stimme. Dass das Geräusch eines Staubsaugers oder der Waschmaschine auf kleine Babys so beruhigend wirkt, hängt damit zusammen, dass es sie an die Klangkulisse erinnert (siehe Seite 12), die sie in der vorgeburtlichen Geborgenheit des Körpers ihrer Mutter ständig umgab.

Riechen, Schmecken

Der Geruchssinn ist bereits bei der Geburt ausgebildet. Wenn Sie eine Körperseite mit Seife und die andere nur mit Wasser, das Körpergeruch nicht entfernt, waschen, zieht Ihr Baby die nach Mama duftende Seite eindeutig vor. Auch die Geschmacksknospen von Babys sind bestens entwickelt: In einer Studie wurde festgestellt, dass Babys ab der zweiten Lebenswoche unterschiedlich auf Zucker, Salz, Zitrone und Wasser reagieren und Süßes eindeutig bevorzugen. Das ist physiologisch auch sinnvoll, denn Zucker geht unmittelbar ins Blut über und gibt Energie.

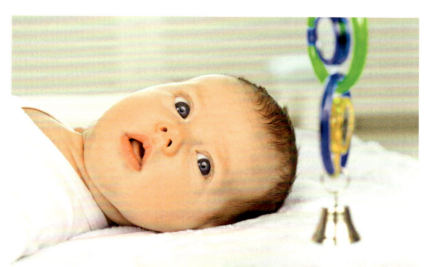

Wenn Sie etwas Buntes neben Ihrem Kind aufhängen, wechseln Sie immer wieder mal die Seiten, damit es sein Köpfchen nach links und rechts wendet.

Fühlen

Für Babys spielt der Spürsinn anfangs die größte Rolle und steht eindeutig im Mittelpunkt ihrer Sinneserfahrungen. Für die frühkindliche Entwicklung ist die Anregung der drei Basissinne (siehe Seite 13) besonders wertvoll. Sein wacher Tastsinn signalisiert Ihrem Baby, ob sich etwas angenehm oder unangenehm anfühlt – es unterscheidet zwischen weichen, glatten oder rauen Stoffen auf seiner Haut und nimmt unterschiedliche Temperaturen wahr, beispielsweise warme oder kalte Hände. Über den Tastsinn entsteht mit der Zeit ein inneres Bild vom eigenen Körper, denn Haut und Haare bilden die körperliche Grenze.

Der Tiefensinn, dessen Sensoren in den Muskeln und Gelenken sowie unter der Haut liegen, vermittelt Ihrem Baby Halt und hilft ihm, die Muskelspannung zu regulieren und seine Muskelkraft zu dosieren. Sie stimulieren ihn, indem Sie Ihr Baby halten und tragen. Wie Sie das am besten machen, erfahren Sie ab Seite 46. Beim Tragen helfen Sie ihm gleichzeitig, sich zu entspannen, denn alle Babys beruhigen sich, wenn sie in den Arm genommen werden – das vermittelt ihnen Halt, Zuwendung und Wärme.

Der Gleichgewichtssinn hat seinen Sitz im Innenohr und gibt dem Gehirn Auskunft über Richtung, Ausmaß oder Beschleunigung einer Bewegung. Er vermittelt eine Beziehung zur Schwerkraft. Auch den Gleichgewichtssinn bringt das Baby schon gut entwickelt mit auf die Welt, denn es reagiert auf Positionsveränderungen mit Bewegungen seines ganzen Körpers. Eine Stimulation des Gleichgewichtssinns wird noch lange Zeit ganz besonders beruhigend wirken: Schaukeln und Wiegen. Es besänftigt das Nervensystem eines jeden Babys. Wenn Sie Ihr Kind hin- und hertragen und herumgehen, ist das viel beruhigender, als wenn Sie mit ihm stehen oder sitzen bleiben.

Nähe durch Berührung

Das Baby ist noch ganz »Sinneswesen«. Welche Erfahrungen verbinden sich wohl für den Säugling damit, von Händen angefasst zu werden, die so groß sind wie sein ganzer Rücken? Kann man sich das überhaupt vorstellen? Sicher macht es einen riesigen Unterschied, ob diese Hände gut in Kontakt mit ihm sind, während sie ihm beispielsweise die Windel wechseln oder ein Jäckchen anziehen, oder ob sie das Baby schier vergessen, während sie angespannt versuchen, irgendwie die Windel unter seinen Po zu bekommen oder einen Ärmel über seinen Arm zu streifen.

Eltern eines kleinen Babys sind sich dessen meist sehr bewusst, sie behandeln es überaus behutsam und mit viel Aufmerksamkeit. Behalten Sie diese

Die ersten drei Monate

liebevolle Achtsamkeit möglichst bei, denn die Qualität Ihres Familienlebens leidet darunter, wenn Ihr Baby sich nicht wohlfühlt.

Ihr Baby reagiert auf die Art der Berührung

Ein Baby drückt mit seinem ganzen Körper aus, was es empfindet. Ist ihm die Berührung angenehm, wird es sich den Händen seiner Bezugspersonen gerne überlassen, wird sich entspannen und anschmiegen. Wird es jedoch plötzlich und unerwartet angefasst, oder gar grob und unachtsam, dann sperrt es sich gegen die unangenehme Berührung. Schon ein Neugeborenes kann seine Körperspannung einsetzen, zum Beispiel, wenn ihm Vater oder Mutter ein Jäckchen anziehen möchte. So kann es seinen Arm lockern oder ihn versteifen, wenn sie ihm den Ärmel überziehen. Es ist immer ein Dialog von Körper zu Körper.

Geben Sie Ihrem Baby Zeit, sich auf Sie einzustellen.

Das Baby hört auch Ihre Stimme gerne. Sprechen Sie es an, bevor Sie es anfassen, und sagen Sie ihm, was Sie gleich mit ihm tun möchten. Wenn Sie Ihr Kleines dann berühren, suchen Sie zunächst seinen Blick und »horchen« Sie dann mit Ihren Händen hin, spüren Sie, wie Ihr Baby auf die Berührung eingeht. So erfährt es Ihre Liebe und Ihr Interesse an seinem Befinden. Beim Waschen können Sie Ihrem Kind beispielsweise den Waschlappen erst zeigen, bevor Sie es damit berühren und ihm dann erklären, was Sie damit vorhaben. Geben Sie ihm ein wenig Zeit, um wahrzunehmen, was geschieht und es wird sich darauf einstellen, es wird bereit sein, daran teilzunehmen. So macht das Zusammensein Freude.

Baby-Massage

Massage ist eine Wohltat für Menschen jeden Alters – für Babys jedoch ganz besonders. Als eine von vielen Möglichkeiten beschreiben wir hier die beliebte Schmetterlings-Massage, die gut zu kleinen Babys und sogar Frühgeborenen passt, um sie ein bisschen beim Ankommen auf dieser Welt zu unterstützen. Durch minimale Stimulation mit schmetterlingszarten, langsamen Berührungen lösen sich Spannungen auf. Etwas kräftiger wäre hingegen die indische Shantala-Babymassage (siehe Buchempfehlungen Seite 186), die größere Babys gern mögen. Lassen Sie sich einfach anregen und entwickeln Sie vielleicht eine ganz eigene »Methode« zusammen mit Ihrem Baby. An manchen Tagen wird die komplette Massage möglich sein, an anderen genügt Ihrem Baby vielleicht schon das einfache Ausstreichen oder eine einzelne Massagefrequenz.

Sind Sie mit Ihrer ganzen Aufmerksamkeit bei Ihrem Kind, erkennen Sie sofort, wann es genug hat. Kombinieren Sie die einzelnen Elemente so, wie es Ihnen gerade richtig erscheint und Ihrem Baby guttut.

MIT ALLEN SINNEN IN BEZIEHUNG SEIN

Die Berührungen
- Streichen Sie über die Haut mit langen, verbindenden Berührungen, ganz zart vom Kopf bis zu den Füßen oder Händen. Die Bewegung geht immer von oben nach unten, von innen nach außen – mit leicht gespreizten Fingern zart aber zügig, als ob man Wassertropfen abstreifen möchte.
- Lockern Sie die Muskulatur durch ein zartes Anschwingen – mit weich aufgelegter, entspannter Hand oder nur zwei Fingern ganz leicht schütteln wie einen Wackelpudding.
- Kreisen Sie auf der Stelle, eine Stelle neben der anderen, immer eine kleine Weile am selben Fleck – mit den zart aufgesetzten Fingerkuppen, als ob Sie einen Tupfer neben den anderen malen würden.

Die Schmetterlings-Massage
- **Begrüßung:** Sprechen Sie mit Ihrem Baby, sagen Sie ihm, was Sie vorhaben, fragen Sie es, ob es bereit ist. Reiben Sie Ihre Hände warm. Streichen Sie drei Mal ganz leicht vom Scheitel Ihres Babys bis zu seinen Zehen.
- **Kopf und Gesicht:** Lockern Sie durch zartes Anschwingen die Kopfhaut. 1 Dann streichen Sie über Stirn und Nase. Anschließend kreisen Sie zart über Stirn und Wangen und um den Mund. Gefällt das Ihrem Baby? Wenn nicht, massieren Sie Kopf und Gesicht lieber zum Abschluss oder lassen diese Sequenz aus.
- **Schultern, Arme, Hände:** Streichen Sie über Schultern, Arme und Hände. Lockern Sie erst einen Ober- und dann einen Unterarm. Dann streichen Sie um das Handgelenk, über Handrücken und Handfläche. Die Fingerchen streichen Sie einzeln aus wie Blütenblätter.

Die ersten drei Monate

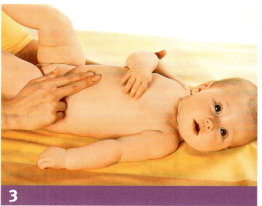

- **Brust und Bauch:** Streichen Sie im Verlauf der Rippen ganz zart von der Mitte nach außen, beginnen Sie oben und setzen Sie das behutsame Streichen Rippe um Rippe nach unten fort. 2 Dann kreisen Sie auf dem Zwerchfell von innen nach außen. Lockern Sie nun die Brustmuskeln von der Brust zur Achselhöhle hin. Dann kreisen Sie im Uhrzeigersinn auf dem Bauch 3 und ziehen vom Nabel aus immer weitere Kreise. Streichen Sie nun zart über Babys Leisten.
- **Becken, Beine, Füße:** Streichen Sie von der Taille zart bis zu den Zehen und darüber hinaus. Lockern Sie erst an einem Bein Ober- und Unterschenkel. Streichen Sie um Fußgelenk und Ferse, von Fußoberseite und Fußsohle zu den Zehen hin, und streichen Sie die kleinen Zehen aus. Dann folgt das zweite Bein. Streichen Sie anschließend vom Kopf bis zu den Füßen, insgesamt drei Mal.
- **Rücken:** Jetzt liegt das Baby auf dem Bauch. Streichen Sie drei Mal vom Kopf bis zu den Füßen und anschließend über die Schulterblätter von oben nach unten und von der Mitte nach außen. 4 Lockern Sie die Muskulatur um die Schulterblätter. Streichen Sie im Verlauf der Rippen ganz zart von der Mitte nach außen hin. Beginnen Sie oben und setzen Sie es Rippe um Rippe nach unten fort. Lockern Sie dann die Muskelstränge rechts und links der Wirbelsäule, vom Nacken bis zum Po. Streichen Sie über den Po sternförmig von der Mitte nach außen. Lockern Sie beide Pobacken gleichzeitig mit der ganzen Hand. Streichen Sie schließlich die Beinrückseiten vom Po zu den Zehen aus.
- **Ausklang:** Streichen Sie vom Kopf bis zu den Füßen, drei Mal. Damit beenden Sie die Massage immer, egal, an welcher Stelle Sie angekommen sind. Hüllen Sie Ihr Baby anschließend kuschelig ein.

> **Wichtiges rund um die Massage**
> Wann: Massieren Sie Ihr Baby solange es munter und satt ist, aber besser nicht direkt nach einer Mahlzeit, sonst spuckt es vielleicht. Sorgen Sie dafür, dass Sie nicht gestört werden.
> Wo: Achten Sie darauf, dass Ihrem Baby auf keinen Fall kühl wird. Sofern Sie nicht eine Raumtemperatur von 32 °C haben, ist in den ersten drei Monaten der geeignetste Platz unter der Wärmelampe auf dem Wickeltisch.
> Wer: Könnte Babymassage nicht ein Papa-Privileg sein? Kuscheloasen haben Mutter und Baby durch das Stillen automatisch, der Vater muss sie sich erst schaffen. Bei der regelmäßigen Massage erlebt das Baby die zärtlichen und einfühlsamen Seiten seines Papas – und er erlebt, wie sehr das Baby seine Berührung genießt. Aber egal wer massiert: Es stärkt die Beziehung und verhilft rasch zu einem vertrauteren Umgang miteinander.
> Wie: Gut vorbereitet! Wärmen Sie ein flauschiges Badetuch als Unterlage für Ihr Baby vor. Dann wärmen Sie im Wasserbad ein kleines Schälchen Massageöl an und stellen es in sichere Reichweite.

Wichtig: Körperkontakt

In den ersten zwölf Lebenswochen fühlen sich die meisten Babys am Körper von Mutter oder Vater am wohlsten und das hat einen guten Grund: Die ersten drei Monate im Leben sind gewissermaßen eine »Nachbrüte-Phase«, weil Kinder physiologisch unreif zur Welt kommen. Überall auf der Welt und zu allen Zeiten wussten Eltern intuitiv, was heute auch wissenschaftlich erwiesen ist: Babys profitieren vom Getragensein, denn es stimuliert ihre soziale, neurologisch-geistige und motorische Entwicklung. In der Sicherheit des unmittelbaren Körperkontakts kann sich das Baby besser auf eine wechselnde Kulisse von Geräuschen, Gerüchen und Lichtverhältnissen einlassen, es kann seine Sinne so weit wie möglich öffnen und so viele Eindrücke aufnehmen, wie es will. Hat es genug, wendet es sich einfach von der Welt ab und kuschelt sein Köpfchen an. Neun Monate ist das Kind *in* Ihrem Körper gewesen, kein Wunder, dass es anfangs so gerne *an* Ihrem Körper ist. Je mehr Zeit Sie ihm dort gewähren, desto zuverlässiger wird es bald voller Selbstvertrauen die Welt jenseits des Körperkontakts erforschen. So ist es vollkommen richtig, wenn Sie Ihr Baby in den ersten drei Monaten noch nicht lange ablegen. Um Babys Kontaktbedürfnis zu genügen, und auch mal die Hände freizuhaben, ist ein Tragetuch ideal (siehe ab Seite 50).

Geben Sie Ihrem Baby ruhig so viel Nähe wie möglich – hören Sie auf Ihr Bauchgefühl, nicht auf das, was andere meinen.

So kann sich Ihr Baby mitteilen

Mithilfe seiner Körpersprache kann Ihr Baby sich schon sehr klar ausdrücken und zeigen, wenn ihm etwas nicht gefällt oder zu viel wird, indem es sich abwendet oder versteift. Auch durch unterschiedliche Gesichtsausdrücke macht es deutlich, ob es zufrieden oder unzufrieden ist. Doch am eindeutigsten und schönsten teilt es sich mit, wenn es Sie zum ersten Mal bewusst mit seinem großen und unwiderstehlichen Lächeln anstrahlt. Die Fähigkeit gezielt zu lächeln, erreichen Babys meistens ausgerechnet um die anstrengende sechste Woche herum – wo Eltern sie als willkommenen Ausgleich am Nötigsten brauchen, weil hier die längsten und heftigsten Schreiphasen vorkommen (siehe Seite 25).

Im Unterschied zum »Engelslächeln« der ersten Wochen huscht dieses Lächeln nicht mehr als Reflex über das Gesichtchen, sondern entsteht eindeutig aus dem Kontakt heraus und zeigt, dass das Baby sich freut und wohlfühlt. Dabei macht es in dieser Gunst zunächst noch keine Unterschiede. Wenn es zufrieden ist, lächelt es jeden an, der sich ihm freundlich zuwendet und kaum jemand kann sich diesem Zauber entziehen.

Das erste Lächeln Ihres Babys zeigt, dass es sich wohlfühlt.

Faszination Stimme

Kein anderes Geräusch und kein Klang zieht die Aufmerksamkeit eines kleinen Babys so sehr auf sich wie die menschliche Stimme. Vorerst interessieren sich Babys am meisten für die Stimmung, die sich ihnen durch die Lautstärke und die Sprachmelodie übermittelt. Aber schon bald achten sie auch auf den Mund des Sprechenden, als wollten sie von den Lippen ablesen und durch Beobachtung lernen, wie man diese Laute formt und hervorbringt. Im zweiten und dritten Monat entwickeln sie sichtlich immer mehr Freude daran, die vielfältigsten Laute zu erzeugen, zu gurren oder Vokale zu wiederholen – ob allein oder im Zwiegespräch mit Mama oder Papa.

Die ersten Plauderstündchen

Wenn sie mit ihrem Baby »plaudern«, passen sich Eltern normalerweise intuitiv seiner Wahrnehmungsbereitschaft an, und das ist vollkommen richtig. Sie richten ihren Blick von oben aus der Mitte auf ihr Kleines, suchen dabei Augenkontakt, heben die Augenbrauen, lächeln und sprechen in einem helleren Tonfall mit ihm. Auch wenn Sie sich dabei vielleicht albern vorkommen, diese vereinfachte »Babysprache« mit hoher Stimme, dieses übertrieben wirkende »Eideidei« ist genau das, was Ihr Baby jetzt braucht, und woran es auch spürbar am meisten Spaß hat. In diesem Alter ermüdet es allerdings bei diesem Spiel noch recht schnell und braucht häufige kleine

Als Papa sind Sie jetzt unersetzlich. Am besten halten Sie feste Zeiten für Ihr Baby frei.

Ruhepausen. Wenn Sie Ihr Baby einfühlsam beobachten, nehmen Sie deutlich wahr, wann es zum Kommunizieren bereit ist und wann es müde wird und in Ruhe gelassen werden möchte. Orientieren Sie sich in diesen ersten »Plauderstündchen« ganz an der Stimmung Ihres Babys und bewahren Sie es vor Sinneseindrücken, wenn es genug hat. So können Sie ihm von Anfang an beim Abschalten helfen und für Ruhe sorgen, sobald es sich lustlos abwendet, statt fröhlich zugewandt auf Sie zu reagieren.

Warum weinen Babys?

Weil Ihr Baby noch nicht sprechen kann, bleibt ihm nur die Möglichkeit, unruhig zu werden und schließlich zu weinen, wenn es sich nicht wohlfühlt.

Aus Sicht der Evolution ist das Schreien ein »Distanz-Signal« und deshalb unüberhörbar laut. Unsere jagend und sammelnd umherziehenden Vorfahren trugen ihre Babys noch ständig mit sich herum und das bedeutete, dass sie schon allererste Anzeichen von beginnendem Unbehagen spürten und sofort darauf eingehen konnten (ein Grund, warum das Tragetuch bei vielen Eltern auch heute wieder so beliebt ist, siehe auch ab Seite 50). In unserer Entwicklungsgeschichte kam es also nur dann zum Schreien, wenn sich niemand in unmittelbarer Nähe befand – denn das war für ein Baby gleichbedeutend mit Lebensgefahr.

So gesehen ist Schreien die intensivste Art des Babys, auf sich aufmerksam zu machen, um sich in Sicherheit zu bringen. Das erklärt auch, warum sich normales Babyschreien so blitzartig abstellen lässt, indem man das Baby an sich nimmt. Im Grunde ist es die natürlichste Reaktion, auf das Weinen von Babys unmittelbar einzugehen. Sie entspringt einem angeborenen Schutzinstinkt. Müttern verursacht es geradezu Schmerzen, wenn sie ihr Baby weinen hören, ohne ihm sofort helfen zu können. Babys, deren Schreien wiederholt ignoriert wird, entwickeln die Tendenz, nicht nur häufiger zu schreien, sondern auch ausdauernder, sie hören nicht mehr sofort auf, wenn Hilfe gekommen ist. Das wiederum ist verwirrend für die Eltern, denn wenn das Baby nicht aufhört zu schreien, fehlt die Bestätigung dafür, dass sie das Richtige tun. Verständlicherweise wachsen daraus Frustration und Enttäuschung auf beiden Seiten. Wenn ein Baby immer wieder die Erfahrung macht, dass sein Schreien nicht gehört wird, kann es jedoch auch vorkommen, dass es dieses ganz einstellt. In diesem Fall entsteht bei den Eltern manchmal die falsche Gewissheit, dass ihr Baby zufrieden ist.

Macht das Baby aber die Erfahrung, dass es immer gleich gehört wird, bekommt es Vertrauen in seine Fähigkeit, sich mitzuteilen. Das beeinflusst seine gesamte Entwicklung positiv. Wissenschaftler haben zum Beispiel festgestellt, dass Babys dann viel früher eine größere Vielfalt an Gesichtsausdrücken entwickeln. So fällt es den Eltern leichter, ihr Baby zu verstehen, und es braucht weniger Geschrei zu machen.

Wie Sie Ihr Baby intuitiv richtig beruhigen:
- hochnehmen, es festhalten und streicheln, auf dem Arm tragen oder im Arm wiegen,
- rhythmische »Schhhh«-Laute oder leise monotone Worte ins Ohr flüstern,
- mit dem Baby rhythmisch auf- und abgehen oder leicht auf dem Pezziball auf- und abschwingen,
- Schnuller oder Fingerchen zum Saugen anbieten

Hunger, Durst, Verdauung
- Wenn die ersten Hungeranzeichen übergangen werden, kommt ein Baby schnell an den Punkt, wo es vor Hunger schreit. Doch dieses Weinen dauert nur so lang, bis es seine Milch bekommt. Es ist immer besser, wenn Sie Ihrem Baby schon bei den ersten Anzeichen von Hunger die Brust oder Flasche geben und nicht warten, bis es schreit. Dann kann es ruhiger und entspannter trinken und bekommt dadurch weniger Bauchweh. Ab Seite 74 erfahren Sie, woran Sie erkennen, ob Ihr Baby Hunger hat.
- Manchmal schreit ein Baby, anstatt zu trinken, oder es weint während der Mahlzeit, oder auch direkt danach. Ab Seite 86 finden Sie Tipps, woran Sie erkennen, was die Ursache ist und wie Sie Ihrem Baby helfen können. Was ihm bei Blähungen guttut, lesen Sie auf Seite 157.

Unbehagen
- Ist das Baby unruhig und weinerlich, obwohl es satt ist, überprüfen Sie als Erstes seine Windeln: Sie sollten trocken sein, nirgends einschnüren, kneifen oder drücken. Tipps, wie Sie einen wunden Babypopo vermeiden beziehungsweise behandeln, finden sich auf Seite 147. Auf Seite 149 steht, wie Sie erkennen, ob es Ihrem Baby zu warm oder zu kalt ist.
- Steht dem Baby ein Entwicklungssprung bevor? Dr. T. Berry Brazelton, namhafter Professor für Kinderheilkunde, fand heraus, dass jedem größeren Entwicklungsschub eine kleine Krise vorausgeht. Diese Erkenntnis hat er als »Touchpoint-Modell« in die Fachwelt eingeführt: Babys sind in diesen Phasen unruhiger und weinen mehr. Wenn Eltern sich darüber bewusst sind, wie anstrengend es für ihr Baby ist, eine neue Entwicklungsstufe zu erklimmen, hilft ihnen das, Verständnis zu entwickeln und es gelingt ihnen besser, die Nerven zu bewahren. Leider lassen sich diese Sprünge nicht genau bestimmten Wochen zuordnen. Brazelton beobachtete nach der Neugeborenenphase noch fünf Touchpoints im ersten Jahr: mit sechs bis acht Wochen, mit vier, sieben, neun und zwölf Monaten.

Bedürfnis nach Nähe
- Körperkontakt ist ein Bedürfnis von Babys, das ähnliche Priorität besitzt wie Nahrung. Je kleiner ein Baby ist, desto stärker ist dieses Verlangen, weil die Welt noch so fremd ist und entsprechend ängstigen kann. Das Bedürfnis nach Körperkontakt ist jedoch nicht dasselbe wie nach Zuwendung. Sehr oft braucht ein Baby Körperkontakt, um abzuschalten, beispielsweise wenn es müde ist und schlafen möchte. Es will dann zwar herumgetragen, aber gleichzeitig auch in Ruhe gelassen werden.

Manchmal wollen Babys nur Mamas körperliche Nähe spüren, mehr Zuwendung ist nicht nötig.

- Zuwendung ist ein weiteres lebenswichtiges Bedürfnis von Babys. Wenn sie nicht gerade müde oder hungrig sind oder die Welt studieren, haben sie es am liebsten, wenn sich jemand mit ihnen beschäftigt. Um dieses Bedürfnis zu erfüllen, müssen Sie Ihr Baby nicht immerzu »bespielen«, denn Zeiten der Zuwendung sind automatisch gegeben beim An- und Ausziehen, Wickeln, Waschen oder Baden, Stillen oder Füttern. Machen Sie daraus Zeiten des besonders aufmerksamen Miteinanders – »Quality-time«– wird sich Ihr Kind anschließend auch gerne wieder eine Weile alleine der Welt zuwenden.

Überreizung, Langeweile, Furcht
- Dem überreizten Baby hilft Körperkontakt in ruhiger Atmosphäre. Versuchen Sie generell zu viel Hektik zu vermeiden und den Tagesablauf so regelmäßig und ruhig wie möglich für Sie beide zu gestalten.

- Dem gelangweilten Baby hilft Zuwendung. Aber auch wenn Sie sich Ihrem Kind gerade nicht mit voller Aufmerksamkeit widmen können, beruhigt es sich normalerweise durch Körperkontakt und findet es interessant, mitzuerleben, was Sie machen. Deshalb sind Tragehilfen ideal (siehe nächstes Kapitel). Ihr Baby ist darin zufrieden, weil sein Bedürfnis nach Nähe und Abwechslung gestillt wird, und Sie können den Umstand genießen, beide Hände freizuhaben und ziemlich ungestört Ihren Erledigungen nachgehen zu können.
- Hat sich das Baby erschreckt? Kleine Babys haben sehr feine Antennen für ihre Umgebung und vieles wirkt auf sie beängstigend. Auch eine hektische Atmosphäre kann auf sie übergreifen, dann werden sie nervös und schreien. Wenn Ihr Baby vor Schreck weint, wird es dabei vielleicht auch zittern und blass oder rot werden. Wiegen Sie es in den Armen, sagen Sie ihm, dass alles in Ordnung ist, und singen oder summen Sie ihm ein besänftigendes Lied.

Schmerzen
- Wenn alle anderen Ursachen ausgeschlossen sind und Ihr Baby nicht aufhört, zu weinen, könnte es Schmerzen haben. Daran sollten Sie vor allem denken, wenn Ihr Baby besonders schrill oder jämmerlich weint, wenn es sich auch auf dem Arm nicht oder nur sehr kurz getröstet fühlt, und sich allenfalls für ein paar Sekunden vom Schreien ablenken lässt. Auf Seite 170 finden Sie eine Liste von Anzeichen dafür, dass Ihr Baby unter Schmerzen leidet.
- Der Schmerzensschrei ist schrill und durchdringend, umso mehr, je größer der Schmerz ist. Der Schrei dauert so lange, bis die ganze Atemluft verbraucht ist. Deshalb folgt auf jeden langen Schrei ein rascher, tiefer Atemzug, während dessen eine kurze, beunruhigende Stille herrscht.

Schreit Ihr Baby mehr als andere?

Die Statistik zum normalen Schreiverhalten von Säuglingen zeigt, dass manche Babys dreimal so viel schreien wie andere. Auch die aufmerksamsten Eltern können ein Baby haben, das sehr viel mehr schreit als andere Babys – und das liegt ganz gewiss nicht daran, dass sie es »verwöhnt« haben. In Phasen, in denen Ihr Baby viel schreit, ist es wichtig, dass Sie sich in regelmäßigen Abständen von den nervlichen Strapazen dieser anstrengenden Zeit erholen können.

Laut Statistik schreien Babys im zweiten Lebensmonat am meisten. Wahrscheinlich entwicklungsbedingt steigert sich die durchschnittliche Schreidauer nach der Geburt allmählich, erreicht in der sechsten Woche einen

Dass Ihr Baby mal unzufrieden ist, gehört dazu – Erwachsene haben auch nicht immer nur gute Laune.

Höhepunkt im Bereich zwischen eineinhalb und drei Stunden pro Tag und nimmt dann wieder sechs Wochen lang allmählich ab. Etwa mit Beginn des vierten Monats lassen längere Schreiphasen des Babys zum Glück immer mehr nach, bis sie schließlich ganz aufhören.

Die abendliche(n) Schreistunde(n)

Die Statistik zeigt auch, dass Babys im zweiten Lebensmonat zwischen 19 und 23 Uhr mehr schreien als sonst – unter diesem »abendliche Schreistunde« genannten Phänomen leiden sehr viele Familien. Eine der plausibelsten Erklärungen lautet, dass ein Baby nach einem Tag voller neuer Eindrücke eben abends überreizt ist und durch das Schreien versucht, sich körperlich abzureagieren. Allerdings beobachten wir seit einigen Jahren, dass Mütter, die zu dieser Tageszeit in sehr häufigen kurzen Abständen stillen, nur selten eine abendliche Schreistunde erleben. Lesen Sie mehr darüber auf Seite 116. Auffällig ist jedoch, dass Babys im zweiten Lebensmonat gerne fast bis Mitternacht aufbleiben. Mehr dazu ebenfalls auf Seite 116.

Verlieren Sie nicht Ihren Sinn für Humor: Wenn Sie mit Ihrem Partner auch einmal darüber lachen können, wie sehr einen so ein kleines Wesen aus der Fassung bringen kann, ist schon viel gewonnen!

Ist Ihr Kind ein »Schreibaby«?

Alle Babys schreien, manche mehr, manche weniger, und das ist für Eltern sehr anstrengend. Aber normalerweise lassen sich aufgeregte Babys durch das natürliche Repertoire beruhigen, auf das alle Eltern intuitiv zugreifen (siehe Seite 23). Von einem Schreibaby spricht man erst, wenn es sich dadurch nicht wirklich beruhigen lässt, zwar vom Schreien abgehalten wird, aber sehr unruhig bleibt. Auch wenn ein Baby täglich mehrmals längere Zeit solche Beruhigungshilfen braucht, um nicht anhaltend lauthals zu schreien, oder sich im Extremfall auch davon nicht vom Schreien abhalten lässt, allenfalls die Lautstärke gedämpft wird, spricht das für ein Schreibaby-Syndrom. Diese Form des Schreiens wird als untröstliches oder exzessives Schreien bezeichnet. Zwar kann diese Beschreibung auch auf das Verhalten während der abendlichen Schreistunde passen, die im zweiten Lebensmonat ihren Höhepunkt hat, aber bei einem »Schreibaby« ist dieses Verhalten nicht an feste Tageszeiten gebunden. Betroffene Babys sind oft auch sehr schreckhaft und reagieren auf jede Veränderung mit Geschrei. Normalerweise wenden sich Babys von der Welt ab und lassen die Augen zufallen, wenn sie müde werden. Typische Schreibabys aber geben nur dann einigermaßen Ruhe, wenn sie in aufrechter Körperhaltung herumgetragen werden, um sich mit großen Augen in der Wohnung umzuschauen. Sogar dabei finden sie nur schwer zur Entspannung. Oft sind sie tagsüber so müde, dass

Die ersten drei Monate

sie eine halbe Stunde oder länger herumgetragen werden müssen, bis sie einschlafen. Doch schon zwanzig bis dreißig Minuten später reißt es sie wieder hoch. So vergeht der Tag mit Unruhe, Quengeln und Schreien, unterbrochen von der kurzen Ruhe der Mahlzeiten. Mütter von Schreibabys fühlen sich von ihrem Kind komplett in Anspruch genommen. Sie erleben eine unvorstellbar anstrengende Zeit, gehen kaum aus dem Haus, sind durch den Schlafmangel und die dauernde Anspannung völlig erschöpft und zweifeln an ihren mütterlichen Fähigkeiten.

Hilfe in der Not

Wenn Sie am Verzweifeln sind, weil Sie Ihr Baby nicht trösten können, und niemand da ist, der es Ihnen zwischendurch abnehmen kann, dann legen Sie es am besten kurz in sein Bettchen und gehen Sie in ein anderes Zimmer, um Kraft zu schöpfen. Sobald Sie innerlich etwas Ruhe gefunden haben, können Sie sich ihm wieder besser zuwenden.

Bevor Ihnen die Kraft ausgeht, holen Sie sich Hilfe. Je eher Sie eine Schreiambulanz in Anspruch nehmen, desto besser. Die Ursachen reichen generell von einfach bis vielschichtig, beispielsweise von übermäßigen Gewebespannungen oder einer Verrenkung auf Ebene der Halswirbelsäule über die Refluxkrankheit bis hin zur Stressbelastung während der Schwangerschaft oder Geburt. Entsprechend vielfältig sind mögliche Therapieansätze. Adressen von Beratungsstellen sowie weitere Informationen rund um Schreibabys finden Sie auf Seite 184. Auf jeden Fall stehen verzweifelten Eltern vielfältige Hilfsangebote zur Verfügung. Als Erstes kann zum Beispiel eine telefonische Ad-hoc-Beratung als Krisenintervention in Anspruch genommen werden. Sie erhalten dann konkrete hilfreiche Anleitungen, um mit der unmittelbaren Situation besser umgehen zu können.

Es tut gut, das Schreibaby zwischendurch an den noch ausgeglicheneren Partner abzugeben, um sich ein wenig zu erholen.

> **ACHTUNG** Ein Baby darf nie geschüttelt werden, das ist für den kleinen Körper absolut lebensbedrohlich!

Ein Fels in der Brandung sein

Wenn Ihr Baby weiterschreit, nachdem Sie alle hier aufgeführten Gründe durchgegangen sind und alles in Ihrer Macht stehende getan haben, um es zu trösten, gibt es nur noch eins: Bemühen Sie sich um ein Gefühl von Verständnis und Respekt. Sollte Ihnen selbst zum Weinen zumute sein: nur zu! Weinen ist eine sehr heilsame Reaktion auf Stress und Weltschmerz, daran besteht überhaupt kein Zweifel. Wahrscheinlich erleichtert es auch Ihr Baby, wenn es laut schreiend weint. Wie fühlt es sich wohl, wenn ihm ständig vermittelt wird, dass es das nicht tun soll? Versuchen Sie, Ihre innere Haltung zu ändern. Sagen Sie ihm nicht mehr: »Hör doch bitte, bitte auf«, sondern: »Weine dich ruhig aus, ich verstehe dich!« Ihr Baby demonstriert durch sein Schreien schließlich auch eine kraftvolle Kompetenz. Sagen Sie ihm: »Du kannst dich wirklich ganz toll bemerkbar machen!«

Ganz wichtig: Geben Sie Ihrem Baby durch Ihre innere Ruhe Halt in Ihren Armen, so sind Sie ihm ein Fels in der Brandung. Eine Mutter erzählte mir: »Ich betrachte dann einfach das Gesicht meines Kleinen ganz genau und höre interessiert zu. Oft schreit er dann erst einmal noch lauter, als würde er sich jetzt richtig Gehör verschaffen. Aber er beruhigt sich auch viel schneller, ganz anders, als wenn ich versuche, ihn unbedingt »ruhig zu stellen«.

ACHTUNG Es muss immer ausgeschlossen sein, dass es sich um eine medizinische Notsituation handelt! Im Zweifelsfall klären Sie Ihre Bedenken mit dem kinderärztlichen Notdienst telefonisch ab. Dafür gibt es keine bundesweit einheitliche Nummer, am besten hängen Sie Ihre örtliche Nummer zusammen mit der Ihrer Hebamme und Ihres Kinderarztes irgendwo gut sichtbar auf.

Sprachentwicklung: Lautmalereien

Babys reagieren schon früh sehr stark auf Sprache. Es macht für ihre sprachliche Entwicklung aber auch für ihr Wohlbefinden einen großen Unterschied, ob viel mit ihnen gesprochen wird. Eltern können einfach alles kommentieren, was sie mit ihrem Kind tun – »so, jetzt noch das linke Bein in die Hose« – oder auch bestimmte Lieder dabei singen. Babys haben ein angeborenes Musikempfinden: Sie erkennen sogar Melodien wieder, die sie im Mutterleib gehört haben. Singen und Gedichte aufsagen ist eine wunderbare Unterstützung für die kleinen Sprachanfänger: Dabei werden Worte und Silben nämlich viel stärker betont und rhythmisch gesprochen als beim normalen Reden. Mit zwei bis drei Monaten versuchen sich Babys in gewisser Weise schon im Dialog – sie glucksen und »gurren« mit Begeisterung. Als Eltern machen Sie Ihrem Kind die größte Freude, wenn Sie mit ihm plaudern, indem Sie seine Laute nachmachen und wiederholen. Auf diese Weise spiegeln Sie Ihr Kind, und es lernt sich besser kennen. Außerdem haben Sie beide immer sehr viel Spaß bei diesem Spiel.

Vierter bis achter Monat

So nimmt Ihr Baby die Welt wahr

Der kleine Forschergeist nimmt in diesen Monaten immer mehr von der Welt wahr und findet auch immer mehr Interesse daran. Ihr Baby wird ab dem vierten Monat richtig aktiv und erlebt deutliche Entwicklungsschübe, weil durch seine rasante Gehirnentwicklung das Sinnessystem stärker ins Zentrum des Bewusstseins rückt. Was die Sinnesorgane wahrnehmen, muss ja im Gehirn verknüpft werden – und das klappt jetzt plötzlich sehr viel besser. Immerhin erreicht die Dichte der Synapsen schon mit dem neunten Monat ihren absoluten Höhepunkt im ganzen Leben. Die Sinne des Riechens, Schmeckens und Fühlens sind bei der Geburt ausgereift und werden jetzt mit den wichtigsten Erfahrungswerten verknüpft. Auf den Gebieten des Hörens und Sehens aber sind noch wesentliche Reifeprozesse im Gange.

Sehen

Ab etwa einem halben Jahr sieht Ihr Baby die Welt schon so ähnlich wie wir Erwachsenen. Die Anlage des Auges mit Linse und Netzhaut sowie die Nervenbahnen zum visuellen Teil des Gehirns bilden sich anatomisch bereits in der frühen Schwangerschaft, aber erst Monate nach der Geburt sind die dazugehörenden neurologischen Gehirnstrukturen annähernd ausgereift. Blickfolgebewegungen und visuelles »Scannen« nehmen ab dem vierten Monat deutlich zu, da das Baby nun besser fokussieren kann und sich ab dem vierten Monat die Nervenzellen im visuellen Kortex aufgebaut haben, die für viele Blickbewegungen wichtig sind. Als Nächstes lernt das Gehirn, die Informationen aus beiden Augen gut zu koordinieren. Weil das eine große Rolle in der räumlichen Wahrnehmung spielt, erfährt die visuelle Welt Ihres Kindes eine beständige Erweiterung.

Mit acht Monaten sieht Ihr Kind dreidimensional und mit zehn Monaten kann es Entfernungen viel besser einschätzen, weil es auch in die Ferne scharf sieht. Aus diesen visuellen Erfahrungen kommen viele wichtige Anreize für seine Bewegungsentwicklung. Diese wiederum ermöglichen ihm beispielsweise das Abschätzen von Höhe und Tiefe.

Sehen und visuelle Erfahrungsverarbeitung setzen sich aus vielen einzelnen Funktionen zusammen wie Fokussierung, Sehschärfe sowie Kontrast- und Farbwahrnehmung.

Hören

Das Gehör ist bei der Geburt bereits weitgehend entwickelt. Was sich jetzt noch spezieller ausbildet, ist der Sinn für den Ursprung von Geräuschen.

Die Fähigkeit zur genaueren Ortsbestimmung verbessert sich mit zunehmendem Alter bis hin zum zweiten Geburtstag und diese Fotschritte spielen natürlich eine Rolle bei allen weiteren Lernprozessen des Kindes. Es lernt aus Erfahrung bestimmte Geräusche bestimmten Dingen, Orten und Geschehnissen zuzuordnen – Geschirr klappert meist in der Küche, Flugzeuge dröhnen oben am Himmel, Schrittgeräusche aus dem Hausflur lassen den heimkehrenden Elternteil erwarten. Hören und Sehen sind jetzt gut verknüpft: Forscher haben festgestellt, dass Babys mit vier Monaten schon anfangen sich zu wundern, wenn das Schlaggeräusch eines Hammers nicht zeitgleich mit dem sichtbaren Schlag erfolgt. Mit einem halben Jahr besitzen Babys bereits einen reichen Erfahrungsschatz, um akustische und visuelle Eigenschaften unterschiedlicher Objekte zu verknüpfen.

Das Verwöhn-Gespenst

»Die Kleine wickelt euch nur um den Finger, wenn ihr immer gleich springt bei jedem Pieps« – »Ihr kriegt euer Kind nie mehr aus eurem Bett, wenn ihr nicht von Anfang an durchgreift!« – »Du hast das Kerlchen schon total verwöhnt, mit deinem ständigen Herumtragen – lass es doch einfach mal schreien!« Oft dringen solche Stimmen auf Eltern ein, die besagen, dass man sich gleich von Anfang an abgrenzen muss, damit einem die Kinder später nicht auf der Nase herumtanzen. Dabei wird diese Einstellung, die noch für die Generation unserer Großeltern selbstverständlich war, von der modernen Säuglingsforschung vollständig widerlegt. Sie unterstützt Eltern darin, durch verlässliche Fürsorge das Urvertrauen ihres Kindes zu stärken. In einer Studie fand man heraus, dass Kinder, die im achten Lebensmonat besonders warmherzig von ihrer Mutter behandelt wurden, noch 30 Jahre später davon profitierten. Diese Erwachsenen zeigten sich resistenter gegenüber Stress und konnten mit allen Arten von Leid deutlich besser umgehen. Kinder liebevoll-fürsorglicher Mütter kommen vor allem mit Angstgefühlen besser zurecht. Die Erklärung für diese Beobachtungen liefern neurobiologische Untersuchungen der frühkindlichen Gehirnentwicklung: Durch warmherzige Zuwendung bilden sich mehr Rezeptoren für Stresshormone aus. Je mehr es davon gibt, desto stressresistenter ist das Kind. Erfahrungen in der frühen Kindheit beeinflussen, welche Gene aktiviert werden und entscheiden somit auch mit darüber, welche Eigenschaften sich stärker ausbilden. Werden in früher Kindheit also Warmherzigkeit und Fürsorglichkeit erfahren, sind die Folgen von belastenden Situationen nicht gravierend: Stress wird nicht als anstrengend empfunden.

> Erziehung spielt erst später eine Rolle. Im ersten Lebensjahr geht es um Beziehung und den Aufbau von Vertrauen.

Frühe Erfahrungen prägen

Zur Bedeutung emotionaler Sicherheit für die Entwicklung des kindlichen Gehirns forscht auch der bekannte Neurobiologe Gerald Hüther an der Universität Göttingen. Er sagt, »... jedes Kind braucht das Gefühl von Sicherheit und Geborgenheit, um neue Situationen und Erlebnisse nicht als Bedrohung, sondern als Herausforderung bewerten zu können. Beides gibt es nur in der intensiven Beziehung zu anderen Menschen ... und es sind die frühen, in diesen Beziehungen gemachten und im kindlichen Hirn verankerten psychosozialen Erfahrungen, die ... sein Fühlen, Denken und Handeln fortan lenken.« Eltern, die ihrem Baby also viel Körperkontakt bieten, liebevoll und zärtlich mit ihm umgehen und rasch, verständnisvoll und verlässlich auf sein Weinen reagieren, tun damit ohne Zweifel das Beste für ihr Kind.

Sicherheit kontra Abenteuerlust

Ab dem vierten Monat wird Ihr Kind zunehmend mobiler und sein Entdeckerdrang wird von Woche zu Woche ausgeprägter. Doch gleichzeitig braucht es jetzt Ihre Nähe, die ihm Sicherheit und Geborgenheit vermittelt, damit es sich auf Neues einlassen kann. Die Bindungstheorie geht davon aus, dass es zwei angeborene Verhaltensweisen gibt, das Bindungs- und das Erkundungsverhalten. Beide sind wie Gegenspieler organisiert: Je sicherer sich ein Kind sein kann, dass seine Bezugsperson sofort präsent ist, wenn es sie braucht, desto eher kann es seinem Forscherdrang nachgeben und neue Herausforderungen suchen. Fühlt sich das Kind überfordert, ängstigt es sich, ist es müde oder findet es seine Bezugsperson nicht dort, wo es sie vermutet hat – dann zeigt es das Bindungsverhalten, indem es seine Beschäftigung unterbricht und schnell Nähe und Körperkontakt sucht. Erst wenn es sich wieder geborgen fühlt, kann es weiterspielen.

Grundpfeiler der gesunden Entwicklung

Jedes Baby ist darauf angewiesen, dass Mama oder Papa nicht nur seine grundlegenden körperlichen Bedürfnisse befriedigt. So wichtig Nahrung, Wärme und achtsame Pflege für eine gesunde Entwicklung sind, so dringend müssen auch drei seelische Grundbedürfnisse erfüllt werden: Bindung, Kompetenz und Autonomie.

- Die sichere Bindung in einer verlässlichen Beziehung ist die Voraussetzung, die ein Baby braucht, um selbstständig die Welt zu erkunden (siehe Seite 30). Wobei es schon bald Bindungen zu mehreren Personen aufbauen kann, die es dann klar hierarchisch ordnet.
- Kompetenz ist für Ihr Baby die wichtige Erfahrung, dass es selber etwas kann – zum Beispiel, dass es sich mitteilen und über Laute, Schreien oder Mimik irgendwie verständlich machen kann. Oder dass es sich ab dem fünften, sechsten Monat umzudrehen vermag, ohne dass Sie dabei helfen müssen. Wenn es solchermaßen seine Fähigkeiten einbringen kann, vermittelt ihm das mit der Zeit ein gesundes Selbstvertrauen.
- Autonomie, das Bedürfnis nach Selbstständigkeit, äußert sich in dem Drang, den jedes Baby von Anfang an besitzt: das zu tun, was es jeweils schon vermag. Unterstützen Sie Ihr Kind ab dem vierten Monat dabei und warten Sie zum Beispiel erst einmal ab, ob es alleine einschlafen, sich beruhigen, umdrehen oder einen Gegenstand erreichen kann, und greifen Sie nicht sofort unterstützend ein. Wenn Sie mit liebevoller Aufmerksamkeit bei Ihrem Kind sind, spüren Sie, ob es Hilfe braucht oder nicht.

Weniger ist manchmal mehr

Babys brauchen Anregungen, das ist selbstverständlich. Aber spätestens ab dem vierten Monat können sie sich diese auch mal ganz alleine auf ihrer Decke holen. Nachdem sie beim Trinken, Wickeln, Waschen, Umziehen ein intensives Miteinander genießen konnten (siehe Seite 148) sowie ausgiebige Streicheleinheiten von Mama und Papa bekommen haben, haben Babys zwischendurch auch einmal genug von der elterlichen Zuwendung. Wenn sie ausgeschlafen und satt sind und genug Nähe getankt haben, gibt es für Babys auch alleine auf ihrer Spielwiese viel zu erleben.

Was für ein spannendes Spielzeug! Babys beschäftigen sich jetzt gerne ausgiebig mit ihren Händchen und Füßchen.

Es ist eine spannende Sache, sich mit den eigenen Händen und Füßen zu beschäftigen, sie zu drehen und zu wenden, die Finger und Zehen anzuschauen, festzuhalten, in den Mund zu stecken und ausgiebig daran zu lutschen. Manchmal verbringen Babys schon eine kleine »Ewigkeit« damit, einfach ihren eigenen Körper zu spüren und immer wieder neue Bewegungsmöglichkeiten zu erkunden. Oder auch nur zufrieden auf dem Rücken zu liegen, sich auszuruhen und dem Mobile zuzusehen, wie es harmonisch im leisen Lufthauch schwebt. Damit sind Babys in diesem Alter immer öfter eine kleine Weile bestens ausgelastet. Anfangs handelt es sich vielleicht nur um drei bis fünf Minuten, die sich jedoch immer häufiger wiederholen und so manches größere Baby kann sich vielleicht schon 10 bis 20 Minuten am Stück alleine beschäftigen. Auf seiner Decke lernt das Baby viel. Selbst wenn es einfach nur auf dem flachen Boden liegt und übt, sich nach links und rechts und wieder zurückzudrehen. Denn es setzt sich ein Ziel und verfolgt es und es spürt, dass es etwas bewirkt, wenn ihm so eine selbst gestellte Aufgabe schließlich gelingt. Bei diesem ungestörten konzentrierten Üben gewinnt es sein motorisches Know-how, es hat echte Erfolgserlebnisse und es kann sich dabei ganz toll weiterentwickeln. Genießen Sie diese kleinen Auszeiten und freuen Sie sich an der Selbstständigkeit Ihres Babys.

Braucht Ihr Baby Sie wieder?

Wenn Ihr Baby schließlich aufhört, sich zu beschäftigen und anfängt, unruhig zu werden, zu quengeln oder zu weinen, braucht es wieder Ihre Aufmerksamkeit. Am besten, Sie gehen gleich zu ihm, ohne es warten zu lassen. Könnte es sein, dass ihm nur ein Spielzeug außer Reichweite gerutscht ist? Oder ist ihm einfach langweilig geworden und es braucht etwas Neues, um sich zu beschäftigen? Probieren Sie erst aus, ob Ihr Baby noch alleine weiterspielen würde. Vielleicht ist es aber auch schon Zeit für die nächste Mahlzeit, das nächste Nickerchen? Wenn nicht, dann ist es wohl nur ein wenig müde geworden und braucht Ihre Nähe, Ihren Arm, um darin aufzutanken. Das kann übrigens ganz schnell gehen und schon ist Ihr Baby vielleicht wieder bereit zu neuen spannenden Lernerfahrungen auf seiner Decke.

Sprachentwicklung: erste Silbenbildung

Ihr Baby kann jetzt richtig herzhaft lachen und jauchzen. In diesem Alter beginnt es, bewusst mit seiner Stimme zu spielen – und entdeckt, wie viel Spaß das macht! Jedes Baby erkundet den Klang seiner Stimme, es probiert aus, wie er sich durch die verschiedenen Bewegungen, die es mit der Zunge und den Lippen machen kann, verändern lässt und es entdeckt, wie es laute und leise, hohe und tiefe Töne erzeugen kann. So führt Ihr Baby auch gerne Selbstgespräche, es brabbelt immer differenziertere Laute vor sich hin und bald bildet es dann rhythmische Silbenketten – »da-da-da; re-re-re, ge-ge-re-da«. Babys sind geborene Lippenleser: Sprechenlernen geht auch durch Beobachten, denn es gibt Buchstaben, die man sehen kann. Zum Beispiel das »M« in Mama, das »P« in Papa oder »O« und »A«, die durch gespitzte beziehungsweise geöffnete Lippen gesprochen werden. Anderen Lauten sieht man kaum an, wie sie entstehen, etwa das »Sch« in Schatz. Kein Wunder, dass Kinder die sichtbaren Laute am schnellsten nachmachen können – »mamama«, »bababa« – aber auch alle anderen finden sie mit der Zeit im Selbstversuch heraus. Ab dem fünften Monat freut sich Ihr Baby besonders, wenn es zu bestimmten Gelegenheiten wie Wickeln oder Schlafen legen immer wieder die gleichen Lieder oder Reime hört. So kann es besser die Struktur des Tages erkennen, also einordnen, wann was geschieht, und das wiederum vermittelt ihm Sicherheit.

Stimmungen erkennen

Die Nervenzellen im Gehirn, die als Sprachzentrum fungieren, entwickeln sich jetzt rapide. Mit unserer Stimme übermitteln wir ja nicht nur den Inhalt der gesprochenen Worte, sondern automatisch auch Informationen über unsere Gefühlslage. Für eine gelungene Verständigung ist es wichtig, dass die Gefühle erkannt werden, die in einer Aussage mitschwingen. Ein internationales Forscherteam hat herausgefunden, dass sich die Fähigkeit, in der Stimme Gefühle zu erkennen, im Alter zwischen fünf und sieben Monaten ausbildet. Mit vier Monaten trafen die untersuchten Babys noch keine Unterscheidung. Zwar interessieren sie sich von Anfang an besonders stark für Unterschiede im Ausdruck – beispielsweise dafür, wie Lautstärke und Mimik zusammengehören – aber mit sieben Monaten erreichen sie ein neues Verständnis von den Hintergründen. In diesem Alter ließ sich anhand der Gehirnaktivität erkennen, dass sie in der Stimm- und Satzmelodie Gefühle und Stimmungen wie Glück oder Ärger registrieren. Demnach ähnelt ihre Hirnaktivität als Reaktion auf menschliche Stimmen schon weitgehend der von Erwachsenen.

Typisch Baby: Orientierungsverhalten

Was interessant sein kann, wovor man Angst haben muss – all das lernt das Baby, indem es die Mimik, Gestik, Körperhaltung und den Tonfall der Eltern studiert. In jeder neuen Situation blickt es zunächst forschend und fragend in deren Gesichter. Lächeln sie, nicken sie ihm aufmunternd zu, ist das Neue nicht bedrohlich, sondern interessant. Blicken Mama oder Papa dagegen angespannt oder warnend, dann hält sich das Baby zurück und bleibt in ihrem Schutz. Interessanterweise kann ein Baby jetzt auch Täuschungsmanöver durchschauen: Es spürt genau, ob die Eltern innerlich angespannt sind, auch wenn sie sich bemühen, sich nichts anmerken zu lassen.

Neunter bis zwölfter Monat

So nimmt Ihr Baby die Welt wahr

Vermutlich wird Ihr Kind nie wieder so intensiv und begeistert lernen wie in diesem Alter. Dabei sind die Wissensgebiete der Physik und Psychologie die absoluten Lieblingsfächer von Krabbelkindern: Wodurch lässt sich erkennen, ob man ein Lebewesen vor sich hat oder einen Gegenstand? Auch Gegenstände bewegen sich und machen Geräusche. Dazu will das Gesetz von Kausalität, von Ursache und Wirkung, erforscht werden. Wodurch entstehen Bewegungen, Lageveränderungen, Positionswechsel? Braucht ein Objekt den Kontakt mit einem anderen Objekt, um sich in Bewegung zu versetzen oder seine Position im Raum zu verändern? Es zeichnet Lebewesen aus, dass sie sich aus eigener Initiative bewegen können, doch manche Gegenstände erwecken oft ebenfalls den Eindruck als könnten sie das – Gardinen wehen vor dem offenen Fenster wie von selbst hin und her, andere Objekte, wie der Stuhl, verändern häufig ihre Position im Raum, doch nie von selbst. Ein Gegenstand zeichnet sich dadurch aus, dass er sich auf Zuruf hin nicht in Bewegung versetzen lässt – bei der Mutter hingegen klappt das. Auch reagieren Gegenstände überhaupt nicht auf Blickkontakt, während man mit Lebewesen darüber in Kommunikation treten kann, auch ohne jegliche Berührung. Gibt es bestimmte Merkmale des Verhaltens von Lebewesen? Zwischen zehn und zwölf Monaten gewinnen Babys aufgrund ihrer Studien tiefe neue Erkenntnisse über diese grundlegenden und wichtigen Fragen hinzu.

Trennungsangst und Fremdeln

Irgendwann zwischen dem siebten und zwölften Monat will Ihr Baby Sie auf einmal keine Minute mehr aus den Augen lassen und schreit, wenn Sie nur ganz kurz aus seinem Gesichtsfeld verschwinden. Dabei war es doch gerade so viel selbstständiger geworden! Dieses typische Klammerverhalten wird Fremdeln genannt und ist – so rückschrittlich es auch scheint – eigentlich ein Fortschritt. Denn es bedeutet, dass sich Ihr Baby geistig weiterentwickelt hat: In seinem Bewusstsein breitet sich das Prinzip der Dualität aus – beginnend mit der Unterscheidung zwischen »ich und du« sowie »vertraut und fremd«. Gleichzeitig existiert jedoch noch kein richtiger räumlicher Begriff. Dort, wo Sie jetzt gerade sitzen, haben Sie natürlich ein inneres Bild davon, was

Beim Fremdeln handelt es sich um einen Entwicklungsschritt, der den Loslöseprozess aus der symbiotischen Mama-Kind-Beziehung einleitet.

sich hinter Ihren Wänden befindet. Sie besitzen ein klares geistiges Bild von Ihrer Wohnung, Ihrem Haus, Ihrer Nachbarschaft. Ihr Baby hat jedoch noch keine inneren Bilder, die etwas repräsentieren, das es nicht sieht. Bisher hat es Sie nur wahrgenommen, wenn Sie in seiner Nähe waren, waren Sie nicht bei ihm, haben Sie ihm auch nicht gefehlt. Jetzt dämmert Ihrem Baby allmählich, dass Sie es alleine lassen, wenn Sie aus dem Zimmer gehen und es Sie nicht mehr sehen kann. In dem Moment, wo Sie aus seinem Blickfeld verschwinden, hat es Sie für sein Empfinden komplett verloren! Total und für immer. Denn Ihr Baby hat auch noch keinen Begriff von Zeit. Die Panik bei Ihrem Verschwinden wird nachlassen, sobald Ihr Baby in der Lage ist zu erkennen, dass Sie irgendwo da draußen auch dann existieren, wenn es nur Ihre Stimme hört, obwohl es Sie nicht sehen kann. Ab dann dürfen Sie wieder aus dem Zimmer gehen, ohne dass Ihr Kind gleich schreit, aber gehen Sie nicht zu schnell und lassen Sie die Türen auf, denn es wird vorerst noch hinterherkommen und sich vergewissern wollen. Erst wenn auf diese Weise nach und nach ein verlässliches geistiges Bild von Ihnen entstanden ist und ein inneres Bild davon, was sich hinter den Wänden und jenseits der Zimmertür befindet, hat es gelernt, dass es Sie immer gibt. Dann kann es ruhig weiterspielen und darauf vertrauen, dass Sie da sind.

Vertrautes und Fremdes unterscheiden

Die Phase des Fremdelns ist die denkbar ungünstigste Zeit, um ein Baby an neue Bezugspersonen gewöhnen zu wollen. Es legt eine nie zuvor gezeigte Scheu vor anderen Menschen an den Tag, weil es beginnt, den Kategorien »vertraut« und »fremd« einen neuartigen Wert beizumessen. Diese Kategorien registriert es an sich schon seit den ersten Lebensmonaten, da es zum Beispiel schon früh fremde von bekannten Gesichtern unterscheiden kann, aber nun zeigen sie sich ihm in einem anderen Licht. Durch seine geistige und motorische Entwicklung, durch die Wahrnehmung und Eroberung neuer Dimensionen, erhält Fremdes für eine gewisse Zeit eine bedrohliche Bedeutung. Hat es die Oma oder die Babysitterin bisher bei ihrem wöchentlichen Besuch immer lächelnd begrüßt, wendet es sich nun auf einmal weinend von ihr ab. Die Person erscheint dem Baby jetzt einfach fremd, wie alles, was es nur einmal in der Woche sieht. Das ist nicht oft genug für seine neue geistige Errungenschaft, Vertrautes von Unvertrautem zu unterscheiden, und löst deshalb den Alarm des neuen Meldesystems »Vorsicht: fremd!« aus. Eigentlich ist das Baby also wieder ein wenig selbstständiger geworden – es sorgt selbst für seine Sicherheit und klammert sich an seine vertrauteste Bezugsperson. Zum Glück dauert es nicht allzu lang, bis die Gehirnentwicklung den notwendigen nächsten Schritt schafft.

> Bis der nächste Entwicklungsschritt geschafft ist, muss die Oma oder der Babysitter mindestens zweimal in der Woche kommen, damit das Baby sie in den Kreis der Vertrauten aufnimmt.

Spielerisch beim Lernen unterstützen

Sie können den Lernprozess in dieser Phase unterstützen, indem Sie mit Ihrem Kind verschiedene Kuckuck-Spiele spielen, denn hier erleben die Kleinen mit Begeisterung genau das Phänomen, das sie gerade ergründen wollen: Etwas verschwindet und taucht aus dem Nichts plötzlich wieder auf. Verstecken Sie einfach Ihr Gesicht hinter einem großen Buch, einem Tuch oder einem Möbel und rufen »Wo bin ich?« – dann lassen Sie Ihr Gesicht wieder erscheinen und rufen »Kuckuck – da bin ich!« Je mehr Sie von sich verstecken, desto spannender wird es. Dasselbe können Sie auch mit Gegenständen, etwa einem Ball machen, den Sie unter einem Tuch verschwinden und dann wieder auftauchen lassen. Das Kind wird ihn anfangs nicht unter dem Tuch vermuten – was es nicht sieht, ist einfach nicht da. Erst wenn es ein verinnerlichtes Bild des Balles besitzt, wird es ihn anhand seiner Kontur unter dem Tuch suchen und es selbst wegziehen. Sobald es den Gegenstand dort sucht, wo Sie ihn vor seinen Augen gerade versteckt haben, wird es nicht mehr lange dauern, bis die Entwicklungsphase des Fremdelns und Klammerns zu Ende geht.

Ihr Baby spielt jetzt gern Verstecken. Legen Sie ihm ein dünnes Tuch oder seine Händchen über die Augen und spielen Sie »Kuckuck« mit ihm.

Sprachentwicklung: erste Worte

Obwohl Ihr Baby schon seit dem ersten Tag mit Ihnen kommuniziert, ist es trotzdem ein echter Höhepunkt, wenn es seine ersten richtigen Worte spricht. Bei den meisten Babys ist es zwischen dem neunten und vierzehnten Monat so weit, dass aus dem gebrabbelten »bababa« ein »Mama« oder« Papa« wird. Und dann kommt fast täglich ein neues Wort dazu. Je früher Sie Ihre Handlungen sprechend begleiten: »Schau, das ist dein Mantel, den ziehen wir jetzt an, zuerst den rechten Arm ...«, umso eher entwickelt sich sein Sprachverständnis. Vor dem ersten Wort fängt das Baby schon damit an, einen bestimmten Laut für einen speziellen Gegenstand zu benutzen – dabei kommt es noch nicht darauf an, ob der Laut dem Namen des Gegenstands ähnelt (zum Beispiel »brr« für Auto oder »gak« für Vogel). Das Baby kann irgendeinen Laut dafür erfinden, aber es ordnet ihn eindeutig zu, vor allem wenn es merkt, dass es sich Ihnen damit verständlich machen kann. In diesem Alter beginnt Ihr Baby auch genau zu verstehen, was Sie sagen und antwortet darauf – so streckt es Ihnen seinen Apfel hin, wenn Sie fragen, ob Sie davon abbeißen dürfen. Mit etwa einem Jahr erkennen Kinder beim Betrachten des Bilderbuchs einzelne Gegenstände wieder und können oft schon darauf zeigen, wenn Sie danach fragen. Ab jetzt versteht Ihr Kind die Bedeutung von »Ja« und »Nein« und reagiert auch darauf.

Erst wenn Kinder älter sind, können sie Verbote verstehen und im Kopf behalten, deshalb hilft jetzt nur: Gefahrenquellen ausschließen!

DIE MOTORISCHE ENT-
WICKLUNG IHRES BABYS

Kaum vorstellbar, dass Ihr kleines Baby mit einem Jahr schon auf seinen winzigen Fußsohlen stehen wird! Mit bewundernswertem Lerneifer erweitert es tagtäglich seine motorischen Möglichkeiten und erkundet mutig seine Welt. So erobert es sich in diesen zwölf Monaten eine Dimension nach der anderen, von der horizontalen Fortbewegung strebt es unermüdlich immer weiter hinauf in vertikale Positionen. »Hilf mir, es selbst zu tun« ist sein Motto auf dem Weg zur echten Selbstständigkeit!

Die ersten Tage Ihres Babys 40
Die ersten drei Monate 43
Vierter bis achter Monat 53
Neunter bis zwölfter Monat 61

Die ersten Tage Ihres Babys

Was Ihr Baby schon kann

Die sensorischen und reaktiven Fähigkeiten eines Babys sind von Anfang an erstaulich. Das Bewegungsvermögen wächst mit seiner geistigen und sozialen Entwicklung. In den ersten Lebensmonaten sind seine Bewegungen noch stark von angeborenen Reflexen geprägt. Die meisten der bereits direkt nach der Geburt auslösbaren Reflexe verschwinden nach einigen Wochen oder Monaten, je weiter sich das Nervensystem des Babys entwickelt und je mehr es daher seine Bewegungen bewusst steuern kann. Andere Reflexe sind Schutzmechanismen, die ihm ein Leben lang nützen und deshalb erhalten bleiben wie etwa der Husten-, der Nies- oder der Blinzelreflex.

Bewegungsentwicklung

Babys bewegen sich schon vor der Geburt im Bauch ihrer Mutter rhythmisch zum Klang von Musik, und manche lutschen schon eifrig am Daumen. Aktive Eigenbewegungen sind dem Neugeborenen also ebenso vertraut wie das passive Bewegtwerden.

Und doch ist nach der Geburt alles anders. Zuletzt war es im Mutterleib eng geworden, jetzt kann das Baby seine Arme und Beine weit ausstrecken. Das ist einerseits angenehm, doch manchmal auch erschreckend – wo sind die gewohnten Grenzen? Und es gibt noch etwas Neues, Ungewohntes: die Schwerkraft. Für Ihr Neugeborenes muss das eine der eindrücklichsten ersten Erfahrungen sein. Zunächst hat es dieser neuen Kraft kaum etwas entgegenzusetzen und ist auf Ihrem Arm abhängig davon, dass es gut gehalten und gestützt wird (siehe ab Seite 46).

Wichtig: Halten und stützen Sie Ihr Neugeborenes gut.

In der gewohnten Haltung aus dem vorgeburtlichen Leben, der »Embryohaltung«, fühlt sich Ihr Baby auch als Neugeborenes noch am wohlsten – die Gelenke stark gebeugt, Arme und Beine angezogen, sogar die Fingerchen und die Zehen so weit wie möglich geschlossen. Erst nach und nach wird Ihr Baby beginnen, sich zu »entfalten«, dann werden sich seine kleinen Gliedmaßen allmählich auch in der entspannten Haltung ein wenig mehr strecken. Das darf dauern. Im Fruchtwasser getragen und gestützt lebte es in stets schwingender Bewegung. Nun erfährt es erstmals Stillstand, wenn es abgelegt wird, und daran muss es sich erst gewöhnen.

DIE NEUGEBORENEN-REFLEXE

- **Der Schreitreflex** wird Eltern besonders gerne vorgeführt: Wenn das Baby so aufrecht gehalten wird, dass ein Fuß die Unterlage berührt, dann hebt es den anderen Fuß wie zu einem Schritt und setzt ihn vorne wieder ab. Diese reflektorische Gangbewegung klingt im zweiten Monat ab.
- **Der Kriechreflex** führt zu Krabbelbewegungen, sobald ein gewisser Druck auf die Fußsohle des Babys ausgeübt wird, während es auf dem Bauch liegt. Das ist bis zum zweiten oder dritten Monat zu beobachten.
- **Der Suchreflex** hilft dem Neugeborenen von Anfang an dabei, die Brust zu finden. Jede zarte Berührung an seinen Mundwinkeln oder Lippen führt dazu, dass das Baby sich der Berührung zuwendet, sich mit der Zunge die Lippen leckt oder erwartungsvoll den Mund öffnet. Dieser Reflex funktioniert allerdings nur dann richtig, wenn das Baby nicht sehr satt ist und vergeht nach etwa drei Monaten.
- **Der Saug-Schluck-Reflex** ist ebenfalls eine angeborene und lebenswichtige Fähigkeit zur Nahrungsaufnahme. Wird dem Baby ein Finger in den Mund gesteckt, umschließt es ihn fest mit den Lippen und beginnt, mit kräftiger werdenden Mund- und Zungenbewegungen daran zu saugen und anschließend zu schlucken. Auch dieser Reflex ist typisch für hungrige Babys, er ist aber auch im Schlaf auslösbar. Er vergeht etwa im dritten Monat mit der zunehmenden Fähigkeit des Kindes, bewusst zu saugen.
- **Der Stehreflex** ist eine automatische Versteifung der Beine, sobald die Füße des Neugeborenen in aufrechter Körperhaltung die Unterlage berühren. Er lässt ab dem vierten Monat allmählich nach.
- **Der Greifreflex** wird ausgelöst, sobald die Handinnenfläche oder die Fußsohle des Babys berührt wird: Die Finger oder Zehen beugen sich, um zu greifen. Dieser Reflex ist ein Relikt aus grauer Vorzeit, als Babys sich noch an der Körperbehaarung Ihrer Mutter festhalten mussten. Der Handgreifreflex wird im dritten Monat schwächer und erlischt etwa im fünften Monat, der Fußgreifreflex ist dagegen noch bis zum neunten Monat wahrnehmbar.
- **Der Moro-Reflex** wird auch Umklammerungs- oder Schreck-Reflex genannt: Erschrickt das Neugeborene durch eine Berührung, ein Geräusch, eine Erschütterung (beispielsweise wenn jemand auf seine Liegefläche klopft) oder durch abrupte Lageveränderung, streckt es blitzschnell seine Arme weit von sich und spreizt dabei Hände und Finger. Sofort danach beugen sich die Arme und werden wieder an den Körper geführt, während sich die Fingerchen dabei zu Fäustchen schließen (klammern). Der Moro-Reflex lässt nach dem dritten Monat nach und sollte mit rund sechs Monaten verschwunden sein.

DIE MOTORISCHE ENTWICKLUNG IHRES BABYS

Alleine liegen: Wie Ihr Baby es mag

Wenn Sie Ihr Neugeborenes auf seinen Bauch legen, hat es noch nicht viele Bewegungsmöglichkeiten. Es kann seine Arme und Beine zwar anziehen und strecken, aber noch nicht heben. Am liebsten zieht es dann die Beinchen so weit wie möglich unter den Bauch und dreht die Füßchen einwärts oder seitwärts. Wenn es müde ist, legt es den Kopf auf eine Seite. Dort kann ein Händchen leichter als in der Rückenlage zu seinem Mund finden, das mögen alle Babys gerne. Weil die Arme und Beine in der Bauchlage viel Halt haben, was unwillkürliche Zuckungen verhindert, ist diese Lage vielen Neugeborenen angenehm, um sich auszuruhen. Andererseits fordert die Bauchlage dem Baby jetzt noch sehr viel ab, wenn es sein Köpfchen heben will. Es muss sich dazu mit beiden Händen und Armen abstützen – das wird schnell anstrengend.

Ein Neugeborenes kann sich noch nicht gut stabilisieren. Es legt automatisch sein Köpfchen zur Seite ab und gerät in Schieflage.

Häufig erhalten Eltern den Rat, das Neugeborene in seinen Wachphasen viel auf den Bauch zu legen, als Training für seine Rücken- und Nackenmuskulatur. Sollte Ihr Kleines die Bauchlage aber nicht mögen, weil sie ihm zu langweilig oder zu anstrengend ist, brauchen Sie es nicht dazu zu zwingen. Nehmen Sie es dann lieber häufig ins gut gebundene Tragetuch (siehe Seite 50). Auch da lernt es gut, sein Köpfchen zu halten und schult den Gleichgewichtssinn sowie die Raumwahrnehmung.

Der schönste Platz: das Babynest

Wenn Sie Ihr Keines jetzt flach auf seinen Rücken legen, wird es durch die Schwerkraft aus seiner Embryohaltung gestreckt. Viele Neugeborene fühlen sich dabei vorerst noch nicht lange wohl, denn ihre Hüftgelenke und die noch sehr gerundete Wirbelsäule werden dabei mehr gedehnt, als ihnen lieb ist. Legen Sie Ihr Baby in den ersten Wochen tagsüber lieber in ein kleines Nestchen statt auf eine flache, unbegrenzte Unterlage. Das wird auch von Krankengymnastinnen gern empfohlen.

So ein Babynest ist schnell gemacht: Falten Sie eine große Wolldecke zum Dreieck, dann rollen Sie diese auf, legen sie zum Kreis, schlagen die Enden ein und passen das Ganze dabei der Größe des Babys an. Alternativ nehmen Sie einen Schwimmreifen, dessen Größe für Ihr Baby passt. Legen Sie einfach eine Babydecke darüber und fertig ist der perfekte Liegeplatz. Darin liegt Ihr Neugeborenes in einer guten »Beugehaltung«: Kopf und Füßchen ruhen oben auf der dicken Umrandung, Rücken und Po unten in der Mulde. Der Rücken ist gerundet und bildet den tiefsten Punkt, so bleibt der Bauch weich, rundherum spürt es angenehmen Halt. Nur während Sie schlafen sollte Ihr Baby nicht im Nestchen liegen, damit sich nicht unbemerkt etwas vor seine Atemwege schiebt.

Die ersten drei Monate

Bewegung: Die Basics üben

Wenn Sie Ihr winziges Baby ansehen, das erst seit wenigen Wochen auf der Welt ist, dann erscheint es kaum vorstellbar, dass es in einem Jahr schon auf seinen eigenen kleinen Füßen stehen wird. Und doch eignet es sich von Anfang an die Grundlagen dafür an. Systematisch und unermüdlich probiert das Baby seine körperlichen Möglichkeiten aus. Dieses Bedürfnis ist ein wichtiger Antrieb für die weitere Bewegungsentwicklung. Die erste motorische Herausforderung für Ihr Baby: Es versucht, während es beispielsweise mit den Beinchen strampelt, seinen Körperschwerpunkt immer wieder neu auszubalancieren, um Kopf, Schultern und Becken in mittiger Balance zu halten. Erst wenn es in der stabilen Mittellage verweilen kann, ist es in der Lage, seine Bewegungen gezielt einzusetzen. Auch die allmähliche »Ent-Faltung« des kleinen Körpers erlaubt den bewussteren Einsatz mehr und mehr: die Wirbelsäule und die großen Gelenke – Hüften, Knie, Ellbogen – strecken sich zusehends, die Händchen öffnen sich immer öfter. Die Neugeborenen-Reflexe in den Gliedmaßen lassen nach, was eine weitere Voraussetzung für gezieltere Bewegungen ist.

Im Nestchen liegt Ihr Baby in einer idealen Beugehaltung und verspürt rundum angenehmen Halt.

Erste Übungen im Liegen

Die größte Bewegungsfreiheit hat Ihr Baby jetzt, wenn Sie es auf den Rücken legen. Obwohl Ihr Kind dabei anfangs von der Schwerkraft noch in asymmetrische Lagen gezogen wird, gelingt es ihm bald auch ohne die Begrenzung des Babynests (siehe Seite 42), sich immer mehr in Balance zu halten. Viele zunächst unkoordinierte Bewegungen werden im zweiten Monat gezielter. Nach Herzenslust wird es jetzt mehr oder weniger lebhaft strampeln und damit seine Muskulatur kräftigen. Am Ende des dritten Monats sind schon harmonische freie Arm- und Beinbewegungen möglich, weil Ihr Baby gelernt hat, seinen Rumpf zu stabilisieren. Bald hält Ihr Kind seinen Kopf stabil in der Mitte, wenn es auf dem Rücken liegt – diese Kopfkontrolle ist eine besondere Errungenschaft. Jetzt kann sich Ihr Kleines von der Rückenlage aus andere Haltungen und Bewegungsmöglichkeiten selbstständig aneignen.

Handkoordination

Anfangs geraten die eigenen Händchen nur zufällig in das Blickfeld Ihres Babys, doch wenn es sie gezielt betrachten und dabei drehen und wenden kann, werden sie rasch zum ersten Lieblingsspielzeug. Dann übt es, beide Hände mittig vor dem Körper zusammenzubringen, um die Fingerchen gegenseitig zu betasten (Hand-Hand-Koordination). Dreht es den Kopf zur Seite, kann es ein Händchen gezielt zum Mund führen (Hand-Mund-Koordination), und später funktioniert das auch in der mittigen Kopfhaltung, wo es beide Händchen sehen und oral »untersuchen« kann (Auge-Hand-Mund-Koordination). Bei diesen Übungen hat das Baby in den allerersten Wochen mehr Erfolg, wenn es in seinem »Nestchen« liegt (siehe Seite 42).

Füße und Rumpf

Manche Babys haben bald schon Spaß daran, mit energischem Körpereinsatz ihren Rumpf in Bewegung zu bringen.

Ebenso wie die Hände können sich die Füße beim Strampeln gegenseitig betasten. Kräftiger werdende Bauchmuskeln erlauben dem Baby bald, beide Fersen von der Unterlage abzuheben – anfangs nur ganz kurz, aber da es sich immer mehr aus den Beugehaltungen streckt und seine Muskeln kräftigt, wird es mit etwa drei Monaten seine Beine rechtwinklig von der Unterlage abheben, über dem Bauch halten und interessiert die Bewegungen seiner Füße betrachten können. Das geht natürlich besser, wenn es weiche Strampler trägt, statt straffer Jeans. Mit zunehmender Gelenkstreckung begegnen die Füße auch öfter dem Boden. In diesen Kontakten entdeckt das Baby allmählich die Möglichkeit, die Fersen fester aufzustützen, und es spürt, wie sein Rumpf sich dabei minimal vom Boden abhebt.

> **SPIELANREGUNG: Wie ein Fähnchen auf dem Turme**
>
> In der Phase, in der Ihr Baby seine Händchen fasziniert vor seinen Augen bewegt, schaut es auch gerne einmal zur Abwechslung Ihren Händen zu, die Sie langsam und harmonisch über seinem Kopf hin und her drehen und wenden. Dazu passt sehr schön das Lied vom Fähnchen auf dem Turme:
> »Wie ein Fähnchen auf dem Turme – sich kann drehn bei Wind und Sturme – so kann sich mein Händchen drehn – dass es eine Lust ist, anzusehn.« (Volksweise, Melodie: Seite 34 in »Zehn kleine Krabbelfinger«, siehe Buchempfehlungen Seite 186).

Die ersten drei Monate

In der Bauchlage

Für sportlich veranlagte Babys ist es eine willkommene Abwechslung, sich mit ganzer Kraft auf die Unterarme zu stützen und aus der Bauchlage heraus den Kopf in die Höhe zu recken. Dabei werden die Füße und Zehen in den Boden gestemmt, wie später beim Kriechen, und der ganze Körper, von den Zehen bis zum Hals, erarbeitet die nötige Spannung. Das Gesichtsfeld bleibt trotzdem zunächst noch klein. Erlösen Sie Ihr Baby, bevor es sich überanstrengt und unglücklich wird.

Weniger anstrengend ist die Bauchlage für Ihr Baby mit einer Handtuchrolle unter der Brust. Oder Sie legen es sich selbst bäuchlings auf den Bauch zum Plaudern.

Die Spieldecke: Babys neue Erlebniswelt

Bald braucht Ihr Baby Platz für ausgedehntere Bewegungsübungen. Auf einer großen, doppelt gefalteten Baumwolldecke, die Sie auf den Boden oder in ein geräumiges Spielgitter legen, bereiten Sie ihm dafür die ideale Umgebung vor. Sofa und Bett sind zu weich. Die Unterlage muss fest sein und Ihrem Baby Widerstand geben, damit es sich bei seinen ersten Versuchen, das Becken anzuheben oder sich seitlich zu drehen, abstemmen kann. Als Spielsachen legen Sie ihm interessante, dreidimensionale Dinge in Reichweite, die es sehr leicht greifen kann. Gut geeignet sind kleine Gefrierbeutelchen, die Sie mit unterschiedlichen Dingen füllen – Nüsse, Korken, kleine Nudeln – und zuknoten. Sie rascheln bei Berührung, lassen sich leicht aufheben und bieten verschiedene Tasterfahrungen.

Später befüllen Sie manche Beutelchen etwas schwerer, zum Beispiel mit Reis oder Linsen. Wir raten immer ab von einem sogenannten Spieltrapez, Spielbogen oder Babytrainer, wenn dabei Dinge frontal über dem Gesicht des Babys hängen, vor allem, wenn es sie nicht einmal in die Hand nehmen und zum Mund führen kann. Das ist für die motorische Entwicklung eine Sackgasse, denn die Aufrichtung gelingt am besten über die Seitwärtsbewegung. Diese wird angeregt, indem Ihr Baby links und rechts in Reichweite neben sich Dinge entdeckt, die es greifen und zum Mund führen kann, um sie mit den Lippen zu erforschen. Wenn Sie eine gerollte Decke halbmondförmig um den Spielplatz legen, können die Spielsachen nicht außer Reichweite geraten, während Ihr Baby sie zu greifen übt.

Wo Ihr Baby nicht gut liegt

- Alleine auf erhöhter Fläche: Die meisten Eltern sind nicht auf die ersten Drehversuche ihres Kindes gefasst. 80 Prozent aller Babys stürzen einmal vom Sofa oder Wickeltisch! Obwohl das meistens glimpflich ausgeht: Halten Sie Ihr Baby mit einer Hand fest, wenn Sie sich bücken oder wegdrehen. Aber wenn Sie sich auch nur einen einzigen Schritt entfernen müssen, legen Sie es besser kurz auf den Boden.

- Im Schalensitz: Der ist für die Sicherheit im Auto konzipiert. Abgesehen von der Autofahrt sollte das Baby nicht darin »geparkt« werden.
- In der Babywippe: Sie zwingt das Baby in eine ungute Körperhaltung. Brauchen Sie beide Arme frei – beispielsweise beim Kochen – und möchten Sie, dass das Baby Ihnen zusieht? Dann ist Ihr Kleines im Tragetuch auf Ihrem Rücken gut aufgehoben (siehe Seite 50).

Das Baby tragen

Die motorische Entwicklung Ihres Babys profitiert sehr davon, wenn Sie es tagsüber viel am Körper tragen. Die ständige Bewegung unterstützt die Gehirnentwicklung und schult den Gleichgewichtssinn.
Sprechen Sie Ihr Baby immer an, bevor Sie es berühren, und lassen Sie ihm einen Augenblick Zeit, sich auf Sie einzustellen. Ist es wach genug, um Ihnen in die Augen zu schauen? Begleiten Sie jeden Schritt damit, dass Sie Ihrem Baby jeweils sagen, was Sie gerade tun, denn Ihr Kleines spürt dadurch Ihre gesammelte Aufmerksamkeit. So fühlt es sich in Ihren Händen bestens aufgehoben.
Das Hochheben und Ablegen Ihres Babys erfolgt am besten in einer fließenden Bewegung. Es kommt darauf an, ihm überall gut Halt zu geben und zu verhindern, dass Köpfchen, Arme oder Beine plötzlich »fallen«. Gehen Sie vor allem ohne Eile mit Ihrem Kind um. Je kleiner ein Baby ist, desto mehr erschrickt es durch hastige Bewegungen.

Das Baby hochnehmen

- Zuerst drehen Sie Ihr Baby vom Rücken auf die Seite: Schieben Sie dafür Ihre rechte Hand unter seinen Po, legen Sie Ihre flache linke Hand auf seinen Unterbauch. Dann umfassen Sie mit Daumen und Zeigefinger dieser Hand seinen linken Oberschenkel in der Nähe seines Hüftgelenks. Mit einer sanften Bewegung beider Hände drehen Sie Ihr Baby ohne Ruck auf seine rechte Seite. Sein Oberkörper folgt der Bewegung von selbst.
- Dann bringen Sie Ihre Hände in die beste Position, um Ihr Baby hochzuheben: Dafür gleitet Ihre linke Hand unter die Schulter auf der Ihr Kind liegt, diese umfassen Sie mit Daumen und Zeigefinger, die anderen Finger liegen ausgestreckt unter seinem Oberkörper. Ihr linker Unterarm liegt jetzt unter seinem oberen Bein. 1 Ihre rechte Hand schieben Sie unter den Kopf Ihres Babys.
- Jetzt heben Sie Ihr Baby hoch, während es auf seiner Seite in Ihren Händen liegt. Ihre linke Hand trägt seinen Körper und Ihre rechte Hand sei-

Die ersten drei Monate

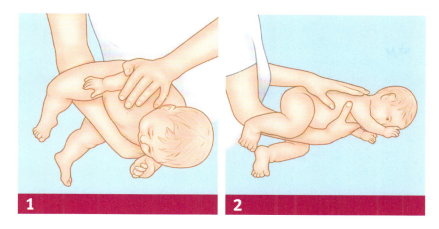

Bald kann Ihr Baby sein Köpfchen in der Seitenlage schon selbst halten.

nen Kopf, sein oberes Bein liegt auf Ihrem linken Unterarm. **2** Beugen Sie sich dabei Ihrem Baby entgegen und drehen Sie es nun so, dass Sie sich Brust an Brust berühren. So haben Sie es sanft aufgenommen und halten es zunächst mit beiden Händen eng an Ihre Brust geschmiegt. Um Ihr Baby darin zu unterstützen, seine Mitte zu finden (siehe Seite 42 und 44), nehmen Sie es abwechselnd über seine linke Seite hoch.

Das Baby ablegen

- Nehmen Sie Ihr Baby zunächst wieder in die Haltung, die Sie im letzten Schritt erreicht haben, aufrecht an Ihre Brust geschmiegt. Um es abzulegen, beugen Sie sich tief zu der Unterlage hinab, auf die Sie das Baby legen wollen. Wenn diese Unterlage nicht mindestens Tischhöhe hat, sollten Sie Ihrem Rücken zuliebe dabei in die Knie gehen oder sich hinknien. Ihre linke Hand lassen Sie auf Babys Bauch und Brust liegen.
- Legen Sie es auf seine rechte Seite zurück, indem Sie zuerst seinen Po seitlich aufsetzen, und stützen Sie mit Ihrer rechten Hand während des Ablegens sachte bis zuletzt sein Köpfchen. So vermeiden Sie ruckartige Bewegungen. Nehmen Sie Ihre Hände unter seinem Körper erst ganz weg, wenn Ihr Kind wieder gut auf der Unterlage liegt.

Sicher im Arm halten und tragen

- Nachdem Sie Ihr Baby hochgenommen haben, halten Sie es zunächst aufrecht eng an Ihre Brust geschmiegt. Das ist die Ausgangsposition für bequemere Haltungen.
- Um Ihr Kind in der vielleicht typischsten Weise in den Armen zu wiegen: Lassen Sie Ihre linke Hand zu seinem Po gleiten, während Ihre rechte

DIE MOTORISCHE ENTWICKLUNG IHRES BABYS

Hand die linke Schulter Ihres Babys sicher im Griff hat, bis sein Köpfchen in Ihrer linken Ellenbeuge zu liegen kommt. Sobald sein Po in Ihrer flachen linken Hand liegt, umfassen Sie seinen linken Oberschenkel wieder im gewohnten Griff mit Daumen und Zeigefinger, nah an der Hüfte. Ihre rechte Hand können Sie jetzt entspannt auf den Bauch des Babys legen. Das ist eine wunderschöne Haltung, um sich anzusehen und miteinander zu plaudern.

Haltungen bei Müdigkeit und Blähungen

- Ist Ihr Baby müde, wird es sich besser entspannen können, wenn Sie es ein wenig mehr zu sich drehen, sodass es seitwärts auf Ihrem Arm liegt und bäuchlings an Ihrem Oberkörper. Schläfrigen Babys hilft oft ein Tuch beim Abschalten und Einschlafen: Drapieren Sie ein dünnes Mullwindeltuch so, dass es von Ihrer Schulter herab wie ein Vorhang über den Arm fließt, in dem Sie Ihr Baby halten, und seinen Augen visuelle Ruhe schenkt.
- Muss Ihr Baby aufstoßen, wird es sich unruhig bewegen, sich winden und ruckartig nach hinten beugen. Nehmen Sie es dann einmal aufrecht an Ihre Schulter, vielleicht tut ihm das gut. Legen Sie dafür Ihre beiden Hände an seine Seiten unterhalb seiner Schultern, Ihre Daumen vorne auf seinem Brustkorb. Ihre Finger liegen ausgestreckt auf seinem Rücken und stützen Kopf und Nacken. Das Baby bleibt eng an Sie geschmiegt, während Sie es in eine vertikale Haltung bringen und dann so weit über eine Ihrer Schultern schieben, dass sein Köpfchen sich an Ihren Nacken

In der Fliegerhaltung kann Ihr Baby bei Blähungen sein Bäuchlein gut entspannen.

schmiegt. Diese Haltung entspannt seinen Bauch und Rücken und Sie haben hoffentlich das Spucktuch nicht vergessen, denn beim Aufstoßen bleibt man selten trocken (siehe auch Seite 83).
- Hat Ihr Baby Blähungen, kann die Fliegerhaltung Erleichterung bringen (siehe Foto). Sie ist vielleicht nichts für die allerersten Tage, aber schon in der zweiten oder dritten Woche, wenn Sie im Umgang mit dem Baby sicherer sind, können Sie mal ausprobieren, ob das Ihrem Baby gefällt. Sie halten es zunächst in Ihrem rechten Arm, wie oben als Erstes beschrieben. Umfassen Sie mit Daumen und Zeigefinger Ihrer linken Hand seine linke Schulter und lassen dann Ihre rechte Hand auf seinen Bauch gleiten, während Sie Ihr Baby mit einer sachten, langsamen Bewegung umdrehen. Vergessen Sie nicht, ihm vorher Bescheid zu sagen! Sein Gesichtchen liegt nun auf Ihrem rechten Unterarm vor der Ellenbeuge, sein Bauch auf Ihrer flachen rechten Hand, und damit Sie Ihr Baby sicher im Griff haben, halten Sie seinen linken Oberschenkel wieder in der Nähe seines Hüftgelenks fest. Ihre freie linke Hand kann warm auf seinem Rücken liegen oder ihn behutsam reiben.

»Bewegte« Babys gedeihen besser

Die moderne Forschung zeigt, dass Eltern die Entwicklung ihres Babys optimal fördern, wenn sie es tagsüber häufig in aufrechter Haltung am Körper tragen, insbesondere in den ersten Monaten. Die aufrechte Haltung schadet seinem Rücken nicht, wenn er gut gestützt wird. (Das Baby wird ja auch im Mutterleib zuletzt in aufrechter und optimal gestützter Körperhaltung getragen.) Dabei können sich die noch unreifen Hüftgelenke ebenso wie die noch leicht gerundete Wirbelsäule gut weiterentwickeln. Als Eltern tun Sie damit das Beste, um späteren Skelettbeschwerden oder Haltungsschäden Ihres Kindes vorzubeugen. Gleichzeitig stillen Sie das Nähebedürfnis Ihres Babys und machen sich das Leben einfacher.

Die richtige Tragehilfe

Ist das Baby richtig an den Körper gebunden, bleiben beide Hände frei, denn man spürt kein Bedürfnis, das Kind zusätzlich zu halten und zu stützen. Die Eltern können zu Hause ihrer Beschäftigung nachgehen und gleichzeitig ohne weiteren Aufwand ihrem Baby die Nähe geben, die es braucht. Unterwegs ist es oft viel praktischer das Kind am Körper zu tragen – das gilt für öffentliche Verkehrsmittel ebenso wie auf Treppen und holprigen Park- oder Waldwegen.

Die meisten Babys werden gern getragen, zur Unterstützung gibt es unterschiedliche Tragehilfen.

Tragetuch: Es tut Babys von Geburt an gut, aufrecht im richtig gebundenen Tuch getragen zu werden. Tragetücher werden in einer speziellen Webtechnik diagonal elastisch gewebt, damit das Baby an jeder Stelle gleichmäßig gestützt wird und der Stoff sich nicht mit der Zeit dehnt. Material und Färbemittel sollten selbstverständlich schadstofffrei sein. Die Anschaffung eines hochwertigen Tuches lohnt sich, denn es erlaubt viele verschiedene Bindeweisen, wie sie je nach Alter und Gewicht des Kindes gerade am günstigsten sind. Das Tuch »wächst« mit und passt sich sowohl an das größer werdende Kind als auch an unterschiedliche Erwachsene an. Anfangs genügt es, sich eine Bindeweise gründlich anzueignen, beispielsweise die »Wickelkreuztrage«. Das hat man schnell raus und das Baby hockt darin in der optimalen Körperhaltung.

Sling: Das ist ein kürzeres Tragetuch mit zwei großen Ringen an einem Ende, durch die das andere Tuchende gezogen wird. Ein Sling ist besonders gut geeignet, wenn es mal schnell gehen muss, weil das Knotenbinden entfällt. Für längere Tragezeit am Stück ist er wegen der etwas ungünstigeren Gewichtsverteilung weniger geeignet. Das Baby hockt dabei in einer festen Tuchschlinge auf der Hüfte des Erwachsenen.

Tragebeutel/Baby Carrier: Damit das kleine Baby darin die optimale Körperhaltung hat, muss sein Kopf gut gestützt und sein Rücken in seiner leichten Rundung eng umschlossen sein. Die wichtige Spreiz-Anhock-Haltung der Beinchen klappt in einem Tragebeutel nur durch einen Steg, der breit und fest genug ist, um zu verhindern, dass die Beinchen sich nach unten strecken. Diese Voraussetzungen sind nur bei sehr wenigen Modellen auf dem Markt gegeben (siehe Service Seite 176). Ein Tragebeutel muss nicht nur mit dem Baby »mitwachsen« können, sondern auch flexible Einstellungen für unterschiedlich große Erwachsene zulassen.

Günstige Trageweisen

- Aufrecht bäuchlings am Erwachsenen, Blick zu ihm **1**: Das Baby kann sich mit gerundetem Rücken und Spreiz-Anhock-Haltung der Beinchen anschmiegen. In der richtigen Höhe getragen, liegt sein Köpfchen so weit oben, dass man ihm ohne Weiteres ein Küsschen aufs Haupt drücken könnte. Der Kopf des Babys ist hinten und seitlich gut gestützt, es kann sich nach Belieben der Welt zu- oder abwenden. Diese Trageweise ist von Geburt an geeignet, kann jedoch mit einem größeren, schweren Baby nach längerer Zeit anstrengend werden.
- Aufrecht bäuchlings auf dem Rücken des Erwachsenen, Blick zu ihm **2**: Ideal, sobald einem das Baby beim Tragen bäuchlings am Körper zu schwer wird. Es kann sich mit gerundetem Rücken und Spreiz-Anhock-

Die ersten drei Monate

Beide Trageweisen sind grundsätzlich von Geburt an geeignet.

Haltung der Beinchen anschmiegen. Außerdem erlebt es die alltäglichen Handlungen in der richtigen Richtung, das ist hilfreich bezüglich Gleichgewicht und Motorik.

Hilfe beim Binden

Wie kommt das kleine Baby in das lange Tuch? Jedem neuen Tuch sind ausführliche Anleitungen beigelegt und auch im Internet gibt es sie auf Video (siehe Websites Seite 184). Wenn Ihnen das Binden des Tragetuchs dennoch anfangs kompliziert erscheint, sind Sie in bester Gesellschaft! Aber es wäre einfach zu schade, es nicht auszuprobieren, denn sobald man den Bogen raus hat, wird aus anfänglich unbeholfenen Bindeversuchen schnell eine kinderleichte, sichere Routine. Da es viele verschiedene Tragetechniken gibt, können Sie einen Tragetuchkurs besuchen. Wer zu schneller Entmutigung neigt, sollte sich sogar eine Einzelberatung gönnen. Dabei werden viele hilfreiche Kniffe vermittelt. Dann fehlt nur noch ein wenig Übung. Die meisten Babys genießen das Getragenwerden nach kürzester Zeit. Eine Ausnahme ist möglich: Manche Kinder haben anfangs im Nacken- und Schulterbereich noch geburtsbedingte Verspannungen. Doch das gibt sich. Hilfreich: Schmetterlingsmassage (siehe ab Seite 17) und gegebenenfalls eine geeignete manuelle Behandlung (Chiropraktik, Craniosacraltherapie, Osteopathie, Bobath-Therapie: siehe Websites Seite 184).

SO TRAGEN SIE RICHTIG

Der Rücken
- Der Rücken Ihres Babys bleibt beim richtigen Tragen leicht gerundet, so wie es seiner natürlichen Haltung in den ersten Monaten entspricht. Sein Rumpf wird rundherum stabil gehalten, das Baby wird eng angeschmiegt getragen und die weichen Säuglingsbandscheiben damit gut gestützt. Falsch getragen ist das Kind vom Tuch nicht fest genug umschlossen, es »sitzt« dann mehr auf dem Po, und sein Rücken sinkt in sich zusammen. Erst mit sechs bis acht Monaten ist die Rückenmuskulatur des Babys so weit ausgebildet, dass die Wirbelsäule in der aufrechten Haltung von selbst aufgerichtet bleibt. Sie haben das Tragetuch eng genug gebunden, wenn Sie nicht mehr das automatische Bedürfnis haben, Ihr Baby zusätzlich mit den Händen zu stützen.

Das Köpfchen
- Das Köpfchen Ihres Babys braucht in den ersten Monaten stets eine Stütze, die verhindert, dass es unkontrolliert nach hinten oder zur Seite wegkippt. Im richtig gebundenen Tuch ist das Köpfchen nur ganz leicht nach vorne geneigt und liegt an Ihrer Brust. Wenn das Köpfchen von der Tragehilfe gegen die Schwerkraft stabilisiert ist und das Baby es nicht selbst aufrecht halten muss, ist es schon früh zu Kopfbewegungen fähig, die ihm sonst erst Monate später gelingen würden. So kann schon ein ganz kleines Baby sein Köpfchen eigenständig hin und her wenden, um beispielsweise seine kleine Nase dahin zu stecken, wo es am angenehmsten riecht. Vor allen Dingen kann es sich abwenden, wenn ihm die Eindrücke zu viel werden.

Die Hüftgelenke
- Die Hüftgelenke werden beim richtigen Tragen in ihrer gesunden Entwicklung unterstützt. Genau genommen sollen dabei die Beinchen des Babys zu etwa 90 Grad angezogen sein – wie in der Hocke – und gleichzeitig zu etwa 40 Grad gespreizt. Diese Beinhaltung nehmen Babys spontan ein, wenn sie hochgehoben werden. Sie tragen Ihr Baby also richtig, wenn seine Knie deutlich höher liegen als sein Po und es sich mit gespreizten Beinchen bäuchlings anschmiegt. Die beiden Hüftgelenkspfannen können in dieser Position gut ausreifen, weil die Oberschenkelköpfe richtig darin positioniert sind und nicht gegen den hinteren und oberen Teil der noch weichen Pfannenwände drücken und sie damit abflachen. In diesem Sinn wirkt das richtige Tragen sogar als Vorbeugung gegen Folgen einer angeborenen Hüftdysplasie, ja es kann auch als Behandlung von leichten Formen dieser angeborenen Problematik verstanden werden.

Vierter bis achter Monat

Kaum etwas ist faszinierender, als mitzuerleben, wie sich ein Kind im Laufe des ersten Lebensjahres durch die Fortentwicklung seiner Bewegungsmöglichkeiten allmählich eine Dimension nach der anderen erobert. Das Gleichgewicht zu halten gelingt nun so gut, dass sich das Baby aus den horizontalen Positionen mehr und mehr in vertikale Haltungen emporarbeiten kann. Bei den vielen Stütz- und Stemmbewegungen, die es beim Rollen und Robben übt, sammelt es wichtige Erfahrungen, um sich immer weiter aufzurichten.
Doch auch seine feinmotorischen Fähigkeiten wie das Greifen übt und perfektioniert das Baby in diesem Alter. Schließlich müssen auch die Sinnesorgane mitspielen, damit die Hand beispielsweise nicht daneben fasst. So ist jeder Fortschritt immer Teil einer umfassenden Entwicklung.

Babys Übungen im Liegen

Rückenlage

Immer wenn das Baby strampelt, kräftigt es auch seine Bauch- und Rückenmuskulatur und das eröffnet ihm zunehmende Möglichkeiten. Es kann sein Gleichgewicht in dieser Haltung von Woche zu Woche besser halten, ist somit zu gezielteren Arm- und Beinbewegungen fähig und erreicht durch die verbesserte Koordination neue Bewegungsqualitäten. Mit drei Monaten üben viele Babys schon eifrig das gekonnte Drehen auf die Seite, mit vier Monaten dreht sich schon jedes zweite Kind: Mit Schwung werden beide Beine gleichzeitig nach oben gestreckt, eine kräftige Rumpfbewegung und schwupps geht es hinüber von der Rücken- in die Seitenlage.

Mit fünf Monaten ist das so »babyleicht«, dass es fast jedes Kind beherrscht. Nur eines von zehn findet auch dann noch kein Interesse daran, aber schließlich ist es ja auch interessant, mit beiden Händchen endlich differenziert greifen und tasten zu können, während man balanciert auf dem Rücken ruht. Auch die eigenen Füße werden dabei entdeckt, das Baby kann sie festhalten und sogar die Zehen in den Mund stecken. Es hält sein Gleichgewicht jetzt so gekonnt, dass es ihm mühelos gelingt, beide Beine und Arme gleichzeitig in die Luft zu heben. Auf jeden Impuls, zur Seite zu fallen, folgt unmittelbar ein ausgleichender Gegenimpuls. Mit sechs bis sieben Monaten drehen sich Babys spielend nach beiden Seiten.

> **Nuckelt das Baby an den Zehen, erfährt es auf spielerische Weise, wie sich seine Füßchen anfühlen.**

DIE MOTORISCHE ENTWICKLUNG IHRES BABYS

Etwa jedes zehnte Kind entwickelt eine individuelle Etappen-Variante.

Etappen der Bewegungsentwicklung

Die Frage, wann ein bestimmter Meilenstein erreicht wird, ist eigentlich nicht so wichtig. Worauf es ankommt, ist die Reihenfolge. Von der Geburt bis zum freien Gehen – so kommt das Baby voran:

- Das Baby dreht sich vom Rücken auf die Seite (und zurück).
- Es dreht sich auf den Bauch.
- Es dreht sich vom Bauch zurück auf den Rücken (es wälzt sich).

Die ersten drei Etappen werden immer in derselben Reihenfolge erreicht. Bei den folgenden Bewegungen kann diese auch variieren:

- Das Baby kriecht auf dem Bauch.
- Es krabbelt auf Knien und Händen, auch kleine Hindernisse oder Stufen hinauf und herunter.
- Es setzt sich auf, sitzt und legt sich wieder hin.
- Es richtet sich zum Kniestand auf, kniet und lässt sich wieder nieder.
- Es steht auf, steht und lässt sich wieder nieder.

Nun bleibt die Reihenfolge wieder gleich:

- Das Baby fängt an, freihändig zu gehen, macht erste freie Schritte.
- Es geht frei und sicher, das Gehen ist jetzt seine bevorzugte Fortbewegung.

Seitenlage

Sich hier in Balance zu halten ist eine Sache für sich. Das Baby entdeckt, wie es dazu nicht nur sein Kopfgewicht samt Hals- und Oberkörpermuskeln, sondern auch die Beine wirkungsvoll einsetzen kann. Es kann sich viel Halt geben, indem es den Fuß seines oberen Beines am Boden stabilisiert. So hat es bald auch beide Hände frei, um damit einen Gegenstand zu erforschen. Sich nach Belieben auf eine Seite drehen und dort verweilen zu können, gibt Ihrem Baby eine ganz neue Perspektive. Zwar konnte es bisher schon mit Kopfdrehungen den Blick nach links und rechts schweifen lassen, aber nun ist es bereits in der Lage, sich selbstständig mit beiden Armen und Händen in diesen neuen Raum hineinzubewegen.

Bauchlage

Mit sieben bis acht Monaten drehen sich schließlich die meisten Kinder mit Begeisterung aus der Seitenlage selbstständig weiter auf den Bauch. Erstes »Problem«, das für das Baby dabei entsteht: Der Arm, über den es sich gerollt hat, bleibt unter dem Körper liegen – wie ärgerlich! Oft muss da schnell

Das Drehen von der Rücken- in die Bauchlage klappt nun schon bestens.

die Mama oder der Papa kommen und helfen, doch sehr bald findet es selbst heraus, wie es weitergeht. Natürlich ist es für Ihr Baby anfangs auf dem Bauch noch etwas anstrengender, sich im Gleichgewicht zu halten, als auf dem Rücken. Dafür tut es sich in dieser Stellung leichter, den Kopf immer mehr zu heben und kann sich bald auf die Hände stützen, sodass sich auch Schultern und Brustkorb abheben. Wenn Ihr Baby durch wochen- und monatelanges Experimentieren selbst in die Bauchlage gefunden hat, findet es auch rasch heraus, wie es wieder auf dem Rücken landet. Mit einer Rumpfdrehung und der Hilfe von Armen und Beinen geht es zurück auf die Seite, dann legt es seinen Kopf auf den Boden und mit einer weiteren Rumpfdrehung dreht es sich wieder auf den Rücken. Mit all diesen Fähigkeiten kann es sich in der Bauchlage nun auch um die eigene Achse drehen.

Das Baby kommt vom Fleck

Mit sechs bis sieben Monaten wird die Sehkraft stärker, dann rücken auch weiter entfernte Gegenstände ins Blickfeld Ihres Babys und wollen natürlich erforscht werden. Ihr Kleines reckt und streckt sich, um an interessante Sachen zu gelangen. Es unternimmt erste ruderartige Bewegungen, doch es kommt noch nicht richtig vorwärts.
Die eigene, bewusst herbeigeführte Fortbewegung erreicht Ihr Kind damit, dass es seinen ganzen Körper einsetzt, von den Zehen- bis zu den Fingerspitzen. Dabei kann es ganz zufällig verschiedene Möglichkeiten kennenlernen, seinen Platz zu verlassen und einen anderen einzunehmen – auch ohne sich groß vom Boden aufrichten zu müssen. Fast keine dieser Körperbewegungen ist ihm neu, aber nun ist der Moment gekommen, da es lernt, sie gezielt einzusetzen, um sich von hier nach dort zu bewegen. Diese Fähig-

DIE MOTORISCHE ENTWICKLUNG IHRES BABYS

Tempo der Bewegungsentwicklung

Die motorischen Meilensteine erreicht jedes Kind in seinem eigenen Tempo. Laut Emmi Pikler (siehe Bücher Seite 187) meistern Babys bestimmte Bewegungen eigenständig in folgendem Alter:

Bewegungsform	10 %	25 %	50 %	75 %	90 %	Anteil aller Babys
Dreht sich auf die Seite	11.	14.	17.	20.	23.	Lebenswoche
Dreht sich auf den Bauch	18.	20.	24.	27.	30.	Lebenswoche
Dreht sich vom Bauch zurück	21.	25.	28.	32.	37.	Lebenswoche
Kriecht auf dem Bauch	29.	33.	38.	43.	47.	Lebenswoche
Krabbelt auf Knien und Händen	35.	39.	43.	49.	55.	Lebenswoche

keit eröffnet eine neue Epoche in der Entwicklung: Die zweite Dimension wird erobert. Unter den verschiedenen Möglichkeiten der Fortbewegung entwickeln sich Seitwärtsbewegungen früher als Vorwärtsbewegungen. Abhängig von dem, was ein Baby gerade vorhat, kann es bald unter den vielseitigsten Variationen wechseln. Und keine Sorge, wenn ein Kind sich länger als andere damit Zeit lässt: Irgendwann werden auch zurückhaltende Babys zu kleinen Welteroberern. Dann holen sie ganz rasch auf.

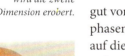

Ein guter Grund, stolz zu sein: Hocherhobenen Hauptes wird die zweite Dimension erobert.

Rollen

Vom Rücken auf die Seite, von dort auf den Bauch, vom Bauch weiter auf die andere Seite und wieder weiter auf den Rücken ... dass man dabei auch gut von der Stelle kommt, entdecken Babys schnell und für viele wird daraus phasenweise eine bevorzugte Art der Fortbewegung. Manche Kinder legen auf diese Weise erstaunliche Strecken zurück und sind über diese Fähigkeit so begeistert, dass sie lange Zeit keine anderen Möglichkeiten erkunden.

Kreiseln

Wenn Ihr Baby Kopf und Schultern gleichzeitig mit den Fersen in den Boden stemmt, kann es sein Becken vom Boden abheben. Mit Geschick entdeckt es, dass ein kleiner Rumpfschwung vor dem erneuten Aufsetzen des Beckens seine Position im Raum verändert. Dann versetzt es die Füße und macht dasselbe noch mal – und schon geht es im Kreis herum. Kreiseln funktioniert auch in der Bauchlage gut, sobald Ihr Kind sein Gewicht auf einen Unterarm stemmen kann. In Kombination mit dem Rollen lässt sich damit weit kommen!

Vierter bis achter Monat

Rutschen und Schieben

In der Rückenlage kann Ihr Baby die Fersen auf den Boden drücken und gleichzeitig die Beine strecken – schon ist es ein Stück gerutscht. Rutschend kann es sich sogar in einer Art Linie zur anderen Seite des Zimmers schlängeln. Auch mit wenig Aufwand lässt sich viel erreichen! Ein typisches Malheur passiert Babys, wenn sie dasselbe in der Bauchlage üben: Mit dem kräftigen Strecken der Arme schieben sich die meisten Babys zuerst nach hinten statt nach vorne – und entfernen sich mehr von ihrem Ziel, als dass sie ihm nahekommen. Jetzt brauchen die Zehen Halt am Boden, helfen Sie Ihrem Kind mit einer rutschfesten Unterlage und befreien Sie es vor allem von rutschigen Söckchen. Barfuß gelingt ihm jetzt vieles besser.

> Babys haben hochsensible Füße und können ihre Zehen sehr differenziert bewegen, um etwas abzutasten oder um sich gezielt abzustoßen.

Robben und Kriechen

In der Bauchlage wird es nicht mehr lange dauern, bis Ihr Baby übt, durch das wechselseitige Strecken und Beugen der Arme voranzukommen. Es stützt sich auf einen Unterarm, streckt den anderen nach vorne, verlagert dann das Gewicht auf diesen und zieht den anderen Arm nach – jetzt vielleicht noch mit den Füßen schieben: geschafft! Ob wir das nun Kriechen oder Robben nennen, ist dem Kind ganz egal, es gibt unzählige individuelle Varianten, denn für Ihr Baby ist die Hauptsache: Es geht voran!

Vom ersten Unterarmstütz zum ersten Knien

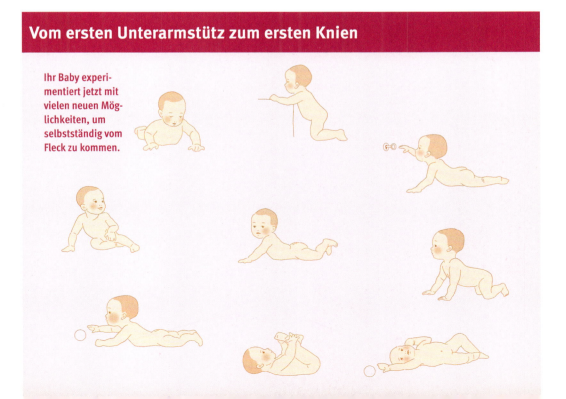

Ihr Baby experimentiert jetzt mit vielen neuen Möglichkeiten, um selbstständig vom Fleck zu kommen.

DIE MOTORISCHE ENTWICKLUNG IHRES BABYS

Zur Sicherheit

Sobald Ihr Baby entdeckt hat, wie es sich aus eigener Kraft von hier nach dort bewegen kann, steht der Eroberung der Wohnung nichts mehr im Wege – sind Sie darauf eingerichtet? Es kann nicht schaden, dabei selbst einmal auf alle »Viere« zu gehen und aus der Perspektive des Babys zu schauen, was ihm möglicherweise gefährlich werden kann. Bitte überprüfen Sie:

- Liegen irgendwo Dinge auf dem Boden, an denen Ihr Baby sich verletzen könnte, wenn es sie in die Hände bekommt? Sind erreichbare Steckdosen gesichert?
- Gibt es leichte Möbelstücke, die Ihr Baby umwerfen könnte, wenn es versucht, sich daran festzuhalten? Bodenvasen, Stehlampen …
- Woran könnte sich Ihr Baby hochziehen wollen – geben diese Gegenstände sicheren Halt? Oder gibt es etwas, das herunterfallen könnte, wenn das Baby daran zieht? Elektrokabel, Tischdecken …
- Gibt es harte, scharfe Kanten, an denen sich Ihr Kind zum Beispiel beim Fallen verletzen könnte?
- Sind alle Treppen versperrt?

Das Baby-Workout: Strampelspiele

In dieser Haltung können Sie mit Ihrem Baby wunderbar kommunizieren und spielen.

Besonders dankbar für solche Spiele sind Babys in der Phase, wo sie schon recht »groß und stark« geworden sind, sich aber noch nicht ganz so bewegen können, wie sie das gerne möchten. Um seine Verdauung nicht zu belasten, strampeln Sie mit dem Baby aber besser nicht direkt nach einer Mahlzeit.

Setzen Sie sich bequem hin und legen Sie Ihr Baby auf Ihre Oberschenkel, mit seinem Kopf auf Ihren Knien – so können Sie gut Augenkontakt halten und sehen, wie Ihr Kleines reagiert.

Der gemeinsame Strampelspaß dauert natürlich nur so lange, wie es Ihrem Baby offensichtlich Freude macht. Schon bei ersten kleinen Anzeichen von Unlust ist es Zeit aufzuhören, beispielsweise wenn Ihr Kleines sich abwendet und damit andeutet, dass es nun wieder seine Ruhe haben möchte.

Arme und Schultern

Diese kleine Übung entspannt den gesamten Schulterbereich und den oberen Rücken des Babys. Fassen Sie seine beiden Händchen, sodass es Ihre Daumen hält und Sie auch seine Handgelenke umgreifen. Legen Sie seine

Arme in gleichmäßigem, ruhigem Tempo waagrecht vom Körper weg zu beiden Seiten. Machen Sie eine Sekunde Pause. Nun führen Sie seine Arme im gleichen Tempo zurück zum Körper und überkreuzen sie vor seiner Brust. Wieder kurze Pause. Wiederholen Sie diese Übung so lange es Spaß macht. Variante: Beide Ärmchen gleichzeitig sanft nach oben neben die Ohren legen – kurze Pause – und wieder vor der Brust überkreuzen. Dazu passt gut das Lied vom »Bi-Ba-Butzemann« :

Es tanzt ein Bi-Ba-Butzemann in unserm Haus herum, fidebum.
Es tanzt ein Bi-Ba-Butzemann in unserm Haus herum, fidebum.
Er rüttelt sich und schüttelt sich und wirft sein Säckchen hinter sich.
Es tanzt ein Bi-Ba-Butzemann in unserm Haus herum.

Beim Rütteln und Schütteln können Sie beide Ärmchen oder Beinchen gleichzeitig sanft rütteln und schütteln.

Beine und Hüftgelenke

Das Baby bleibt auf dem Rücken liegen, denn nun kommen die Beinchen an die Reihe. Beugen Sie dem Baby die Beine wie zum überkreuzten Schneidersitz vor seinem Bäuchlein zusammen, ein Fuß höher als der andere. Legen Sie eine ganz kleine Pause ein. Dann werden die Beine wieder sanft gestreckt und beim nächsten Beugen wird der andere Fuß höher gelegt. So wechseln Sie jedes Mal ab, in einem gleichmäßig Rhythmus.

Variante: Halten Sie seine Füße so, dass Ihre Handflächen an seinen Fußsohlen liegen und dagegen drücken können. Beugen und strecken Sie seine Beine abwechselnd; drücken Sie die kleinen Oberschenkel sanft Richtung Bauch, nur so weit wie die Beine gerne nachgeben. Dann geben Sie nach und Ihr Baby streckt seine Beine fast von selbst. Es ist ein Spiel von Druck und Gegendruck. Dazu passt gut das Lied »Große Uhren«:

Große Uhren machen tick, tack, tick, tack (langsam strampeln). *Kleine Uhren machen tick-tick, tack-tack* (... jetzt etwas schneller strampeln). *Und die kleinen Taschenuhren ticke tacke ticke tacke ticke tacke* (nun noch schneller strampeln). *Und die Turmuhr, die macht Bim Bam Bim Bam* (beide Beinchen gleichzeitig angehoben hin und her schwingen). *Und die Sanduhr, die macht Schhhhhhhh* (sanft mit beiden Händen vom Scheitel bis zu den Füßen über beide Körperseiten Ihres Babys streichen).

Ihr Baby wird es lieben, wenn Sie das Strampelspiel mit einem Streichelvers abschließen. Wandern Sie dabei mit den Fingerspitzen über seinen Körper und singen Sie nach der Melodie von »Bruder Jakob«:

Eine Schnecke, eine Schnecke, krabbelt rauf, krabbelt rauf,
krabbelt wieder runter, krabbelt wieder runter,
kitzelt auf dem Bauch, kitzelt auf dem Bauch.

Feinmotorische Entwicklung: Greifen und Begreifen

Ideale Spielsachen für Ihr Baby sind solche, die leicht zu greifen sind und verschiedene Materialien zum Ertasten anbieten.

Mit der guten Auge-Hand-Mund-Koordination, die sich zwischen dem vierten und siebten Monat einspielt, eröffnet sich dem Baby eine neue Welt – die Welt des Begreifens. Das Baby unterscheidet kalt und warm, hart und weich, starr und nachgebend. Im Gehirn werden zwischen allen Informationen Verbindungen hergestellt. Es ist der erste Schritt auf dem noch langen Weg zum Spielen, Essen, Malen, Schreiben ... Mit vier oder fünf Monaten klappt das Greifen schon so gut, dass das Baby nach allem fasst, was ihm in die Hände kommt, bevorzugt Mamas Halskette, Opas Brille, Papas Haare. Was immer das Baby in der Hand hat, wird von allen Seiten genau betrachtet und am liebsten auch sofort zum Mund geführt. Mit der ausgeprägten Tast-Sensibilität der Lippen lässt sich die Beschaffenheit der Dinge noch viel besser erforschen als mit dem Tastsinn der Finger, so erhält das Baby mehr Informationen, als ihm seine Augen über den Gegenstand geben. Ab dem sechsten Monat wird das Feingefühl immer besser, das Baby kann Gegenstände bald von einer Hand in die andere geben. Es freut sich besonders, wenn Gegenstände Geräusche von sich geben, und es dabei sehen kann, wie diese entstehen – beispielsweise beim Aneinanderschlagen. Noch wird die Hand als Ganzes genutzt, das ändert sich erst mit etwa acht Monaten, wenn das Baby beginnt, einzelnen Fingern spezielle Aufgaben zu geben. Es übt, mit ausgestrecktem Daumen und Zeigefinger im Scherengriff zu greifen, der dem Pinzettengriff vorausgeht (siehe Seite 67).

Ihr Kind fasst die Dinge nun mit dem »Scherengriff«, mit Daumen und Zeigefinger.

Neunter bis zwölfter Monat

Für alle Eltern ist es faszinierend zu beobachten, wie sich ihr Kind im Laufe seines ersten Lebensjahres aus dem Liegen allmählich hinaufarbeitet zum Stehen: Auf jeder Station des Weges in die aufrechte Körperhaltung wird die Berührungsfläche mit dem Boden kleiner, bis das Kind endlich nur noch auf den beiden winzigen Fußsohlen steht. Dass es sich schließlich auf zwei Beinen im Gleichgewicht halten kann, ist insbesondere der Entwicklung des Zentralen Nervensystems zu verdanken. Das motorische Know-how sitzt im Kopf! Denn auch das Gehirn muss reif sein, für seine Aufgabe, für Balance und Ausgewogenheit der einzelnen Bewegungen zu sorgen – nicht zuletzt werden die Fähigkeiten der Sinnesorgane dafür gebraucht. Alle Aspekte der kindlichen Entwicklung sind miteinander verwoben – die motorische Entwicklung geht einher mit der geistigen, sprachlichen und sozialen – jeder Aspekt ist wichtig für den anderen und alle beeinflussen und fördern sich gegenseitig.

Das Baby will hoch hinaus

Rücken-, Seiten- und Bauchlage

In diesem Alter nehmen Babys die Rücken- und Seitenlage nur noch zum Ausruhen ein, in ihren aktiven Phasen drehen sie sich flink auf den Bauch – und ab geht die Post. Als hätten sie keine Zeit zu verlieren, wenden sie sich sofort ihrer aktuellen Lieblingsübung zu. Die Bauchlage ist die ideale Ausgangsposition für die nun folgenden motorischen Entwicklungsschritte wie zum Beispiel das Krabbeln und das Sitzen. Sobald das Kind für seinen Geschmack genügend darüber herausgefunden hat, wie es von links nach rechts und von vorne nach hinten gelangen kann, verspürt es unwiderstehlich den Drang von unten nach oben zu gelangen. Natürlich beginnt die Aufrichtung schon ganz früh, beispielsweise indem es die Beine in Rückenlage beziehungsweise den Kopf in der Bauchlage hebt. Aber jetzt erforscht es die Möglichkeit, sich mit dem ganzen Rumpf vom Boden abzuheben – sodass es ihm schließlich gelingt, zu sitzen und zu krabbeln.

Manche Babys entdecken jetzt erst ein Interesse am Drehen und Kullern (siehe Kasten Seite 56) und holen dann in kurzer Zeit alles nach.

Krabbeln

Krabbeln ist etwas völlig Neues: Das Baby hebt erstmals seinen Körper vom Boden ab und bewegt sich auf Händen und Knien voran. Dadurch ist es

DIE MOTORISCHE ENTWICKLUNG IHRES BABYS

> **Hilf mir, es selbst zu tun!**
> Die motorische Entwicklung ist ein langer Prozess, der aus vielen kleinen Einzelschritten besteht, die das Kind einen nach dem anderen selbst gehen muss, damit es die richtigen Grundlagen entwickelt. Wenn Sie Ihr Kind fördern möchten, lautet die wichtigste Regel: Alles, was Ihr Baby selbst schafft, sollte es auch tun dürfen. Voraussetzung ist neben Ihrer Geduld und Ihrem Zutrauen natürlich eine sichere Umgebung, welche die Experimente, die Ihr Baby sich aus eigener Initiative vornimmt, auch zulässt und unterstützt. Ihr Kleines stützt sich aus der Schräglage immer mehr zum Sitzen hoch? Sehr gut! Es will sich alleine an einem Möbelstück hochziehen? Nur zu! Lassen Sie es selber machen und nehmen Sie ihm möglichst nichts ab, denn beim Drehen, Rollen, Aufsetzen und Krabbeln entwickelt sich gleichermaßen seine körperliche wie geistige Koordinationsfähigkeit. Wenn ein Schritt fehlt, fehlen auch Verknüpfungen im Gehirn, was später zu Bewegungsunruhe und Störungsmustern führen könnte. Kinder mit einer guten Körperkontrolle zeigen das besonders dann, wenn sie einmal ihr Gleichgewicht verlieren: Sie fallen so geschickt, dass sie sich kaum jemals eine Beule holen, sie plumpsen entweder auf den Po oder halten beim seitlichen Umkippen den Kopf hoch. Babys ohne selbst erarbeitete Körperkontrolle fallen um, ohne sich gut abzustützen, ihre Unfall- und Verletzungsgefahr ist größer.

ihm möglich, seine linke und rechte Körperseite entgegengesetzt gleichzeitig zu bewegen, also linke Hand/rechtes Knie oder rechte Hand/linkes Knie gemeinsam nach vorne zu bewegen und damit wesentlich schneller voranzukommen. Dabei passiert auch in seinem zentralen Nervensystem etwas wirklich Neues: Die automatischen Kreuzbewegungen aktivieren gleichmäßig die rechte und die linke Gehirnhälfte.

Echte Kraftanstrengung

Um Krabbeln zu lernen, muss Ihr Baby sich viel Mühe geben. Das Schwerste ist zunächst, aus der Kriech- oder Robbposition in den Vierfüßlerstand zu kommen, also den Po vom Boden zu heben und die Gewichtsverlagerung auf die kleinen Flächen der Hände und Knie zu schaffen. Ist dem Baby das gelungen, bleibt die Frage, wie es nun vorankommt. Das findet es heraus, indem es für eine Weile immer vor und zurück wippt. Dabei wird klar, dass es sein Gewicht nun ganz anders verteilen muss als bisher.

Neunter bis zwölfter Monat

Das Baby spürt beim Wippen, dass es nicht vorwärtskommt, wenn es sein Gewicht auf beide Hände oder beide Knie legt – und verlagert es das Gewicht auf eine Körperseite, kippt es sogar um. Nur durch eine kreuzweise Gewichtsverteilung auf Hand und Schulter der einen Körperseite sowie Knie und Fuß der anderen Körperseite wird aus dem Vierfüßlerstand das Krabbeln. Es ist also auch eine gehörige Portion Gehirnakrobatik, die das Kind in dieser Übungsphase des Wippens bewältigt. So vergeht bis zum Krabbeln oft einige Zeit des unablässigen Übens, aber dann trägt das Gelernte viele Monate lang.

Möglichst lange üben lassen

Durch das Krabbeln wird das Zusammenspiel der beiden Gehirnhälften ganz wesentlich geschult und daraus entwickelt sich ein besonderes Koordinationsvermögen, das Kinder unter anderem später beim Lesen und Schreiben brauchen. Schulkinder, die als Babys das Krabbeln ausgelassen haben, tun sich oft in beidem schwerer. Lassen Sie also Ihrem Baby Zeit für seine Krabbelübungen und widerstehen Sie der Versuchung, es schon an beiden Händen durch die Wohnung zu führen, weil es laufen möchte und alleine noch nicht kann. Ähnliches gilt fürs Sitzen, denn Kinder, die das Sitzen nicht selbst erlernt haben, sondern abgestützt hingesetzt wurden, krabbeln oft nicht. Offenbar ist also in der Bewegungs- und Gehirnentwicklung eines fürs andere wichtig: Was Ihr Baby jetzt aus eigener Kraft heraus lernt, macht ihm im späteren Leben vieles leichter.

Eine lange Krabbelphase bringt Ihrem Kind fürs ganze Leben Vorteile. Freuen Sie sich, wenn es mehrere Monate lang dabeibleibt und sich mit dem Laufenlernen Zeit lässt.

Spielend lernen

Alles, was rollt wird jetzt besonders interessant für Ihr Baby – es kann ja endlich hinterher! Kleine Bälle oder Reifen werden oft sein Lieblingsspielzeug sein. Aber auch eine Toilettenpapier- oder Küchentuchrolle kann größten Spaß machen, weil sie sich aufrollt, wenn sie angestubst wird – schauen Sie sich um, in jedem Haushalt finden sich zahlreiche ungefährliche Dinge, mit denen das Baby jetzt gern spielt.

DIE MOTORISCHE ENTWICKLUNG IHRES BABYS

Was Ihr Baby jetzt braucht:
- Lockere Kleidung, die es nirgends einengt. Ein »schlankes« Windelhöschen, das seine Hüftbeweglichkeit zulässt.
- Ihre Mitfreude an seinen Erfolgen, die es aus eigener Kraft und Initiative erreicht. Sie fördern Ihr Baby, indem Sie ihm seinen individuellen Zeitrahmen lassen und keinen Entwicklungsschritt vorwegnehmen, Ihr Kind also möglichst wenig passiv hinsetzen und aufstellen.

Was Ihr Baby jetzt nicht braucht:
- Socken oder Schuhe. Barfuß kann Ihr Kind seine Füße besser einsetzen und trainieren, so kräftigt sich die Fußmuskulatur.
- »Krabbelverhinderer« wie die sogenannten Lauflernhilfen (Gehfrei). Darin werden Füße, Hüft- und Beingelenke sowie die Wirbelsäule viel zu früh stark belastet, was später zu Haltungsschäden führen kann.

Sitzen

Bevor ein Kind freihändig aufrecht sitzen kann, übt es längere Zeit verschiedene Positionen, bei denen es seinen Oberkörper aus der Seitenlage mehr und mehr nach oben hebt und sich dabei zuerst auf den Unterarm oder auch nur auf den Ellbogen stützt. Im nächsten Entwicklungsschritt entfernt es sich aus dieser halb liegenden Körperhaltung noch weiter vom Boden.

Babys finden nach und nach viele Möglichkeiten des Sitzens heraus, mit verschiedenen Beinpositionen, und werden immer sicherer in ihrer Haltung.

Dazu streckt es den stützenden Arm und stützt sich nur noch mit der Hand auf, wobei es das untere Bein gebeugt etwas nach vorne zieht, um sich zusätzlich Halt zu geben. Das Baby findet eine noch stabilere Position, indem es das obere Bein anwinkelt und den Fuß vor das untere Knie setzt (sogenannter »Zwergensitz«). In all diesen seitlich gestützten Positionen hat Ihr Kind die nicht stützende Hand bereits zum Spielen frei. Während sich seine Balancefähigkeit durch diese Haltungen schult und weiterentwickelt, wächst der Wunsch, beide Hände zum Entdecken und Experimentieren freizuhaben – bis Ihr Kind eines Tages genug Sicherheit spürt, um sich so weit aufzurichten, dass es die stützende Hand vom Boden nehmen kann, während sich Rücken und Kopf ganz in die Vertikale heben. Es sitzt!

Neunter bis zwölfter Monat

Stehen und Reling-Gehen

Beim Sitzen auf den Fersen – eine beliebte Ruhehaltung während des Krabbelns – findet Ihr Baby eines Tages heraus, dass es auch aufrecht knien kann und dadurch Dinge erreicht, die sich weiter oben befinden. Halb kniend streckt es die Arme aus, findet mit den Händchen Halt und übt von nun an, sich zunächst mit einem Bein und bald mit beiden Beinen hochzustemmen. Mit der Zeit lernt Ihr Kind, wie es seine Kraft in den Beinchen kontrollieren muss, um vollends zum Stehen zu kommen – wenn auch zunächst noch wackelig und darauf angewiesen, sich mit beiden Händen festzuhalten. Bis zum freien Gehen wird Ihr Kleines noch viele Monate üben müssen. Währenddessen kräftigen sich seine Rumpfmuskulatur und seine Füße, besonders die Fußgelenke. Dies sind wichtige Prozesse, die ihre Zeit brauchen, und es ist auch hier wieder ganz wichtig, dass das Baby sich innerhalb seiner eigenen Grenzen bewegen darf.

Wird es dagegen gestützt, gehalten und an den Armen in den Stand gezogen, so begünstigt das nur spätere Haltungsschäden. Erst wenn ein Kind sich ganz von selbst aufrichten kann, hat es seine Muskeln und Gelenke genug trainiert, und sie können ihm ausreichend Halt geben.

Wichtig: Jetzt ist die Zeit gekommen, wo Sie aufmerksam durch Ihre Wohnung gehen und alle Gegenstände wie Tischdecken, Überwürfe und Elektrokabel entfernen sollten, an denen Ihr Baby keinen sicheren Halt fände, wenn es sich daran hochziehen würde.

Die ersten gestützten Schrittchen

Die ersten noch schwankenden Schritte machen Kinder seitwärts an einem Möbelstück entlang, an dem sie sich mit beiden Händen festhalten. Diese Seitwärtsbewegung wird Reling-Gang genannt, nach dem Schiffsgeländer, am dem Passagiere bei rauer See Halt suchen. Ihr Baby übt in dieser wichtigen Phase, das Gleichgewicht zu wahren, während es versucht, das gesamte Körpergewicht von einem Bein auf das andere zu verlagern, auf beiden Beinen zu stehen und sich nur noch mit einer Hand festzuhalten, damit die andere vorgreifen kann. Um diese Fähigkeiten muss es schwer ringen, den ganzen Tag lang behauptet es sich gegen kleine Misserfolge. Immer wieder plumpst es unvermittelt auf den Po, weil seine Beinchen noch zu wackelig stehen und es die Balance verliert, und unermüdlich steht es wieder auf und übt weiter. Ihr Baby erarbeitet sich dabei die Voraussetzungen fürs freie Stehen und so ist auch das eines Tages geschafft.

Da sich Ihr Kleines im freien Stand zunächst noch voll konzentrieren muss, fühlt es sich noch lange Zeit sicherer, wenn es sich festhalten kann. Deshalb findet es auch meistens etwas, das sich durch den Raum schieben lässt – einen Stuhl, eine Spielzeugkiste oder einen Puppenwagen. Das geht noch weniger riskant im »Kniegang«. In dieser Phase seiner Bewegungsentwicklung wechselt das Baby frei zwischen all seinen Möglichkeiten, sich halbwegs aufgerichtet fortzubewegen.

DIE MOTORISCHE ENTWICKLUNG IHRES BABYS

Die ersten Schritte sind für Eltern und Kind ein ganz besonderes Ereignis!

Vom Stand zu den ersten freien Schritten

Während ein Baby alle Bewegungen unermüdlich wiederholt, werden sein Koordinationsvermögen und sein Gleichgewichtssinn immer sicherer. Manche Babys begeben sich jetzt von der Krabbelposition in den sogenannten Bärenstand – auf Händen und Füßen – und üben, von dieser Position aus zum freien Stehen zu gelangen: Breitbeinig, die Knie gebeugt, Gewicht nach hinten, Beine langsam strecken und Kopf hoch – noch recht wackelig gelingen erste Aufstehübungen im freien Raum. Tatsächlich stellt das freie Stehen höhere Anforderungen an die Körperbalance als das freie Gehen. Manche Kinder üben es erst, wenn sie bereits frei laufen können.

Die meisten Kinder machen ihre ersten freien Schritte ein paar Monate nach ihrem ersten Geburtstag, mit eineinhalb Jahren laufen fast alle. Natürlich gibt es auch hier Ausnahmen, ohne dass es sich dabei um eine Entwicklungsverzögerung handeln muss.

Eines Tages wagt Ihr Baby seine ersten freien Schritte – das kommt oft ganz unvermittelt und überraschend. Dann ist aus Ihrem Krabbelkind von einem Tag auf den anderen ein kleiner Fußgänger geworden! Es ist auf dem langen Weg vom Tragling über den Vierfüßler zum Zweibeiner schließlich ans Ziel gekommen, aus eigener Kraft, aufgrund des verlässlich eingeprägten Programms unserer Evolutionsgeschichte. Wenn ein Kind sich seine bisherige Bewegungsentwicklung in all ihren Etappen gründlich erarbeitet hat, wird es sich auf seinen beiden Beinen rasch sicher fühlen.

Vom Krabbeln bis zum freien Stehen

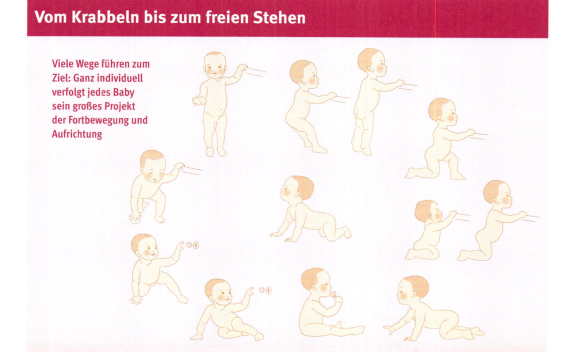

Viele Wege führen zum Ziel: Ganz individuell verfolgt jedes Baby sein großes Projekt der Fortbewegung und Aufrichtung

Neunter bis zwölfter Monat

Feinmotorische Entwicklung: Greifen und Begreifen

Ihr Kind kann jetzt mithilfe des Pinzettengriffs auch nach ganz kleinen Dingen greifen.

Jetzt heben Babys mit Leichtigkeit Gegenstände auf. Auch wenn Ihnen dabei eine Vorliebe für die rechte oder linke Hand auffällt: Ob Ihr Kind zu den Rechts- oder Linkshändern zählt, lässt sich erst sagen, wenn es zwei oder drei Jahre alt ist. Mit neun Monaten perfektionieren Babys den »Pinzettengriff«, mit dem sie besonders gerne winzige Dinge aufgreifen, die sie unvermutet in irgendwelchen Ecken auf dem Boden oder unter dem Esstisch finden. Das wiederum erfordert Ihre ganze Aufmerksamkeit als Eltern, damit Ihr Kind solche Kleinteile nicht in den Mund nimmt und verschluckt.

Beim Essen macht es Ihrem Baby Spaß, Erbsen oder Brotwürfel mit Daumen und Zeigefinger zu nehmen und in den Mund zu stecken. Mit zunehmender Koordinationsfähigkeit kann Ihr Kind bald selbstständig mit dem Löffel hantieren. Ihr Baby kann nun auch Dinge bewusst loslassen und so macht es ihm großen Spaß, sein Spielzeug absichtlich auf den Boden fallen zu lassen, wenn ihm jemand den Gefallen tut, es immer wieder aufzuheben. Damit will es Sie natürlich nicht ärgern, sondern nur neue Aspekte der Schwerkraft erforschen.

Ein- und Ausräumen: ein beliebtes Spiel

Besonders interessant sind jetzt Schubladen, kleine Koffer oder Kisten, die Ihr Baby öffnen und »umräumen« kann. Gerne holt es seine Sachen heraus, legt sie wieder zurück und vielleicht noch etwas anderes dazu, das Sie dann verzweifelt suchen werden. Am besten stellen Sie ihm eine eigene Schublade in Küche oder Wohnzimmer mit Plastikschüsseln, Holzbrettchen und anderen unverwüstlichen Utensilien zur Verfügung, die es nach Herzenslust ein- und ausräumen darf. Schubladen mit gefährlichem Inhalt sollten Sie jetzt mit Kindersicherungen verschließen – und sei es nur, um unbedarfte Besuchskinder zu schützen. Überhaupt wird nun für Ihr Kind das Thema »Innen« und »Außen« spannend – es steckt nun auch kleine Gegenstände gerne in mögliche Öffnungen und versucht, sie wieder hervorzuholen: Sie können Ihren kleinen Forscher wunderbar beschäftigen, wenn er zum Beispiel getrocknete Erbsen in eine leere Plastikflasche oder in eine Pappschachtel mit großen Schlitzen stecken darf. Je sicherer Ihr Kind in seinen aufrechten Körperhaltungen wird, umso mehr kann es seine Arme und Hände ausschließlich zum Greifen, Halten und Spielen benutzen, weil es sie nicht mehr zur Fortbewegung und zum Abstützen braucht. Ab jetzt betrachtet es die Welt ganz selbstverständlich aus der vertikalen Perspektive.

STILLEN UND ERNÄHRUNG

Wenig beherrscht ein gesundes Baby vom ersten Augenblick an so gut: Es kann zeigen, ob es Hunger hat oder nicht und es kann sich sättigen. Dabei ist es für ein Neugeborenes noch eine Leistung, die Rhythmen des Atmens, Saugens und Schluckens gut zu koordinieren. Anfangs hilft ihm dabei Ihre konzentrierte Zuwendung. Nur ein halbes Jahr später wird es sich schon dafür interessieren, was Sie essen und trinken – und zugreifen wollen. Dann beginnen Ihre gemeinsamen Mahlzeiten und die Freude, dabei als Familie um den Tisch zu sitzen.

Die ersten Tage Ihres Babys 70
Die ersten drei Monate 80
Vierter bis achter Monat 95
Neunter bis zwölfter Monat 105

STILLEN UND ERNÄHRUNG

Die ersten Tage Ihres Babys

Einfach stillen

An Ihrer Brust bekommt Ihr Baby alles, was es jetzt für sein optimales Gedeihen und seine Entwicklung braucht, es wird perfekt ernährt und mit Immunstoffen versorgt, ohne dass Sie sich den Kopf darüber zerbrechen müssen. Unmittelbar nachdem das Neugeborene die keimfreie Welt der Gebärmutter verlassen hat, macht sein Organismus erstmals Bekanntschaft mit Bakterien und anderen Erregern. Trinkt Ihr Kleines gleich nach der Geburt an Ihrer Brust, breiten sich in seinem Magen-Darm-Trakt rasch vertraute und »familiäre« Keime aus, die es vor fremden Bakterien schützen. Mit der ersten Nahrung erhält Ihr Kind die höchste Konzentration von Immunfaktoren und Abwehrkörpern.

Muttermilch bietet einen unnachahmlichen Schutz vor Infektionen und Allergien und schenkt dem Neugeborenen damit einen Vorteil für sein ganzes weiteres Leben. Bei der Mutter sorgt das frühe Saugen an der Brust dafür, dass sich die Uterusmuskulatur kräftig zusammenzieht, so löst sich die Plazenta leichter und die Wundflächen schließen sich rascher. Die Rückbildungsprozesse kommen auf optimale Weise in Gang.

Ein guter Start macht alles leichter

Sobald Sie und Ihr Baby sich ausgiebig betrachtet und beschnuppert haben, kommt der aufregende Moment für das erste Anlegen. Schon innerhalb der

Wichtig: Lassen Sie sich bei den ersten Stillversuchen Zeit. Sie und Ihr Kleines dürfen jetzt erst einmal in aller Ruhe üben.

Die ersten Tage Ihres Babys

ersten Stunde nach der Geburt setzt bei den meisten Babys der Saugreflex ein. Sie erkennen ihn daran, dass Ihr Kind beginnt, sein Köpfchen hin und her zu drehen und an allem zu lecken, das seine Lippen berührt. Dann ist es Zeit, ihm die Brust zu geben. Manche Babys sind anfangs zu schläfrig, um zu trinken, das ist eine Nachwirkung von geburtshilflichen Medikamenten. Gönnen Sie sich und Ihrem Kind dann so viel Kuschelzeit wie möglich und bieten Sie ihm zwanglos immer wieder die Brust an. Bewahren Sie Ihren natürlichen Körperduft, waschen Sie sich nur mit Wasser und unparfümierter Waschlotion. Für Ihr Baby sendet Ihre Brust jetzt unvergleichliche Duftstoffe aus. Davon umgeben fühlt es sich sicher und geborgen. Selbst unruhige Babys besänftigen sich normalerweise durch diesen Geruch.

So klappt das Anlegen

Das Wichtigste ist, dass Ihre Brustwarze tief im Mund Ihres Babys liegt und während des Trinkens dort bleibt. Das behütet sie vor dem Wundwerden und sorgt für die beste Milchbildung.

1. Unterstützen Sie die Brust, an der Ihr Baby trinken soll, mit Ihrer freien Hand: Ihre Finger liegen geschlossen unter der Brust, der Daumen ohne Druck darüber. Streicheln Sie die Unterlippe Ihres Babys ganz zart mit der Brustwarze, das löst seinen natürlichen Suchreflex aus, es wendet sich der Brust zu und sucht sie mit den Lippen. Keine Eile!

2. Sobald Ihr Baby seinen Mund richtig weit wie ein hungriges Vögelchen öffnet, drücken Sie es schnell ganz eng an sich. So gelangt die Brustwarze tief in die Mitte seines Mundes. Achten Sie während des Trinkens darauf, dass die kleine Nasenspitze Ihre Brust ganz sanft berührt, dann bleibt die Brustwarze automatisch immer dort, wo sie sein soll.

3. Anfangs klappt vielleicht nicht alles auf Anhieb – aber das macht nichts. Beginnen Sie noch einmal neu, wenn Ihr Baby beim Trinken laute Schmatz- oder Klicklaute macht, denn dann hat es die Brustwarze nicht richtig im Mund. Um es sanft von der Brust zu nehmen, schieben Sie einen Finger in seinen Mundwinkel und lösen das Saugvakuum, indem Sie den Mundwinkel leicht zur Wange ziehen. Vergessen Sie nicht, Ihrem Baby zu sagen, dass Sie ihm die Brust nicht wegnehmen, sondern gleich wieder geben wollen.

4. Sobald Ihr Baby gut angelegt ist und rhythmisch trinkt, dürfen Sie eines nicht vergessen: Fühlen Sie bitte nach, ob Sie auch überall entspannt sind. Insbesondere Ihre Schultern sollten Sie jetzt ganz bewusst lockern. Das fördert nicht nur den Milchfluss, sondern hilft, die Stillmahlzeiten als Pausen im Alltag zu nutzen.

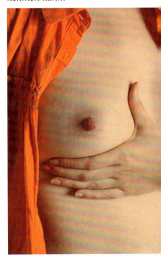

Unterstützen Sie Ihre Brust wie abgebildet mit der Hand, damit Ihr Baby die Brustwarze richtig in den Mund nehmen kann.

STILLEN UND ERNÄHRUNG

Welche Stillposition Sie auch wählen: Denken Sie Ihrem Rücken zuliebe daran, das Baby zur Brust zu führen, nicht umgekehrt.

Stillen in verschiedenen Positionen

Suchen Sie sich beim Stillen die Körperhaltung aus, bei der Sie sich am wohlsten fühlen und sich am besten entspannen können. Zu Hause richten Sie sich einen schönen Stillplatz ein, wo Sie immer alles zur Hand haben, was Sie brauchen, um sich während der Stillmahlzeiten gut auszuruhen.

Wiegehaltung

Sitzen Sie entspannt aufrecht, mit den Füßen auf einem Fußschemel und genügend festen Kissen im Rücken und unter den Armen. Als Stütze eignet sich auch ein Stillkissen, das sich nicht verformt. Ihr Baby liegt in Ihrem Arm, sein Rücken entlang Ihres Unterarms, das Köpfchen in Ihrer Ellenbeuge. So befindet sich sein Mund direkt vor Ihrer Brustwarze. Sollte die Höhe nicht ganz stimmen, schieben Sie noch ein Kissen unter oder nehmen einen höheren Schemel. Das Baby liegt seitlich Ihnen zugewandt, im Rücken so gestützt, dass es sein Köpfchen nicht zur Seite drehen muss, um an der Brust zu trinken. So kann es mühelos schlucken. Die Position stimmt, wenn auch sein oberes Knie Sie berührt. **1** Variante für die allerersten Tage oder ein frühgeborenes Baby: Sie halten das Köpfchen nicht in der Ellenbeuge, sondern in Ihrer Hand. So können Sie es besser führen und stützen.

In der Seitenhaltung kann Ihr Baby die seitlichen Milchdrüsen in der Brust besonders gut leeren, weil sein Kinn diese beim Trinken massiert.

Seitenhaltung

In dieser Position liegt Ihr Baby nicht vor Ihnen, sondern seitlich unter Ihrem Arm. Seine Beinchen zeigen unter Ihrer Achsel nach hinten, sein Köpfchen ruht in Ihrer Hand. **2** Ihr Unterarm gibt seinem Rücken Halt, damit es

Die ersten Tage Ihres Babys

> **So machen Sie es sich und dem Baby bequem:**
> - Sorgen Sie für Halt: Ein Stillkissen oder viele feste, passende Kissen oder Handtuchrollen stützen Rücken, Arme, Schultern, Nacken, Kniekehlen ... Immer, wenn Sie das Bedürfnis haben, sich ein wenig mehr zu Ihrem Kind zu beugen, ziehen Sie es stattdessen näher zu sich heran und schieben Sie sich noch ein festes Kissen unter.
> - Lagern Sie das Baby gut: Beim Trinken sollte seine Nasenspitze nur einen Millimeter von Ihrer Brust entfernt sein, dann zieht es beim Saugen die Brustwarze tief genug in die Mitte seines Mundes. Damit es sein Köpfchen nicht zur Seite drehen muss, um sich der Brust zuzuwenden, stützen Sie seinen Rücken so, dass auch sein oberes Knie Sie berührt. So kann es leichter schlucken.
> - Bleiben Sie entspannt: Nutzen Sie das Stillen zur eigenen Entspannung! Spüren Sie zwischendurch immer wieder achtsam nach und lassen Sie jede Anspannung wegschmelzen wie Eiscreme in der Sonne. Je entspannter Sie bleiben, desto leichter fließt die Milch.

stabil auf seiner Seite liegen bleibt. Sie sitzen entspannt und gut abgestützt aufrecht, Ihr Baby liegt auf einem festen und genügend hohen Kissen.

Im Liegen

Diese Haltung ist besonders erholsam und das nicht nur in der Nacht. Sie liegen auf der Seite, Ihr Kopf ruht auf einem festen Kissen. Achten Sie darauf, dass Ihre untere Schulter direkt auf der Matratze und nicht auf Ihrem Kissen liegt. Ihr Baby liegt ebenfalls auf der Seite und ist Ihnen ganz zugewandt, sein oberes Knie an Ihrem Bauch, das Gesichtchen auf Höhe Ihrer Brust, mit dem Mund direkt an der Quelle. Damit die Höhe stimmt, schieben Sie ihm eine gefaltete Decke unter. Ist hingegen Ihre Brust sehr groß, legen Sie sie auf ein dick gefaltetes Tuch, damit das Baby bequem an die Brustwarze kommt. Im Rücken werden Sie beide von Kissen gestützt. Probieren Sie aus, ob es bequemer ist, wenn Sie Ihren Oberarm unter den Kopf des Babys legen – das hängt von der Größe des Babys und der Brust ab.

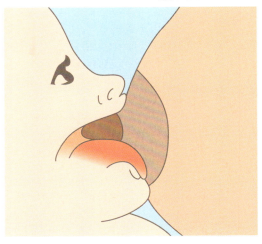

Wenn die Nasenspitze Ihres Babys sanft die Brust berührt, saugt Ihr Kind die Brust beim Trinken automatisch tief genug in den Mund.

Kraftnahrung für den Anfang

Sofort nach der Geburt und in den ersten Tagen danach bekommt das Baby an der Brust Kolostrum, die hoch spezialisierte, natürliche Neugeborenen-Nahrung. Sie enthält reichlich Leukozyten und Immunglobuline in stark konzentrierter Form, die Ihr Kind vor Krankheitserregern schützen. Nie wieder ist diese Konzentration von Abwehrkörpern so hoch wie ganz am Anfang. Wie ein unsichtbarer Schutzfilm überziehen diese Stoffe sofort die Schleimhaut des gesamten Verdauungstrakts (Mund, Speiseröhre, Magen, Darm, Harnleiter) sowie der Atemwege (Nase, Luftröhre, Bronchien). Gleichzeitig aktiviert Kolostrum das Lymphsystem des Darms, welches sofort zusätzliche Abwehrkräfte mobilisiert.

Erst einmal nur kleine Mengen

Dass das Kolostrum eher spärlich fließt, hat einen guten Grund: Mehr kann der noch sehr kleine Magen Ihres Neugeborenen nicht aufnehmen. Das Baby trinkt anfangs nur jeweils einen Fingerhut voll, wird aber trotz der geringen Menge satt, weil Kolostrum sehr gehaltvoll ist. So werden seine Verdauungsorgane, die in dieser Phase ihre Funktion erstmals voll aufnehmen, nicht überlastet.

Die ersten Tage und Nächte: rund um die Uhr zusammen sein

Es kommt in den ersten Tagen vor allem darauf an, so häufig wie möglich zu stillen, denn gerade jetzt sollen Babys ganz oft trinken. Viele Studien haben gezeigt, dass Babys, die in den ersten Tagen mehr Kolostrum zu sich nehmen, auch mehr Mekonium (der erste Darminhalt) ausscheiden, mehr Gewicht zulegen und niedrigere Bilirubinwerte haben, also eine mildere oder gar keine Neugeborenengelbsucht (siehe Seite 141) entwickeln.
Für ein Neugeborenes sind Hunger und Verdauung noch mit ungewohnten und erschreckenden Empfindungen verbunden. Das Saugen beruhigt Babys Magen-Darm-Trakt und die Körpernähe der Mutter sein Nervensystem. Deshalb sollte Ihr Kind möglichst bei Ihnen und nicht im Säuglingszimmer liegen. Nur wenn Sie Ihr Baby bei sich haben, bemerken Sie seinen beginnenden Hunger. Wenn es anfängt, die Stirn zu runzeln [1], das Köpfchen hin- und herzudrehen, mit den Lippen zu schmatzen und seine Fingerchen in den Mund zu stecken [2], können Sie ihm immer gleich die Brust anbieten.

Die ersten Tage Ihres Babys

Achten Sie auf die ersten Hungeranzeichen beim Baby. Ist es schon richtig hungrig, könnte das Stillen schwieriger werden (siehe Seite 76).

Dann ist sein Hunger noch nicht so groß, dass es ungeduldig wird, und Sie haben beide genug Zeit für vielleicht wiederholte Anläufe.

Zufüttern ist selten nötig

Tee oder Traubenzuckerlösungen sind normalerweise überflüssig. Füttern Sie Zusatznahrung nur, wenn eine medizinische Notwendigkeit dafür besteht. Diese wird heute in den meisten Kliniken bei einem Gewichtsverlust von sieben Prozent gesehen. Wenn Ihr Baby Zusatznahrung braucht, geben Sie ihm diese besser nicht mit der Flasche, weil das zu einer Saugverwirrung führen könnte, die das Stillen schwierig macht. Zugefüttert werden kann mit dem speziellen Muttermilchsauger »Calma«, mit Softcup, Pipette oder Brusternährungsset. Bei Letzterem hängt die Flasche mit der Milch an einem Band um Ihren Hals. Statt eines Saugers hat sie zwei Schläuchlein, die zu Ihren Brustwarzen führen, sodass das Baby an der Brust saugt, ihm dabei aber gleichzeitig aus den Schäuchlein die Milch zufließt. Lassen Sie sich bei den unterschiedlichen Zufütterungsmethoden von einer Still-Fachfrau mit IBCLC-Examen anleiten und unterstützen (siehe Adressen Seite 184).

Der Vorteil beim Brusternährungsset ist, dass Ihr Kind an Ihrer Brust saugt und dadurch die Milchbildung weiter angeregt wird.

Ist das Baby zu müde zum Trinken?

Ein erhöhter Bilirubinwert (siehe Seite 141) macht das Neugeborene vielleicht schon am zweiten Lebenstag schläfrig – dann muss es zum Trinken angeregt werden. Wenn sich Ihr Baby nicht von selbst meldet, wecken Sie es alle drei bis vier Stunden auf und legen Sie es an. Dafür wischen Sie ihm mit einem leicht feuchten Waschlappen das Gesicht ab oder Sie ziehen ihm die Söckchen aus und reiben seine Fußsohlen, oder massieren seine Füßchen mit feuchten Händen. Auch beim Wickeln werden Babys meistens wach. Dasselbe hilft, wenn das Baby schon nach wenigen Schlucken Milch wieder wegdöst. Stillen Sie Ihr Baby eventuell wechselseitig (siehe Seite 81), damit es mehr trinkt.

Hat das Baby schon wieder Hunger?

Neugeborene Babys, die mit ihrer Mutter zusammen sind und auf Verlangen gestillt werden, trinken während der ersten Tage im Durchschnitt achtmal. Sobald die Brust von Kolostrum auf reife Muttermilch umgestellt hat, verlangt das Baby dann aber innerhalb von 24 Stunden bis zu fünfzehnmal die Brust. In der zweiten Lebenswoche geht dieser erste große Ansturm deutlich zurück, von da an wird im Durchschnitt acht- bis zehnmal pro Tag gestillt. Achten Sie möglichst schon auf die ersten zarten Hungeranzeichen (siehe Seite 74). Wenn Babys richtig hungrig sind, krampfen sie die Hände zu Fäustchen zusammen und zittern vor Erregung, wenn sie in den Arm genommen werden. Sie wenden suchend ihren Kopf hin und her, öffnen erwartungsvoll den Mund, und sobald etwas ihre Lippen berührt, versuchen sie zu saugen. Warten Sie mit dem Stillen nicht zu lange, denn wenn Ihr Baby vor Hunger bereits weint, ist der beste Zeitpunkt fürs Anlegen überschritten. Geben Sie ihm die Brust schon bei den allerersten Anzeichen, dann kann es ruhiger trinken und hat weniger Verdauungsbeschwerden. Es kommt in den ersten Tagen darauf an, dass Ihr Baby häufig trinkt.

Stillen in der Klinik

Auf der Wochenbett-Station sind viele Mütter überrascht, wenn sie vom wechselnden Personal unterschiedliche Still-Anleitungen bekommen. Falls es Ihnen auch so geht: Entscheiden Sie sich innerlich für eine Person und ignorieren Sie widersprüchliche Aussagen von anderen. Sollte Ihnen das Klinikpersonal nicht ausreichend helfen können, rufen Sie am besten gleich Ihre Hebamme an, notfalls kann deren Nachsorge bereits in der Klinik beginnen. Müssen Sie Ihr Baby vorübergehend ins Säuglingszimmer geben, sorgt ein Schild an seinem Bett dafür, dass Sie es ausschließlich stillen können. Schreiben Sie darauf: »Bitte keine Flasche geben. Wenn ich weine, möchte ich schnell zu meiner Mama.« Haben Sie sich für die Zeit nach der Klinikentlassung eine gute Versorgung organisiert und steht Ihre Nachsorgehebamme schon bereit, dann ist es unter Umständen sinnvoller, schon vor dem normalen Entlassungstag mit Ihrem Baby nach Hause zu gehen. Zumindest sollte dieser nicht auf den Tag fallen, an dem Sie Ihren Milcheinschuss haben. Denn da brauchen Sie Ihre gesamte Energie.

Der Milcheinschuss

Irgendwann zwischen dem zweiten und sechsten Tag nach der Geburt stellt die Brust von Kolostrum auf Milch um: Die Brustdrüsen werden hormonell stark angeregt, die Brüste werden vermehrt durchblutet und meistens innerhalb von wenigen Stunden oder über Nacht prallvoll mit Milch. Stillen

Sie an diesem Tag so oft und so viel Sie können! Wenn Ihre Brüste so prall sind, dass es dem Baby schwerfällt, die Brustwarzen richtig zu fassen, lassen Sie sich dabei helfen, überschüssige Milch auszustreichen. Drücken Sie davor einen Waschlappen in heißem Wasser aus und legen Sie ihn auf die Brust. Die intensive Wärme hilft, die Anspannung der Schließmuskeln zu lösen, damit die Milch abfließen kann, wenn Sie Ihre Brust anschließend massieren. Oder stellen Sie sich unter die Dusche und massieren Sie Ihre Brust unter dem warmen Wasserstrahl, bis die Milch fließt. Oft genügen schon ein paar Tropfen, damit das Baby besser ansaugen kann.

Ein Tipp für den Vater: Halten Sie heute absolut jeden Stress von Ihrer Partnerin fern. Sorgen Sie dafür, dass sie gut isst, genug trinkt und so viel wie möglich schläft: Sie wird heute doppelt so häufig stillen wie noch am Tag zuvor, dafür braucht sie Kraft und Zeit. Vertrösten Sie Besucher. Sich durch nichts und niemand aus der Ruhe bringen zu lassen, ist heute wichtig.

Anpassung und Rückbildung

In der ersten Woche des Stillens erleben viele Frauen, dass ihre Brustwarzen etwas gereizt auf die ungewohnte Beanspruchung reagieren: Sie röten sich und werden berührungsempfindlich. Manchmal schmerzt die Brust bei den ersten Zügen des Babys, weil die Milchgänge sich weiten. Das sind normale Anpassungserscheinungen. Normalerweise beginnen diese Symptome um die zwanzigste Stillmahlzeit herum, halten ein paar Tage lang an und klingen dann ganz von selbst wieder ab. Auch Gebärmutterkontraktionen, sogenannte Nachwehen, werden beim Saugen an der Brust verstärkt und können schmerzen, obgleich sie gut für die rasche Rückbildung sind.

Damit Ihre Brustwarzen nur vorübergehend gereizt sind und nicht wund werden, achten Sie darauf, Ihr Baby korrekt anzulegen, sodass es beim Saugen die Brustwarze samt Vorhof tief genug und gerade in den Mund zieht (siehe Seite 73 und Bild rechts). Sollte die Reizung Ihrer Brustwarzen nicht abnehmen, sondern schlimmer werden, warten Sie nicht ab, sondern holen sich sofort kompetente Hilfe durch eine Stillexpertin (Hebamme, Stillberaterin). Bitten Sie sie, während einer kompletten Mahlzeit zuzusehen und Ihnen dann zu sagen, was Sie noch besser machen könnten. Tipps für die Pflege von gereizten oder wunden Brustwarzen finden Sie auf Seite 88.

Wenn Ihr Baby die Brustwarze richtig im Mund hat, ist das Saugen angenehm und wirkungsvoll, außerdem beugen Sie wunden Brustwarzen vor.

Stillen unter besonderen Umständen

Stillen nach einer Kaiserschnitt-Geburt

Nichts spricht dagegen, Ihr Baby nach der OP so bald wie möglich anzulegen. Bei örtlicher Betäubung können Sie Ihrem Kind die Brust geben, sobald die Operation abgeschlossen ist. Bei Vollnarkose müssen Sie zuerst ausschlafen, danach steht dem Stillen nichts im Wege. Bis zum ersten Stillen liegt Ihr Baby nach PDA vielleicht schon nackt auf Ihrer Brust, bei Vollnarkose kann hoffentlich sein Papa ihm innige Nähe und Hautkontakt geben. Beim Anlegen muss Ihnen anfangs geholfen werden. Die meisten Mütter stillen nach Kaiserschnitt zunächst aufgestützt auf dem Rücken liegend, mit dem Baby bäuchlings oder seitlich angelegt. Aber auch auf der Seite liegend oder im Sitzen mit einem schützenden Kissen auf der Bauchwunde funktioniert es. Behalten Sie das Baby am besten in Ihrem Bett.

Stillbeginn bei anfänglicher Trennung

Damit der Milchspendereflex besser angeregt wird, betrachten Sie beim Abpumpen ein Foto von Ihrem Baby und stellen Sie sich vor, wie Sie sich bald Haut an Haut begrüßen werden.

Selbst wenn Ihr Baby auf die Intensivstation verlegt werden musste, kann es meistens Ihre Milch bekommen. Das geht sogar bei Sondenernährung, wenn Ihr Baby viel zu früh zur Welt kam. Lassen Sie Ihre Hebamme sofort wissen, dass Sie stillen werden und dass Sie Hilfe dabei brauchen, Ihre Milch vorläufig abzupumpen. Sie können damit beginnen, sobald Sie bei Kräften sind, am besten noch innerhalb der ersten sechs Stunden nach der Geburt. Jeder Tropfen des zunächst nur spärlich fließenden Kolostrums ist wertvoll. Es enthält bei einem frühgeborenen Baby noch mehr Schutzfaktoren als sonst; die Milch danach auch. Obgleich Babys mit einem Gewicht unter 1500 Gramm eine spezielle Frühgeborenennahrung bekommen, ist es sinnvoll, diese so oft wie möglich mit der kostbaren Muttermilch anzureichern. Mehr zum Thema Abpumpen finden Sie auf Seite 96. Von den Stillgruppenvereinigungen LLL und AFS gibt es hilfreiche Broschüren für das Stillen in solchen Sonderfällen (siehe Adressen Seite 184).

Stillbeginn bei flachen oder invertierten Brustwarzen

Wenn sich Ihre Brustwarzen bei Berührung nicht aufrichten, sondern vielleicht eher wie kleine Grübchen nach innen ziehen (invertieren), oder wenn Ihre Brustwarzen ganz besonders flach sind, ist dies absolut kein Hindernis für eine glückliche Stillzeit. Doch es kann durchaus für Ihr Baby anfangs schwerer sein, die Brust gut zu fassen. Pflegen Sie umso mehr Hautkontakt, das stärkt alle instinktiven Sinne und hormonellen Vorgänge, und lassen Sie

Ihr Baby häufig üben, die Brust selbst zu fassen. Bewahren Sie Ihr Kind vor allem vor Saugern jeglicher Art einschließlich Fingerkuppen, damit seine Mundmotorik leichter lernt, unter genau den Bedingungen erfolgreich zu saugen, die es an Ihrer Brust vorfindet. Ihre Hebamme empfiehlt Ihnen vielleicht das Tragen von sogenannten »Brustwarzenformern«, die den Brustwarzen helfen, hervorzutreten. Diese Kunststoffschalen tragen Sie anfangs regelmäßig vor dem Stillen. Mit viel Geduld – und fachkompetenter Unterstützung von Anfang an – wird sich alles gut einspielen.

Ernährung mit Formulamilch

Auch wenn ein Baby nicht gestillt wird, kann die angenehme Erfahrung des Sattwerdens mit ähnlich viel Nähe wie beim Stillen verbunden sein. Tatsächlich wird von Bindungsforschern empfohlen, auch bei der Ernährung mit der Flasche die innige Situation des Stillens so weit wie möglich herzustellen, beispielsweise indem die Mutter ihr Baby dabei an die nackte Brust legt – das kann in diesem Fall auch der Papa machen. Für die motorische Entwicklung ist es besser, es dabei abwechselnd im linken und rechten Arm zu halten. Solange Sie in der Klinik sind, werden alle Gerätschaften, die zum Füttern Ihres Kindes nötig sind, sterilisiert und ebenso zur Verfügung gestellt wie die entsprechende Milch.

Welche Formulamilch in welchem Alter?

Handelsübliche Bezeichnungen	Geeignete Altersgruppe
Pre-Milch HA-Pre	Von Geburt an, keine Umstellung auf Folgemilch erforderlich
Anfangsmilch 1 HA-1	Von Geburt an, keine Umstellung auf Folgemilch erforderlich
Folgemilch 2 HA-2	Nach dem 6. Monat = ab dem 7. Lebensmonat
Folgemilch 3 HA-3 Folgemilch Plus Gute-Nacht-Milch	Nach dem 9. Monat = ab dem 10. Lebensmonat
Kindermilch	Ab dem 12. Lebensmonat

STILLEN UND ERNÄHRUNG

Die ersten drei Monate

Wissenswertes rund um die Stillmahlzeit

Wie schön, dass Sie Ihr Baby einfach nur an die Brust zu nehmen brauchen, wenn es Zeit für seine Mahlzeit ist! Fix und fertig und optimal temperiert bekommt es augenblicklich seine Milch und Sie können sicher sein: Die Nährstoffe darin sind jederzeit optimal auf die Bedürfnisse Ihres Babys abgestimmt. Es erhält Eiweiß, Fette und Kohlenhydrate in genau der Zusammensetzung, die seinem Geschlecht und seiner Entwicklung entsprechen und die sein Stoffwechsel am besten verwerten kann. Die Zusammensetzung der Muttermilch orientiert sich von Natur aus an den individuellen Bedürfnissen eines jeden Babys in jedem Alter. So variiert der Nährstoffgehalt nicht nur je nach Tageszeit, selbst im Verlauf jeder einzelnen Mahlzeit verändert er sich auf eine für das Baby ganz und gar optimale Weise. Jede einzelne Mahlzeit besteht sozusagen aus Vorspeise, Hauptgericht und Nachtisch, und das Frühstück Ihres Babys setzt sich an der Brust etwas anders zusammen als sein Mittag- oder Abendessen.

Wie oft trinkt das Baby?

Am Anfang sind alle Eltern überrascht, wie oft ihr kleines Baby trinken will. Wenn es weint, fragen sie sich natürlich als Erstes: Kann mein Kind denn schon wieder Hunger haben? Selbst wenn gerade erst eineinhalb oder zwei Stunden vergangen sind, seit das Baby gefüttert wurde, lautet die Antwort: Es kann! (Siehe auch Seite 76.)

Muttermilch ist sehr leicht verdaulich, deshalb meldet sich im Durchschnitt alle zweieinhalb Stunden der Hunger, anfangs rund um die Uhr. Sie werden jedoch feststellen, dass Ihr Baby nicht in absolut regelmäßigen Abständen trinkt, kein Baby tut das. Im Tagesverlauf sind die Pausen zwischen den Mahlzeiten unterschiedlich lang. Da gibt es beispielsweise das sogenannte »Cluster-Feeding«, die gehäuften kleinen Abendmahlzeiten, die im zweiten und dritten Lebensmonat typisch sind und sich auch über ein paar Stunden hinziehen (siehe Seite 116). Dafür kann das Baby zur Mittagszeit auch einmal drei Stunden Pause machen. So ergibt sich oft ein individuelles Muster, das mehrere Tage ähnlich verläuft – bis es wieder auf den Kopf gestellt wird, wenn das Baby einen Wachstumsschub und plötzlich »ständig« Hunger hat.

> **Wenn Ihr Kind anscheinend fast rund um die Uhr trinken will und Sie das Gefühl haben, Ihr Leben besteht nur noch aus Stillen, trösten Sie sich: Das geht vorüber und bald spielt sich alles wieder ein!**

Die ersten drei Monate

Je jünger ein Kind ist, desto häufiger kommt dies vor, anfangs etwa alle vier Wochen: Das Baby muss dann zwei bis fünf Tage lang häufiger als sonst trinken. Dabei stellt sich die Milchbildung um und danach ist die Welt wieder in Ordnung. In der Milchbildung gilt: Die Nachfrage regelt das Angebot. Stillen Sie deshalb Ihr Baby immer nach Bedarf. Einfacher geht es nicht!

Achten Sie gut auf sich
Milchbildung und Milchfluss werden sowohl hormonell als auch nervlich gesteuert. Deshalb funktioniert alles viel besser, wenn Sie sich in der Stillzeit auch gut um sich selbst kümmern. Legen Sie sich, so oft es geht, gemeinsam mit Ihrem Baby tagsüber hin, versuchen Sie Haushaltspflichten zu delegieren, ausgewogen zu essen, und trinken Sie viel. In der Pflanzenheilkunde gelten Anis, Fenchel, Kümmel, Dill, Brennnesseln und Bockshornkleesamen milchbildungsfördernd. Auch B-Vitamine, Lecithin, Calcium und Malz tun erfahrungsgemäß während der Stillzeit gut. Entspannen Sie sich beim Stillen: Ist es nicht wundervoll, Ihr zufrieden saugendes Baby zu betrachten? Genießen Sie die zeitlosen, intensiven Momente mit ihm, darin liegt eine Kraftquelle für Sie.

Eine oder beide Seiten geben?

Lassen Sie Ihr Baby grundsätzlich an einer Seite trinken, bis es damit aufhört, und bieten Sie ihm daraufhin die zweite Seite an. An der kann es trinken, wie es möchte: lange, kurz oder gar nicht. In der Stillberatungspraxis passen wir diese Grundregel allerdings der individuellen Situation an, je nachdem, ob die Brust einer Mutter eher viel oder wenig Milch bildet.

Die Milchmenge verringern

Neigt die Brust dazu, eine Übermenge an Milch zu bilden, kommt es dadurch leicht zu Trinkproblemen beim Baby. Wenn ihm die Milch zu stark in den Mund spritzt, fällt es ihm schwer, seinen Saug-Schluck-Atem-Rhythmus zu koordinieren. Es verschluckt sich leicht, dabei gelangt auch viel Luft in den Bauch, sodass es sich hinterher aufgebläht fühlt und immer wieder aufstoßen muss. Dann ist es besser, ihm bei jeder Mahlzeit nur eine Seite zu geben. Das reduziert die Milchmenge ganz sanft und hilft dem Baby, ruhiger zu trinken. Braucht Ihr Baby sehr häufige kleine Mahlzeiten, legen Sie es innerhalb von zwei bis drei Stunden immer wieder an derselben Brust an, danach genauso lange an der anderen.

Die Milchmenge steigern

Neigt die Brust aber dazu, eher wenig Milch zu bilden, sollte das Baby bei jeder Mahlzeit beide Seiten bekommen und an beiden so viel wie möglich trinken dürfen. So wird die Milchbildung an jeder Brust häufiger stimuliert und darauf kommt es in diesem Fall ganz wesentlich an. Dabei gehen Sie so vor: Beobachten Sie Ihr Baby beim Trinken an der ersten Seite. Sobald es vom konzentrierten und intensiven Saug-Schluck-Rhythmus auf ein langsameres Trinkmuster übergeht und weniger häufig schluckt, lösen Sie sanft das Saugvakuum (siehe Seite 71) und legen das Baby an die andere Brust. An der zweiten Seite wird Ihr Kind zuerst noch einmal eine gute, konzentrierte Trinkphase haben, danach wird es langsamer trinken und schließlich nur noch nuckeln – das darf es dann an dieser Seite so lange es will. Bei Bedarf können Sie auch mehrmals während einer Mahlzeit die Seiten wechseln, damit Ihr Baby mehr trinkt.

Die Milchmenge regulieren

Je mehr Milch Ihr Baby beim Stillen trinkt, um so mehr Milch wird Ihr Körper bilden. Die Nachfrage regelt das Angebot, ganz automatisch. Dafür sorgt ein komplexes Nachrichtensystem zwischen Hormonen und Nerven: Während das Baby trinkt, melden die Nervenenden in den Brustwarzen den Saugreiz an das hormonelle Zentrum im Gehirn. Dieses schickt milchbildende Hormone zu den Brustdrüsen, die daraufhin bereit sind, die entsprechende Menge Milch zu bilden. Das heißt: viel Saugreiz, viel Milch – kein Saugreiz, keine Milch. Der hormonelle Regelkreis funktioniert absolut verlässlich, aber er wirkt nicht unmittelbar, sondern zeigt seinen Effekt erst nach einigen Tagen. Das ist eine Eigenart aller hormonellen Regelkreise unseres Körpers. Wenn sich also während eines Wachstumsschubs der Bedarf des Babys plötzlich stark verändert, dauert es ein paar Tage, bis Ihre Brust mehr Milch bildet. Lassen Sie Ihr Kind vorübergehend einfach entsprechend häufiger trinken und haben Sie Geduld – innerhalb weniger Tage passt sich die Milchmenge neu an, die anstrengende Zeit ist vorüber und Ihr Kleines wird wieder satt und zufrieden sein.

Umgekehrt reguliert sich die Milchmenge natürlich auch: Wenn es öfters vorkommt, dass Ihr Baby durchschläft, eine Mahlzeit ausfallen lässt und Ihre Brust daher nachts zu prall wird, sorgt Ihr Körper automatisch dafür, dass nach ein paar Tagen die Milchbildung um diese Zeit gedrosselt wird.

Die ersten drei Monate

Ist das Bäuerchen wichtig?

Meistens schluckt Ihr Baby beim Trinken auch ein wenig Luft, die es nach der Mahlzeit aufstoßen muss. Vielleicht braucht es auch schon mal zwischendurch eine kurze Pause für das Bäuerchen. Nehmen Sie Ihr Baby dazu so auf den Arm, dass es aufrecht sitzend über Ihre Schulter schaut. Klopfen Sie mit der flachen Hand immer wieder leicht von unten nach oben über seinen Rücken. Schützen Sie Ihre Kleidung mit einer Mullwindel, denn oft kommt mit dem Bäuerchen auch ein wenig Milch.

Wenn das Baby sehr viel Luft geschluckt hat, bekommt es nach dem Aufstoßen vielleicht noch einmal Hunger, denn mit der Luft verschwindet auch das Völlegefühl. Sind erst ein paar Minuten vergangen, seit es getrunken hat, sollten Sie ihm in diesem Fall noch einmal die Brust anbieten. Andernfalls können Sie damit rechnen, dass es sich früher als sonst zur nächsten Mahlzeit melden wird.

Wenn Sie keinen Erfolg haben, hören Sie ruhig nach etwa einer Minute damit auf, dem Baby auf den Rücken zu klopfen. Wenn es dann etwas später bereit zum Aufstoßen ist, sehen Sie ihm das an: Es fühlt sich deutlich unwohl, wird unruhig, macht ein unbehagliches Gesicht, weint, kann nicht einschlafen. Wenn Sie es nun wieder in »Bäuerchen«-Haltung nehmen, stößt es wahrscheinlich mühelos auf und fühlt sich wieder gut.

Diese Art der Unruhe zeigt es auch schon während der Mahlzeit, wenn es aufstoßen muss. Grundsätzlich gilt: Je hastiger ein Baby trinken muss – also je intensiver die Milch ihm zufließt – desto mehr Luft schluckt es automatisch während des Trinkens. Und umgekehrt: Je entspannter es trinken kann, desto weniger dringend wird es anschließend ein Bäuerchen machen müssen. Nachts ist das deshalb oft überhaupt kein Thema. Wenn Ihr Baby satt an Ihrer Brust eingeschlafen ist, lassen Sie es einfach weiterschlafen.

Wenn Ihr Kleines beim Trinken Luft geschluckt hat, halten Sie es aufrecht an Ihrer Schulter, so fällt ihm das Aufstoßen leichter.

Was tun, wenn das Baby nach dem Trinken spuckt?

Spucken ist in den ersten Monaten vollkommen normal und kein Anlass zur Sorge, egal ob die Milch dabei sanft aus dem Mund rinnt oder in einem kleinen Schwall nach oben kommt. Durch die zunehmende Entwicklung des Babys gibt sich das Spucken mit der Zeit ganz von selbst – ab dem vierten bis sechsten Monat wird es weniger spucken. Das Spucken bedeutet übrigens nicht, dass Ihr Baby zu viel getrunken hat.

Auch wenn es nach jeder Mahlzeit einen Teil der Milch wieder ausspuckt, sollten Sie es immer so lange trinken lassen, bis es von selbst aufhört und damit zeigt, dass es genug hat. Spuckt Ihr Baby kurz nach der Mahlzeit, legen Sie es am besten gleich noch einmal an. Sollte Ihr Baby regelmäßig sehr viel Milch spucken: Halten Sie es beim Stillen in einer aufrechteren Haltung, sodass sein Po tiefer liegt als sein Oberkörper. Vermeiden Sie nach dem Stillen abrupte Lageveränderungen und schnelle Bewegungen, die Bauchlage ebenso wie jedes Hopsen.

Extrem starkes Spucken
Im Unterschied zum Spucken handelt es sich um Erbrechen, wenn der gesamte Mageninhalt in hohem Bogen herausschießt, manchmal einen Meter weit. Das kann gelegentlich passieren und ist bei einem gesunden Baby, das gut gedeiht, kein Grund zur Besorgnis. Solange ein Baby normal zunimmt, gelangt auch genügend Nahrung in seinen Darm. Schlechtes Gedeihen und geringe Gewichtszunahme hingegen können darauf hinweisen, dass hinter dem Spucken eine Erkrankung steht, zum Beispiel ein Reflux oder ein Magenpförtnerkrampf (Pylorusstenose). Dann braucht das Baby medizinische Hilfe. Vielen Babys, die zwar gut gedeihen, aber übermäßig viel und lange spucken, kann homöopathisch oder osteopathisch geholfen werden. Diese naturheilkundlichen Therapien behandeln das Spucken auf einer tieferen Ebene des Organismus, beseitigen dieses Symptom und fördern insgesamt die Gesundheit des Babys.

Bekommt das Baby auch genug?

Das Baby zu wiegen hat sich als kontraproduktiv zur Milchbildung erwiesen, da es Mütter unter Druck setzt. Es ist nur noch in Krisensituationen üblich.

Sie können diese Frage beantworten, ohne Ihr Baby auf eine Waage zu legen, denn eine verlässliche Antwort geben seine Windeln. Zählen Sie, wie viele nasse Windeln und wie viele Stuhlwindeln Ihr Baby im Verlauf von 24 Stunden produziert. Das Baby bekommt genug Milch, wenn es

- sechs bis acht nasse Stoffwindeln oder fünf bis sechs nasse/schwere Wegwerfwindeln ab dem dritten/vierten Lebenstag hat und davon
- mindestens drei volle Stuhlwindeln täglich ab dem vierten Tag in den ersten vier bis sechs Wochen. Danach nimmt die Häufigkeit des Stuhlgangs bei gestillten Babys ab.

ACHTUNG Ihr Baby muss unbedingt mehr trinken, wenn die Windeln seltener nass werden oder der Urin dunkelgelb ist und intensiv riecht. Stillen Sie dann öfter und länger, auch nachts. Lassen Sie sich von Ihrer Hebamme dabei helfen, Ihre Milchmenge zu steigern. Scheuen Sie sich niemals, Ihre Hebamme oder Kinderärztin anzurufen, wenn das Verhalten Ihres Babys Ihnen Sorgen macht. Ein Baby, das viel zu wenig getrunken hat, kann sogar zum Weinen zu kraftlos sein und auffällig viel schlafen. Auf Seite 163 lesen Sie mehr über die normale Gewichtszunahme.

Gestillte Babys kann man nicht überfüttern

Selbst wenn Ihr Baby ziemlich rundlich wirkt, dürfen Sie sicher sein: Überernährung gibt es bei Babys, die ausschließlich gestillt werden nicht, weil es nicht möglich ist, einem Baby an der Brust mehr zu geben, als es benötigt. Beim Stillen regulieren Babys ihre Nahrungsmenge so, wie sie es brauchen, und vor allem passt sich der Nährwert- und Kaloriengehalt der Muttermilch automatisch haargenau an den altersgerechten Bedarf des Babys an. Kommt nach der Mahlzeit Milch wieder hoch und fließt dem Baby aus dem Mund, hat es meist nur zu viel Luft im Bauch, die zum Spucken führt. Kinder wachsen abwechselnd in die Breite und in die Länge, in einem Ausmaß, das durch ihre Erbanlagen vorgegeben ist.

Braucht ein gestilltes Baby auch Tee oder Wasser?

Wenn Ihr Baby gesund ist und Sie es nach Bedarf stillen, wird es durch Ihre Brust mit allem versorgt, was es braucht – mit ausreichend Nährstoffen für den Hunger und genügend Flüssigkeit für den Durst. Das gilt ebenso in der trockenen Heizungsluft des Winters wie in der größten Sommerhitze – allerdings hat Ihr Kind dann einen erhöhten Flüssigkeitsbedarf und will öfter und kürzer trinken. Auf diese Weise stillt es seinen Durst mit dem gesündesten Getränk, das die Welt ihm bietet.

Der natürliche Stillrhythmus

Beim »Stillen nach Bedarf« wird nicht nach der Uhr gestillt oder nach irgendwelchen Regeln. So finden Mutter und Kind immer wieder ihren eigenen, gerade passenden Rhythmus. Natürlich können Sie diesen beeinflussen und Ihr Baby auch einmal anlegen, ohne dass es gerade nach der Brust verlangt: zum Beispiel bevor Sie beide aus dem Haus gehen, wenn Sie unterwegs nicht stillen möchten oder bevor das Baby einschläft, damit es nicht vorzeitig von Hunger geweckt wird. Auch wenn Ihr Kleines beispielsweise nachts fünfzehn Mal trinkt und tagsüber nur drei Mal ist es schon allein für Ihr Nervenkostüm besser, darauf Einfluss zu nehmen, wann Ihr Baby seinen Bedarf stillt und es in diesem Fall tagsüber häufiger anzulegen (siehe auch ab Seite 95).

Sie dürfen den natürlichen Stillrhythmus je nach Bedarf ruhig ein wenig beeinflussen.

Unterwegs stillen

Gerade unterwegs zeigt sich, wie unkompliziert und hygienisch das Stillen ist! Hunger und Durst stillt das Baby einfach an der Brust – jederzeit und überall kann es seine wohltemperierte und reine Milch bekommen. Was muss nicht schon alles mitgeschleppt werden, damit das Baby sich unterwegs wohlfühlt! Doch wo immer Sie sind, sättigen und beruhigen können Sie Ihr Stillbaby an der Brust ohne den geringsten Extra-Aufwand.

Fast unbemerkt können Sie Ihrem Baby unterwegs die Brust geben, wenn Sie Ihr T-Shirt oder Ihre Bluse von unten her anheben. Zusätzlich können Sie ein dünnes Schaltuch um Oberkörper und Baby drapieren.

Hilfe – das Baby weint an der Brust

Es gibt viele Gründe, warum das Trinken manchmal nicht richtig klappt, gerade am Anfang, wenn sich alles erst einspielen muss. Zu welchem Zeitpunkt weint Ihr Baby? Lehnt es die Brust von vornherein ab, weint es, nachdem es angefangen hat zu trinken, oder direkt danach? Wenn Sie die Ursache verstehen, können Sie Ihrem Kind schneller helfen.

Das Baby weint vor dem Trinken

Wenn sich das Kind, statt wie gewohnt zu trinken, abwendet und weint, kann das ganz unterschiedliche Gründe haben:

- Am Ende des dritten Monats verändert sich die Brust. Das pralle Gefühl lässt nach und sie wirkt vor den Mahlzeiten weicher als bisher. Das bedeutet, dass die Brustdrüsen nicht länger verstärkt durchblutet und mit Lymphe umspült werden. Oftmals verändert sich gleichzeitig auch der Milchspendereflex. Das geht manchmal so plötzlich vor sich, dass ein Baby sozusagen »seine« Brust nicht wiedererkennt. Viele Babys reagieren irritiert, wenn es jetzt ungewohnt lange dauert, bis die Milch fließt. Das kann so weit gehen, dass sie das Trinken verweigern, dann spricht man von »Stillstreik«. Hier hilft nur Geduld. Sprechen Sie mit Ihrer Hebamme oder Stillberaterin, bald spielt sich alles wieder ein!
- Andere Sauggewohnheit? Wenn Sie bisher künstliche Sauger oder Stillhütchen benutzen mussten, könnte Ihr Baby Probleme haben sich umzustellen und deshalb die Brust ablehnen. Lassen Sie sich von Ihrer Hebamme oder Stillexpertin bei der sanften Umgewöhnung helfen.
- Schmeckt Ihre Milch anders? Vielleicht haben Sie ein stark gewürztes Gericht gegessen oder Sie haben sich kurz vor dem Stillen körperlich angestrengt – beides kann den Geschmack Ihrer Milch vorübergehend verändern. Essen Sie irgendetwas Vanillehaltiges, dann schmeckt Ihre Milch bald wieder ganz normal.
- Tragen Sie einen neuen Duft? Haben Sie ein neues Waschmittel, Parfum, Deodorant oder sonstiges Körperpflegemittel verwendet? Dann werden Sie nach einer warmen Dusche sicher wieder ganz normal stillen können.

Die ersten drei Monate

Das Baby weint während des Trinkens

Wenn das Baby das Trinken unterbricht und weint, kann eine der folgenden Ursachen dahinter stecken:
- Der Darm reagiert stark auf das Trinken: Sobald die Milch im Magen ankommt, kann der Verdauungstrakt heftig zu arbeiten beginnen. Sie hören dann, wie es im Bauch Ihres Babys laut gluckert. Kommt das öfter vor, legen Sie Ihrem Kind gleich zu Beginn der Mahlzeit ein warmes Kirschkernkissen auf den Bauch, um die starken Darmbewegungen zu mildern.
- Das Baby hat sich verschluckt und das tut ihm weh. Nehmen Sie Ihr Kind in die Bäuerchen-Haltung, bis es sich wieder beruhigt hat.
- Ein verstopftes Näschen kann das Trinken unmöglich machen. Träufeln sie ein paar Tropfen Muttermilch oder isotone Kochsalzlösung in die Nasenlöcher, das wirkt abschwellend. Mehr dazu auf Seite 156.
- Das Baby bevorzugt eine Seite und lehnt die andere ab. Dies kommt vor und ist letztlich kein großes Problem, denn ein Baby kann prinzipiell auch an einer Brust ernährt werden (siehe Zwillinge). Der Grund kann darin liegen, dass auf der einen Seite die Milch leichter kommt. Vielleicht ändert sich das, wenn Sie die benachteiligte Seite per Milchpumpe (siehe Seite 96) zusätzlich anregen.

Ihre Geduld und liebevolle Zuwendung helfen Ihrem Baby durch seine Schwierigkeiten hindurch.

Das Baby weint direkt nach dem Trinken

Wenn das Baby direkt oder kurz nach dem Trinken weint,
- muss es vielleicht nur aufstoßen. Nehmen Sie es also zuerst hoch, um zu sehen, ob es ein Bäuerchen machen muss. Danach bieten Sie ihm die Brust noch einmal an, vielleicht verspürt es nach dieser kleinen Pause wieder Hunger. Dasselbe gilt, wenn es gespuckt hat.
- hat es vielleicht Bauchschmerzen. Möglicherweise hat es zu hastig getrunken oder es wurde von einer unruhigen Umgebung abgelenkt. Legen Sie Ihrem Kind etwas Warmes auf den Bauch, reden Sie ihm beruhigend zu und trösten Sie es. Vorbeugend hilft: Legen Sie es grundsätzlich immer etwas früher an, warten Sie auf keinen Fall, bis es aus Hunger weint. Achten Sie beim Stillen darauf, dass Ihr Baby so an der Brust liegt, dass es seinen Kopf nicht zur Seite drehen muss, um die Brust zu fassen, so ist seine Speiseröhre beim Trinken entspannter und es bekommt nicht so leicht Bauchweh.

> **ACHTUNG** Lassen Sie Ihr Baby vom Kinderarzt untersuchen, wenn es nach jedem Trinken sehr stark erbricht, viel weint und sehr oft Hunger hat.

Brustprobleme?
So schaffen Sie Abhilfe

Wenn die Brust einmal schmerzt oder sich rötet, ist rasche Hilfe nötig. Gönnen Sie sich unbedingt mehr Ruhe, nehmen Sie jede Unterstützung an und suchen Sie gemeinsam mit Ihrem Partner nach Entlastungsmöglichkeiten.

Empfindliche oder wunde Brustwarzen

Sie haben bei Problemen während der gesamten Stillzeit Anspruch auf Hebammenhilfe, die von den Krankenkassen getragen wird.

Die Ursache für dieses Problem ist normalerweise, dass das Baby die Brustwarze beim Trinken nicht ganz richtig im Mund hat. Lassen Sie sich deshalb von einer Fachfrau bei einer ganzen Stillmahlzeit zusehen, um herauszufinden, was Sie besser machen könnten.

Schützen Sie Ihre zarte Haut beim Stillen vor unnötiger Reibung, die schnell zu feinen Rissen führen kann: Wenn Brustwarze und Vorhof durch die Stilleinlage sehr trocken sind, können die Lippen Ihres Babys vielleicht nicht gut gleiten, dann werden sie beim Ansaugen nach innen gezogen und reiben. Feuchten Sie die Haut mit ein paar Tropfen Ihrer Milch an oder fetten Sie sie mit ein klein wenig Mamillen-Lanolin (ultra reines Wollwachs, in der Apotheke erhältlich) ein, um das richtige Ansaugen zu erleichtern.

Grundlegende Pflege: Lassen Sie nach dem Stillen den Milch-Speichel-Rest auf der Haut trocknen, denn er schützt und wirkt leicht antibakteriell. Wolle-Seide-Stilleinlagen sind luftdurchlässig und hautpflegend. Sollte einmal Ihre Kleidung mit der Brustwarze verkleben, dann lösen Sie sie ganz vorsichtig mit viel Wasser, möglichst ohne zu zerren. Vitamin C und Beta-Karotin stärken die Hautgesundheit und sind reich enthalten in Sanddorn, Aprikosen, Kiwis und Möhren.

Tipps zur Linderung und Heilung:
- Legen Sie Ihr Baby häufiger an, damit es nicht aus Heißhunger besonders kräftig zupackt. Geben Sie ihm bei jeder Mahlzeit zuerst die heile Brust, dann tut das erste Ansaugen weniger weh.
- Tragen Sie nach dem Stillen und auf die angetrocknete Muttermilch reichlich Mamillen-Lanolin auf, das bewahrt den natürlichen Feuchtigkeitsfilm der Haut. Vor dem nächsten Stillen nicht entfernen!
- Hydrogel-Pads wirken schmerzlindernd und angenehm kühlend. Sie können im Kühlschrank zusätzlich gekühlt werden.
- Brustwarzenschutz-Schalen anstelle von Stilleinlagen helfen, unangenehme Berührungen zu vermeiden (in Apotheken und Drogerien erhältlich).
- Wenn Sie bei jedem Anlegen große Schmerzen haben, weil die Haut Schaden genommen hat, ist ein Brusthütchen ein vorübergehend angebrachtes

Hilfsmittel. Es schützt Ihre Brustwarze, während das Baby trinkt. Brusthütchen sind in drei Größen erhältlich (gibt es in Apotheken und Drogerien).
- Softlaser-Therapie kann die Heilung von Hautwunden beschleunigen. Fragen Sie dazu Ihre Hebamme oder Ärztin.

Milchstau

Wenn Milch nicht rechtzeitig oder nicht ausreichend abfließt, sondern sich in den Brustdrüsen staut, wird die Brust an manchen Stellen fest, hart und schmerzhaft. Man kann die betroffenen Brustdrüsen tasten, sie fühlen sich groß, prall und »knotig« an und tun bei Berührung und Bewegung weh. Dann bitte nicht abwarten, sondern ohne Verzögerung alles tun, damit die Milch in Fluss kommt. Nichts holt die Milch so effektiv aus Ihrer Brust wie Ihr Baby: Durchwärmen Sie die Brust unter der heißen Dusche oder mit sehr warmen Umschlägen und legen Sie dann das Baby an und zwar so oft und so lange wie möglich. Reicht das nicht aus, hilft das Ausstreichen der Brust per Hand, dem eine lockernde Marmet-Brustmassage vorausgeht – lassen Sie sich das von Ihrer Hebamme oder Stillberaterin zeigen. (Eine Video Anleitung findet sich auf der DVD »Mamas Milch«, siehe Seite 187.) Nach dem Stillen oder Ausstreichen kühlen Sie die Brust mit Coolpacks, kühlen Kohl- oder Quarkumschlägen, die Sie so lange wie möglich auf der Brust belassen und wechseln, sobald sie nicht mehr kühlen. Direkt vor dem nächsten Stillen muss die Brust wieder durchwärmt werden.

Ein Milchstau kann passieren, wenn das Baby einmal eine längere Pause zwischen dem Stillen macht, aber daneben kommen viele mögliche Ursachen in Betracht, die mithilfe einer Fachfrau herausgefunden und beseitigt werden müssen, wenn es öfters zum Milchstau kommt. Stress beziehungsweise nicht genügend Ruhe im Alltag stehen oft damit in Zusammenhang.

Brustentzündung

Aus einem nicht ausreichend behandelten Milchstau kann sich schnell eine Brustentzündung (Mastitis) entwickeln, weil körperwarme Milch ein idealer Nährboden für vorhandene, entzündungserregende Keime darstellt. Diese können aber auch über feine Hautwunden in der Brustwarze eindringen, dann entwickelt sich die Brustentzündung auch ohne vorangehenden Milchstau. Um die Gefahr einer solchen infektiösen Brustentzündung zu verringern, ist besonders häufiges Händewaschen beim Umgang mit der Brustwarze wichtig.

Die Symptome des Milchstaus und der Brustentzündung sind anfangs nicht zu unterscheiden und gehen ineinander über. Von einer Brustentzündung geht man dann aus, wenn die Brust nicht nur schmerzt, sondern auch stel-

STILLEN UND ERNÄHRUNG

lenweise gerötet ist, außerdem das Stillen erschwert und sehr schmerzhaft ist. Fieber, Kopf- und Gliederschmerzen kommen oft hinzu. Hier kommt es, ebenso wie beim Milchstau, vor allem darauf an, die Brust zu entleeren. Umschläge (siehe Milchstau) und von Hebammen verordnete homöopathische Mittel sind sehr bewährte Behandlungsmöglichkeiten.

> **ACHTUNG** Wenn die getroffenen Maßnahmen nicht innerhalb von 24 bis 48 Stunden zur deutlichen Besserung führen, gehen Sie bitte zum Arzt. Antibiotika sind dann sinnvoll und mit dem Stillen verträglich. Das Weiterstillen wird von Experten dringend geraten, weil es einen guten Verlauf unterstützt. Bei Fieber unbedingt Bettruhe einhalten und ausreichend trinken!

Die Ernährung mit dem Fläschchen

Wenn Sie Ihr Baby nicht stillen, ernähren Sie es mit einer Formulamilch. Das ist die korrekte Bezeichnung für Säuglingsmilchnahrung, die Sie kaufen können – wir verwenden hier diesen einfachen Fachbegriff, um nicht

Gut, wenn die angenehme Erfahrung des Sattwerdens mit viel Nähe verbunden ist.

umständlich »industriell hergestellte Säuglingsmilchnahrung« sagen zu müssen in Abgrenzung zu Muttermilch, der natürlichen Säuglingsmilchnahrung. Eltern erzählen uns oft, dass sie vollkommen ratlos vor den Verkaufsregalen stehen und fürchten, Sie müssten zuerst einen Kurs besuchen, um sich in der übergroßen Auswahl an Produkten zurechtzufinden. Dabei unterscheidet sich Formulamilch in erster Linie nach Altersgruppen und innerhalb jeder dieser Gruppen gibt es in zweiter Linie unterschiedliche Qualitäten mit verschiedenen Herstellungsweisen und Zusätzen.

In den ersten Monaten am besten Pre-Milch

In den ersten Lebensmonaten stehen für ein Baby, das nicht gestillt wird, sowohl Pre-Milch als auch Anfangsmilch 1 zur Auswahl. Der entscheidende Unterschied: Pre-Milch folgt in der Zusammensetzung der Hauptnährstoffe Kohlenhydrate, Fette und Eiweiß weitgehend dem Vorbild der Muttermilch. Außerdem enthält sie in der Gruppe der Kohlenhydrate keinen Zusatz von Getreidestärke. Dieser Zusatz ist in der Anfangsmilch 1 ebenso wie in jeder Folgemilch enthalten. Damit hat Pre-Milch einen Vorteil, den keine andere Formulamilch bietet: Sie darf ebenso wie Muttermilch ganz nach Bedarf gegeben werden, denn es besteht keine Gefahr, das Baby zu überfüttern. Wenn Ihr Kind also während der häufigen Wachstumsschübe in den ersten Monaten mehr trinken möchte als sonst, brauchen Sie nicht pingelig darüber Buch zu führen, wie viele Milliliter es im Laufe des Tages und der Nacht bekommen hat. Sie dürfen Ihr Baby immer so viel davon trinken lassen, wie es sein Hunger oder Durst gerade verlangt. Dadurch ist das Füttern viel entspannter. Nur Pre-Milch kann deshalb streng genommen als Muttermilchersatznahrung gelten.

Braucht Ihr Baby HA-Milch?

Pre-Milch oder Anfangsmilch gibt es bei verschiedenen Herstellern auch in der Qualität »Hypoallergen«. Dafür steht die Abkürzung HA und bedeutet, dass die Eiweißmoleküle in dieser Formulamilch verändert wurden, um einer allergischen Überreaktion des Immunsystems vorzubeugen. Einen Vorteil von HA-Formulamilch, die etwas teurer ist und leicht bitter schmeckt, haben ausschließlich Babys mit erhöhtem Allergierisiko in ihren ersten vier Lebensmonaten. Für alle Säuglinge ab dem fünften Lebensmonat bringt HA-Formulamilch keine Vorteile mehr, ebenso wenig wie für kleinere Babys ohne ein erhöhtes Allergierisiko. Von einem erhöhten Allergierisiko beim Baby geht man aus, wenn mindestens ein Mitglied seiner engsten Familie – Eltern oder Geschwister – eine Allergie hat, egal welcher Art. Haben beide Eltern dieselbe Allergie ist das kindliche Risiko noch höher.

Wichtig: Für Babys mit bestehender Milchallergie ist HA-Formulamilch schädlich. Sie müssen nach Absprache mit dem Kinderarzt mit einer Spezialnahrung gefüttert werden.

Qualität der Formulamilch

Alle Hersteller von künstlicher Säuglingsnahrung bemühen sich, die Qualität der Muttermilch so weit wie nur möglich nachzuahmen, auch wenn diese viele Stoffe enthält, die sich heute noch nicht künstlich herstellen lassen. Bei manchen Substanzen ist ein Weg gefunden worden und sie werden Formulamilch zugesetzt – beispielsweise Omega-Fettsäuren und sogenannte Probiotika, also Vorstufen von lebenswichtigen Darmbakterienkulturen. Beide sollen einen ähnlichen Schutz verleihen, wie ihn die Muttermilch für den Darm des Babys bereitstellt. Bisher gibt es jedoch noch keine Möglichkeit, die vielfältigen mütterlichen Immunschutzfaktoren der Muttermilch in künstlicher Säuglingsnahrung nachzuahmen. So ist das Risiko für Infektionskrankheiten bei nicht gestillten Säuglingen erhöht.

Auch Herstellungsfehler wie die falsche oder unzureichende Zusammensetzung der Nährstoffe kommen vor, und bakterielle Verunreinigungen stellen eine weitere Gefahrenquelle dar. Trotz der strengen EU-Richtlinien zeigt sich an den gelegentlichen Rückrufaktionen von Herstellern, welche Gefahren in diesen industriell gefertigten Produkten auch hierzulande lauern können. Als Eltern sollten Sie deshalb besonders gut auf die richtige Zubereitung und auf die Hygiene achten, denn hier haben Sie Einfluss.

Das richtige Wasser fürs Baby

In Deutschland wird das Leitungswasser gut kontrolliert und ist in der Regel einwandfrei. Verunreinigungen sind allerdings durch die hausinternen Wasserleitungen durch Blei-, aber auch Kupferrohre möglich. Wenn Sie ganz auf Nummer sicher gehen wollen, lassen Sie Ihr Trinkwasser analysieren. Dabei

Verwirrende Begriffe – schnell erklärt

Pre	**Lateinische Vorsilbe:** vorne; selbe Bedeutung wie Prae **Pre-Milch:** Formulamilch, die von Geburt an geeignet ist **Prebiotika:** selbe Bedeutung wie Prae-Biotika. Biotika bezieht sich auf Mikroorganismen wie Bakterien, Bazillen etc.
Prae	**Lateinische Vorsilbe:** vorne **Prae-Biotika:** Lebensmittel-Zusätze in Form von löslichen Ballaststoffen – wie Oligofructose, Inulin – die unverdaut in den Dickdarm gelangen. Dort sollen sie probiotischen Mikroorganismen als Nahrung dienen und deren Aktivität fördern.
Pro	**Lateinische Vorsilbe:** für **Probiotika:** Lebensmittel-Zusätze in Form von lebenden Mikroorganismen – wie Laktobazillen – die das Mikroben-Gleichgewicht im Darm positiv beeinflussen sollen.

Die ersten drei Monate

wird eine Wasserprobe auf die Schwermetalle Blei, Kadmium, Kupfer und Zink überprüft. Wenden Sie sich zu diesem Zweck an Ihr zuständiges Wasserwerk oder an die Verbraucherzentrale. In Zweifelsfällen können Sie für die Zubereitung von Formulamilch auch stilles Mineralwasser in Glasflaschen verwenden, auf denen vermerkt ist, dass das Wasser zur Zubereitung von Säuglingsnahrung geeignet ist.

Die richtige Zubereitung

Haben Sie erst einmal das richtige Produkt gewählt, geht es an die sachgerechte Zubereitung des »Fläschchens«. Hier die wichtigsten Zubereitungsregeln:

- Bereiten Sie jedes Fläschchen erst unmittelbar vor der Mahlzeit frisch zu.
- Waschen Sie sich vor der Zubereitung gründlich die Hände.
- Kochen Sie immer frisches Wasser ab und verwenden Sie kein mehrfach abgekochtes. Sie können das frisch abgekochte Wasser allerdings für 12 Stunden in einer Thermoskanne warmhalten, die Sie aber nur dafür verwenden sollten.
- Lassen Sie das Wasser auf 50 °C abkühlen, bevor Sie es mit dem Pulver vermischen, denn sonst verkochen wichtige Nährstoffe.
- Verwenden Sie ausschließlich den beigefügten Messlöffel, füllen Sie diesen nur locker mit dem Pulver und streifen Sie es mit einem sauberen Messerrücken ab. Geben Sie mehr Pulver als angegeben in die Flasche, erhält Ihr Baby zu viel Eiweiß und Fett und gleichzeitig zu wenig Wasser. Das kann dazu führen, dass Ihr Kind Verstopfung oder Durchfall bekommt und außerdem zu viel zunimmt. Für die Nacht oder für unterwegs können Sie die abgemessene Menge Milchpulver in einem trockenen Fläschchen gut verschlossen bereithalten.
- Legen Sie den Messlöffel immer sofort in die Packung zurück und verschließen Sie diese gleich wieder gut. Milchpulver ist ein idealer Nährboden für Bakterien und andere Krankheitskeime. Bewahren Sie es deshalb stets sorgfältig verschlossen und kühl auf und lagern Sie es nach der Öffnung nicht länger als drei Wochen.
- Beim Verschütteln des genau abgemessenen Milchpulvers mit dem richtig temperierten Wasser achten Sie darauf, dass sich nicht zu viel Schaum bildet, denn das kann zu Verdauungsproblemen und Bauchkrämpfen beim Baby führen.
- Lassen Sie die fertig angerührte Formulamilch schließlich auf eine Trinktemperatur von maximal 37 °C abkühlen, höhere Temperaturen könnten zu Verbrennungen führen. Ob es passt, überprüfen Sie, indem Sie ein paar Tropfen der fertigen Milch auf Ihr Handgelenk tropfen lassen. Die Milch muss sich angenehm warm anfühlen.

Am Handgelenk lässt sich am einfachsten feststellen, ob die Milch richtig temperiert ist.

- Beginnen Sie anschließend sofort mit dem Füttern. Trinkt das Baby zügig bis zum letzten Schluck, kann das bedeuten, dass es noch mehr Hunger hat. Hier ist es ein Vorteil von Pre-Nahrung, dass Sie ihm ein weiteres kleines Fläschchen zubereiten und anbieten können.
- Bieten Sie Ihrem Baby auf keinen Fall übrig gebliebene Milch später wieder an, sondern schütten Sie diese immer weg. Wärmen Sie Reste nicht wieder auf!

Unerlässliche Hygiene

Da Säuglinge noch nicht an Keime gewöhnt sind, müssen Sie in den ersten drei Monaten das Fläschchen samt Zubehör nach jedem Gebrauch nicht nur gründlich reinigen, sondern auch sterilisieren. Egal, ob Sie Glas- oder Plastikflaschen, Latex- oder Silikonsauger verwenden: Spülen Sie direkt nach jeder Verwendung Flasche, Ring und Sauger gründlich in Spülmittellösung und entfernen Sie mit speziellen Flaschen- und Saugerbürsten sorgfältig alle Milchreste. Spülen Sie danach alles mit klarem Wasser ab. Anschließend sterilisieren Sie Flasche, Ring und Sauger entweder in einem elektrischen Dampf-Sterilisator oder durch Auskochen für fünf Minuten in sprudelnd heißem Wasser. Ab dem dritten Monat genügt der Heißspülgang der Spülmaschine. Ein Hygieneproblem bilden eher Keime, die in das Milchpulver selbst gelangen oder solche, die sich in länger herumstehenden Fläschchen mit bereits zubereiteter Milch bilden.

Den Sauger sollten Sie vor jeder Verwendung auf Schadhaftigkeit und Risse untersuchen und spätestens alle sechs Wochen durch einen neuen ersetzen. Tipp: Unschöne Kalkflecken vermeiden Sie, indem Sie destilliertes Wasser beim Auskochen verwenden.

Welches Material?

Ob Sie sich für Glas- oder Plastikflaschen entscheiden, ist Geschmackssache. Plastikflaschen sind leichter als Glasflaschen und können vom Baby schon früher selbst gehalten werden. Sie sehen allerdings durch das Reinigen schneller trüb und somit weniger appetitlich aus als Glasflaschen, deren Nachteil in ihrer Schwere und Zerbrechlichkeit liegt.

Latexsauger bestehen aus reinem Kautschuk und werden schneller unansehnlich. Außerdem leiden sie beim Sterilisieren und werden rascher porös. Silikonsauger bestehen aus synthetischem Material und sind haltbarer, können aber ebenfalls rissig werden und sind dann gesundheitsschädlich.

Vierter bis achter Monat

Einfach Stillen

Für viele Frauen beginnt die schönste Phase der Stillzeit, sobald ihr Baby dieses Alter erreicht. Das Stillen geht schon wie von selbst – aber über ein paar Dinge sollte man Bescheid wissen.

Wenn Ihr Baby sich ablenken lässt

Das verstärkte Interesse für die Welt im vierten Monat lässt sich mit einem Entwicklungsschub am Ende des dritten Lebensmonats erklären, nach dem die Sinnesorgane besser funktionieren. Das Baby erlebt jetzt mehr, es sieht, hört und spürt besser – das ist spannend! Dadurch lassen sich die meisten Babys auf einmal beim Trinken stark ablenken. Kein Geräusch entgeht ihnen, alles ruft ihre Aufmerksamkeit auf den Plan. Das kann mitunter ziemlich nervenaufreibend für die Mutter sein.
Damit Ihr Baby richtig trinkt, ziehen Sie sich während des Stillens am besten in ein ruhiges Zimmer zurück. Zusätzlich kann es helfen, dem Baby während der Mahlzeit beide Seiten in rascherem und häufigerem Wechsel anzubieten, damit seine Aufmerksamkeit auf das Trinken gerichtet bleibt.

Nachts weniger oft stillen

Mit zunehmender Reife werden Babys schneller satt – sie trinken kräftiger und effektiver als früher, sodass sich die Dauer der Stillmahlzeit verkürzen kann. Auch die Abstände zwischen den Mahlzeiten könnten jetzt länger werden. Wenn Ihr Baby jedoch nachts noch häufig vor Hunger aufwacht, sollten Sie darauf achten, dass es tagsüber weiterhin mindestens alle drei Stunden und auch wieder länger trinkt. So machen Sie es ihm eher möglich, nachts durchzuschlafen – es muss dann nicht nachholen, was es im Eifer des Tages versäumt hat.
Gewähren Sie Ihrem Kind nach jeder Stillmahlzeit eine Pause von etwa fünf Minuten und bieten Sie die Brust dann erneut an, nach dem Motto: Jeder Schluck zählt. Schauen Sie auf die Uhr und stellen Sie sich auf eine Mahlzeit von mindestens 20 Minuten ein – in dieser Zeit bieten Sie immer wieder die Brust an, spielerisch, ohne jeden Druck und Zwang.
Viele Mütter erleben dann, dass die neue Kürze der Stillmahlzeiten ein Missverständnis war, das Kind braucht nur eine kleine Pause und trinkt danach noch einmal richtig weiter. Statt fünf Minuten dauern die Mahlzeiten

dann wieder länger – dafür kann das Kind nachts bald wieder (durch-)schlafen, statt seine Mahlzeiten nachholen zu müssen.

Das Baby weint, anstatt zu trinken

- Kommen Zähnchen? Dann schmerzt oft das Zahnfleisch beim Trinken. Geben Sie ihm einen kühlen Beißring, das beruhigt sein Gewebe im Mund (Zahnungsschmerzen lindern, siehe Seite 158).
- Hat Ihr Baby Sie ungewollt gebissen und ist über Ihre Reaktion erschrocken? Reden Sie ihm gut zu und lassen Sie ihm Zeit, sich vom Schreck zu erholen.
- Hat das Baby eine verstopfte Nase? (Schnupfen lindern, siehe Seite 165.)
- Hat das Baby Verstopfung? Das kommt bei größeren Babys manchmal vor, während sie sich an neue Nahrungsmittel gewöhnen. Sie fasten dann einfach, bis das Verdauungsproblem gelöst ist. Setzen Sie vorübergehend mit dem Zufüttern (siehe ab Seite 100) aus, wenn Ihr Baby Verstopfung hat, und bieten Sie ihm denselben Brei erst nach einer Woche versuchsweise wieder an.

Fragen Sie Ihre Hebamme oder Stillberaterin, wenn das Problem anhält. Wenn Babys tagsüber streiken, trinken sie dafür meist in der Entspannung des Halbschlafs ausgiebiger. Stillen Sie Ihr Kind dann direkt vor dem Aufwachen aus jedem Schlaf. Bieten Sie Ihrem Baby die Brust tagsüber schon an, bevor es richtig hungrig ist. Versuchen Sie es auch einmal beim Spielen zwischendurch einfach auf dem Wohnzimmerteppich oder beim gemeinsamen Baden. Damit Ihre Milchmenge nicht zurückgeht, sollten Sie zu den üblichen Tageszeiten Ihre Milch abpumpen. Vielleicht nimmt Ihr Baby die Milch auch besser aus dem Glas an. Trösten Sie sich: Kein Streik, auch kein »Stillstreik«, dauert ewig.

Setzen Sie den Trichter zentriert und dicht auf, ohne zu drücken.

Abpumpen und Milch aufbewahren

Wann immer es während der Stillzeit sinnvoll ist, Milch abzupumpen, können Sie eine Hand- oder Elektropumpe einsetzen. Handpumpen gibt es mit Griffen oder Kolben in verschiedenen Ausführungen (nicht empfohlen: Ballonpumpen). Sie sind sehr gut geeignet, wenn Sie nur gelegentlich abpumpen möchten. Elektrische Milchpumpen sind für den häufigen und längerfristigen Gebrauch gedacht, zum Beispiel, wenn Sie wieder ins Arbeitsleben einsteigen wollen. Müssen Sie nur vorübergehend häufig abpum-

Vierter bis achter Monat

pen, leihen Sie sich am besten eine elektrische Milchpumpe in der Apotheke aus. (Ihr Frauenarzt kann Ihnen dafür auch ein Rezept ausstellen, dann ist es günstiger.)

Auch hier gibt es unterschiedliche Modelle. Wählen Sie am besten eine Milchpumpe mit Doppelabpumpset, stufenloser Saugstärke-Regelung und Intervallschaltung. Achten Sie vor allem darauf, dass die Größe der Ansaugtrichter genau zu Ihrer Brust passt, damit Sie das Abpumpen nicht schmerzt. Um einen Milchvorrat anzulegen, pumpen Sie jeweils nach den Stillmahlzeiten die restliche Milch ab, bis Sie genug gesammelt haben. Wie lange Sie die Milch aufbewahren können, sehen Sie anhand der Tabelle. Am besten lassen Sie die Milch im Kühlschrank oder bei Raumtemperatur auftauen und erwärmen Sie anschließend im Wasserbad, niemals in der Mikrowelle (es besteht Verbrühungsgefahr!). Denken Sie beim Füttern mit Fläschchen oder Becher an ausreichende Hygiene (siehe auch Seite 94 und 95).

Ihre abgepumpte Milch können Sie Ihrem Baby im Fläschchen oder in einem Becher geben.

Muttermilch frisch halten

	Bei Raumtemperatur	Im Kühlschrank	In der Tiefkühlung
Frische Muttermilch im verschlossenen Behälter	• Bei 15 °C: 24 Stunden • Bei 19-22 °C: 10 Stunden • Bei 25 °C: 4–6 Stunden	Bei 4 °C: 3–5 Tage	• Im Tiefkühlgerät bei konstant -19 °C: 6 Monate • Im separaten Tiefkühlfach mit eigener Kühlung: 3–4 Monate • Im integrierten Tiefkühlfach des Kühlschranks: 2 Wochen
Im Kühlschrank aufgetaute Muttermilch	Bis zu 4 Stunden (= bis zur nächsten Mahlzeit)	24 Stunden	Nicht erneut einfrieren
Im Wasserbad aufgetaute Muttermilch	Bis zum Ende der Mahlzeit (bei Sondenernährung: bis zu 4 Stunden)	4 Stunden	Nicht erneut einfrieren
Bereits wieder-erwärmte Muttermilch	Bis zum Ende der Mahlzeit	Nicht mehr füttern; lässt sich noch als Badezusatz verwenden	Nicht mehr füttern; lässt sich aber noch als Badezusatz verwenden

Beikost: Essen mit Freude

Wenn das Baby zu essen beginnt, hat es einen der wichtigsten Schritte auf dem langen Weg zur Selbstständigkeit geschafft. Deshalb ist die große Freude und Aufregung darüber, dass es erstmals neben der Milch noch etwas anderes zu sich nimmt, sehr berechtigt. Wenn das Baby eines Tages anfängt, sich aus anderen als den mütterlichen Quellen zu nähren, stellt das für seine Mutter eine wesentliche Etappe der Loslösung dar – eine weitere »Entbindung«. Auch für das Baby selbst kommt es einer Sensation gleich: ein ganz neuer Geschmack auf der Zunge, eine ganz neue Konsistenz im Mund, ein anderes Gefühl beim Schlucken. Verständlich, dass es dieses neue Etwas mit allen Sinnen begreifen möchte, vor allem auch mit seinen Händchen.

Mama, was isst du denn da?

Irgendwann wird Ihr Kind Ihnen unmissverständlich zeigen, dass es einmal probieren möchte, so zu essen wie Sie. Aber Vorsicht vor hohen Erwartungen: Ihr Kind muss nicht gleich nennenswerte Mengen zu sich nehmen und schon gar nicht ganze Mahlzeiten. Die meisten Babys tun das erst, wenn sie älter sind als ein halbes Jahr. Bis sie richtig gerne essen, dauert es noch ein paar Monate länger. Das ist für Eltern eines gesunden und gut genährten Kindes kein Grund zur Sorge. Der Appetit auf einen erweiterten Speiseplan kommt, sobald Verdauungs- und Stoffwechselorgane Ihres Kindes entsprechend reif sind. Der Appetit kommt mit dem Bedarf, dieses Prinzip gehört zu den verlässlichsten Funktionen des menschlichen Körpers und funktioniert bei kleinen Kindern noch unfehlbar. Lassen Sie also Ihr Baby immer während Ihrer Mahlzeiten mit Ihnen zu Tisch sitzen, damit es Ihnen sein Interesse am Essen zeigen kann.

Frei sitzen können Kinder erst ab dem neunten Monat, nehmen Sie Ihr Kleines also einfach vor sich auf den Schoß.

Wann darf ein Baby loslegen?

- In den ersten 16 Lebenswochen sollen Babys ausschließlich mit Muttermilch oder Formulamilch ernährt werden, andere Lebensmittel würden ihm noch nicht bekommen. Frühestens mit Beginn des fünften Lebensmonats kann Beikost angeboten werden.
- In den ersten 24 Lebenswochen bekommen gestillte Babys alles, was sie an Nährstoffen, Kalorien und Flüssigkeit brauchen, durch die Muttermilch. Nach Bedarf gestillt werden Hunger und Durst mit Sicherheit an der Brust befriedigt. Deshalb heißt es, dass in den ersten sechs Lebensmonaten Stillen die optimale Säuglingsernährung ist.
- Milch bleibt auch im Beikostalter vorerst das Hauptnahrungsmittel. Bei Formulanahrung ersetzt das Baby seine Milchmahlzeiten je nach Appetit

allmählich durch Breimahlzeiten. Bei Ernährung mit Muttermilch hingegen ist es günstig, bei jeder Beikostmahlzeit zusätzlich auch die Brust anzubieten, weil die Muttermilch Enzyme enthält, die den kindlichen Stoffwechsel beim Verdauen und Aufnehmen von neuen Lebensmitteln unterstützen – so wird das Essen besser verwertet. Die vielfältig potenten Immunstoffe der Muttermilch schützen das Baby im Beikostalter, deshalb sind Magen-Darm-Infektionen und Unverträglichkeits-Reaktionen wie zum Beispiel Zöliakie bei gestillten Kindern seltener.

Nährstoffe in der Muttermilch

Bei der Ernährung mit Formulamilch ist es durchaus sinnvoll, das Nährstoffangebot bereits vom fünften Lebensmonat an durch Beikost zu ergänzen. Muttermilch hingegen verändert ihr Nährwertangebot von selbst, ihre Qualität wächst gewissermaßen mit dem Kind mit und deckt seinen Bedarf in jeder Entwicklungsphase optimal ab. Laut Frau Dr. Kersting, Expertin am Forschungsinstitut für Kinderernährung, könnte ein gesundes Baby auch im zweiten Lebenshalbjahr bei ausschließlicher Muttermilchernährung gut gedeihen.

Greif zu, mein Kind!
Wenn ein Baby alt genug ist, möchte es aufrecht sitzend das Essen mit den Händen zum Mund führen, wie es das Tag für Tag bei den Großen beobachtet. Da es feinmotorisch noch nicht so weit ist, mit dem Löffel zu hantieren, bieten Sie ihm am besten Püree oder Brei aus dem Glas an, das Ihr Kind mit beiden Händchen umfassen kann, während Sie es mit einer Hand sicher von unten her halten. So hat Ihr Baby die Möglichkeit eifrig zu üben, das Glas so zu kippen, dass nicht zu viel und nicht zu wenig Brei herausfließt und es gerade so nippen oder schlürfen kann, wie es das möchte. Sobald Ihr Kind reif ist, um etwas gröbere Nahrung zu schlucken, ist es auch von seiner Auge-Hand-Mund-Koordination her in der Lage, Fingerfood zu genießen. Dann isst ein Kind bereits so, wie die allermeisten Menschen auf unserem Planeten. Bis es beim Essen elegant mit Besteck umgehen kann, ist es allerdings noch ein weiter Weg. Diese Fertigkeit entwickelt sich normalerweise erst im Vorschulalter.

Aller Anfang ist leicht

Das individuelle Beikost-Alter beginnt, sobald ein Kind aufrecht sitzen und zugreifen kann. Dann ist der Würgereflex normalerweise nicht mehr so

STILLEN UND ERNÄHRUNG

Grünes Licht für Beikost

Alter	Das Baby wird gestillt	Das Baby erhält Formulamilch
1. bis inkl. 4. Monat (16 Wochen lang)	Ausschließlich Muttermilch	Ausschließlich Formulamilch
Ab 5. Monat (17. Woche)	Ausschließlich Muttermilch, bei großer Lust auch gelegentlich Beikost	Formulamilch + Beikostmahlzeiten
Ab 7. Monat (25. Woche)	Muttermilch und Beikost nach Appetit	Formulamilch + Beikostmahlzeiten

Zum Beispiel: Ein Kind, das am 15. Januar geboren wurde, ist ab dem 16. Mai im 5. und ab dem 16. Juli im 7. Monat.

stark wie am Lebensanfang und Babys können fein zerkleinerte Nahrung oder Püree schlucken. Doch zunächst muss Ihr Baby herausfinden, mit welchen Zungenbewegungen es die Nahrung von seinem vorderen Mundraum nach hinten befördern kann. Solange ein Kind beim Versuch zu essen dieselben Zungenbewegungen macht wie beim Saugen, schiebt es die Nahrung aus dem Mund hinaus statt tiefer hinein. Anfangs passiert das zwangsläufig, aber Ihr Kind hat schnell den Bogen raus, besonders wenn es ihm schmeckt. Dass ihm etwas nicht schmeckt, erkennen Sie übrigens sofort an seinem Gesichtsausdruck – der ist ganz eindeutig und lässt keinen Zweifel übrig.

Im fünften Lebensmonat beginnen viele Babys, das gezielte Greifen zu üben und weiter zu perfektionieren. Sie haben genug motorische Kontrolle, um ihre Hände nach etwas auszustrecken und es mit den Fingerchen zu betasten (siehe Seite 67). Bei Tisch selbst zugreifen können viele Babys mit sieben oder acht Monaten. Dann haben sie Freude daran, wenn sie nicht mehr ausschließlich gefüttert werden, sondern ihr Essen auch selbst mit der Hand nehmen und sich in den Mund stecken dürfen.

Essen ohne Stress

Bieten Sie Ihrem Kind den Brei immer nur an – ohne Überredungs- oder gar Überlistungsversuche, sonst verlernt es, auf seinen Hunger- und Sättigungsimpuls zu hören.

Mag Ihr Kind nicht alles, was empfohlen wird? Bei seinen Beikost-Empfehlungen hat das deutsche Forschungsinstitut für Kinderernährung sich am typischen Essverhalten der Deutschen orientiert. Selbstverständlich würden japanische oder afrikanische Experten ganz andere Empfehlungen zusammenstellen. Deshalb steht es Ihnen natürlich frei, Ihr Kind in einer Weise mit dem Essen Bekanntschaft schließen zu lassen, die zu Ihrer Familie passt. Obwohl das Forschungsinstitut empfiehlt, zuerst mittags ein Gemüsepüree, dann abends einen Milchgetreidebrei und schließlich nachmittags einen Obstgetreidebrei anzubieten, ist das kein ehernes Gesetz. Wenn Ihrem Baby vorerst nur Obstpüree schmeckt, spricht nichts dagegen, ihm eben nur dieses Püree zu geben anstatt zum Beispiel Karottenmus. Wenn eine Mutter nachmittags ihr Baby aus der Krippe holt, kann sie ihm seinen ersten Brei erst zu Hause anbieten und muss das nicht der Krippe überlassen, wenn sie es selbst erleben möchte. Es ist nicht so wichtig, ob das Kind mittags den ersten Brei isst oder nachmittags, ob es überhaupt Brei mag oder lieber etwas anderes – wichtig ist, das Essenlernen so zu gestalten, wie es Ihnen und Ihrem Kind richtig Freude macht!

Das Allergierisiko senken

Ein bisschen Joghurt probieren, vom Frühstücksei des Papas naschen, an einem Weizenbrötchen knabbern, ein kleines Fischstückchen lutschen – aber gerne, nur zu! Die Zeiten sind vorbei, in denen einem Beikost-Baby viele Nahrungsmittel der Großen verwehrt blieben, weil diese im Verdacht standen, Allergien zu fördern. Seit November 2009 ist die gesamte Liste von »hyperallergenen« Lebensmitteln ersatzlos gestrichen, die bis dahin in der Babykost vermieden werden sollten. Die Zahl der allergiekranken Kinder war trotz dieser strengen Ernährungsvorschriften nicht zurückgegangen. Tatsächlich versucht man es nun anders herum, in der Hoffnung, einer Allergieprävention damit näher zu kommen. Jetzt gilt die Empfehlung: An unterschiedliche Lebensmittel sollen Babys ruhig schon in einem Alter herangeführt werden, in dem sie normalerweise noch mit der immunstarken Muttermilch gestillt werden. Vielleicht macht das ihr Immunsystem allergieresistenter? Fisch zum Beispiel, vorher in Verdacht hochallergen zu sein, wird heute in kleinen, gelegentlichen Mengen empfohlen. Traditionell ernährte Kinder aus türkischen Großfamilien zum Beispiel, so wurde beobachtet, bilden deutlich weniger Allergien aus. In diesen Familien wird einerseits wesentlich länger gestillt und andererseits früher vom

Selbst essen zu dürfen ist eine aufregende Erfahrung, die Ihr Baby mit all seinen Sinnen genießt.

normalen Familienessen genascht. Lassen Sie sich nicht verwirren: In Büchern und Publikationen, die vor November 2009 in Druck gegangen sind, werden Sie noch die veralteten Empfehlungen finden.

Gluten
Gluten ist ein gesunder Bestandteil von Getreideeiweiß, den aber Menschen mit der angeborenen Stoffwechselkrankheit Zöliakie nicht vertragen. Sie bekommen davon schwerwiegende Darmprobleme. Es handelt sich dabei nicht um eine allergische Reaktion (Immunsystem), sondern um eine Unverträglichkeit (Stoffwechsel). Ob ein Kind mit dieser Veranlagung auf die Welt gekommen ist, stellt sich erst durch seine Reaktion auf Gluten heraus und ist anders nicht feststellbar. Für noch kleine Babys wäre diese Reaktion möglicherweise lebensgefährlich, deshalb ist Gluten in industrieller Säuglingsnahrung für die ersten vier Lebensmonate verboten und der Glutengehalt muss auf den Packungen von Säuglingsnahrung deklariert sein. Neue Studien weisen darauf hin, dass die Ernährung am Lebensanfang eine große Rolle bei der möglichen Entwicklung oder dem Schweregrad einer Zöliakie spielt, sofern die Veranlagung vorliegt. So hat man festgestellt, dass das Risiko, eine Zöliakie zu entwickeln, bei Kindern unter zwei Jahren vermindert war, wenn sie während und nach der Einführung von Gluten noch gestillt wurden. Deshalb empfiehlt das Forschungsinstitut für Kinderernährung (FKE) heute als Maßnahme zur Vorbeugung, kleine Mengen glutenhaltiger Beikost möglichst früh ab dem fünften Monat einzuführen, und zwar vorzugsweise solange das Kind noch gestillt wird. Achten Sie bei der Einführung des ersten glutenhaltigen Getreidebreis auf die Verdauungsreaktion. Glutenfrei sind Reis, Hirse, Buchweizen, Amarant, Quinoa, Mais und Soja; glutenarm ist Hafer.

Rezepte: Mama, was gibt's heute?

Solange ein Kind nach Bedarf gestillt wird, stillt es seinen Durst über die Muttermilch. Flaschenkindern können Sie schon etwas Wasser anbieten.

Frisch gekochtes Essen ist ruck, zuck fertig, lecker und gesund – ganz besonders, wenn Sie sich für Bioqualität und Obst- sowie Gemüsesorten aus der Region entscheiden. Wenn Sie dennoch ab und zu ein Gläschen mit Beikost als praktische und schnelle Alternative zwischendurch kaufen, achten Sie auf gute Qualität. Velleicht entscheiden Sie sich auch hier gleich für Bioprodukte, diese garantieren weitestgehend Schadstofffreiheit (Adresse von Öko-Test siehe Seite 185). Im Folgenden erhalten Sie einige Grundrezepte für Breie ab dem fünften Monat. Wenn Sie größere oder kleinere Mengen kochen möchten, verdoppeln oder halbieren Sie einfach sämtliche

Zutaten. Fertiger Brei lässt sich übrigens gut einfrieren, zum Beispiel in Eiswürfelbehältern für Miniportionen, so können Sie problemlos nach Appetit portionieren. Am besten lassen Sie den Brei im Kühlschrank oder bei Zimmertemperatur schonend auftauen und erwärmen ihn im Wasserbad. Vom Erwärmen in der Mikrowelle wird wegen der ungleichmäßigen Hitzeentwicklung immer wieder gewarnt, – es könnte eine winzige Menge so heiß sein, dass sich das Baby die Zunge verbrennt. Gut geeignet für den Anfang sind milde Gemüse- und Obstsorten: Fenchel, Karotte, Kürbis, Pastinake und Zucchini sowie Apfel, Aprikose, Banane, Birne und Melone.

Alles Gute für den Anfang

- **Gemüsebrei pur:** 120 g Gemüse (eine Sorte) putzen und klein schneiden. Anschließend in 50 ml Wasser zugedeckt weich köcheln, dann pürieren und etwas abkühlen lassen. Zum Schluss einen 1 EL Rapsöl unterrühren.
- **Gemüse-Kartoffel-Brei mit oder ohne Fleisch:** 60 g Gemüse putzen, 40 g Kartoffeln schälen, alles klein schneiden und mit 5 EL Wasser zugedeckt weich köcheln (auf Wunsch jeden zweiten Tag auch 20 g Fleisch nach Wahl mitköcheln). Alles pürieren, abkühlen lassen und 1 EL Rapsöl untermischen.
- **Gemüse-Reis-Brei:** 120 g Gemüse putzen und klein schneiden. In 50 ml Wasser zugedeckt weich köcheln, 60 g gekochten Reis oder Hirse dazugeben und alles zusammen pürieren. Etwas abkühlen lassen und je 1 EL Rapsöl und Mandelmus unterrühren. Sobald Sie wissen, welche Gemüsesorten Ihr Kind gut verträgt, können Sie diese hier beliebig mischen – oder eben einzelne Gemüse kochen.
- **Getreide-Milch-Brei:** 20 g Getreideflocken (Haferschmelz-, Reis- oder Hirseflocken) in je 100 ml Milch (Formula- oder Vollmilch) und Wasser unter Rühren in wenigen Minuten zu einem Brei kochen. Kurz nachquellen und etwas abkühlen lassen. Bei gestillten Babys den Brei nur mit 200 ml Wasser zubereiten. Statt Wasser können Sie auch Fenchel- oder Melissentee verwenden. Beide Sorten haben eine beruhigende Wirkung auf Babys Magen-Darm-Trakt.
- **Getreide-Obst-Brei:** 20 g Getreideflocken und 100 g geputztes Obst in 100 ml Wasser unter ständigem Rühren wenige Minuten köcheln, dann nachquellen und etwas abkühlen lassen. Anschließend pürieren oder zerdrücken, 1 EL Rapsöl oder Butter oder Mandelmus unterrühren.
- **Zwieback-Obst-Brei:** 3–4 Stück zuckerfreien Dinkel-Zwieback in 100 ml Apfelsaft bröseln, eine halbe Banane in Scheiben schneiden und dazugeben. Dann alles mit der Gabel zerdrücken und mit je 1 TL Rapsöl und Mandelmus verrühren.

Kein Problem, wenn Ihr Baby lieber Obst isst als Gemüse.

Empfehlungen für die erste Beikost

- Als ersten Brei bieten Sie ein Püree aus einer einzigen Gemüse- oder Obstsorte oder einen Brei aus einer einzigen Getreidesorte an (grundsätzlich immer mit Öl). Wenn Ihr Baby dieses Lebensmittel mag und eine Woche lang gut verträgt, kann in der folgenden Woche demselben Püree eine weitere Zutat hinzugefügt werden. Zum Beispiel:
  1. Woche: Gemüsebrei pur
  2. Woche: Gemüse-Kartoffel-Brei
  3. Woche: Gemüse-Kartoffel-Fleisch-Brei.
- Bieten Sie dem Baby jeweils nur ein neues Lebensmittel pro Woche an, damit Sie mögliche Unverträglichkeiten leicht zuordnen können, die sich als Verdauungsstörungen oder Pickelchen zeigen. Tritt so etwas auf, setzen Sie das neue Lebensmittel sofort ab und führen nach einer Pause von mehreren Tagen ein anderes neu ein. Was sich bereits als gut verträglich erwiesen hat, wird währenddessen weiterhin angeboten.
- Fügen Sie von Anfang an hochwertiges Pflanzenöl hinzu, wie raffiniertes Rapsöl, ab dem zehnten Monat kalt gepresstes Öl. Das Öl ist unbedingt erforderlich, auch für die Aufnahme von fettlöslichen Vitaminen.
- Mandelmus empfiehlt sich manchmal (ab dem siebten Monat), um das Essen mit zusätzlichen gesunden Kalorien anzureichern. 1 Teelöffel Mandelmus enthält rund 50 kcal, Vitamin E und B2, Calcium, Magnesium sowie Eisen. Ein Kalorien-Vergleich: 100 g Muttermilch: 70 kcal. 100 g gekochte Möhren: 27 kcal. 100 g Apfel: 52 kcal. 100 g Gemüsebrei mit Fleisch: rund 50 kcal.
- Verwenden Sie für das Essen Ihres Babys im ersten Lebensjahr kein Salz, keinen Kristallzucker, keinen Honig und keine Vollmilch pur als Getränk (nur in Brei). Milde Gewürze wie Zimt oder Anis dürfen in kleinster Menge ab dem zehnten Monat probiert werden.

Bleiben Sie zu Beginn erst einmal bei einer Sorte Brei, damit sich Ihr Kind an den Geschmack gewöhnt. Babys brauchen anfangs noch nicht so viel Abwechslung.

Neunter bis zwölfter Monat

Stillen

In diesem Alter macht ein Baby täglich viele aufregende neue Erfahrungen, es bewegt sich immer mehr, verbraucht mehr Energie und damit wächst auch sein Nahrungsbedarf. Die Muttermilch passt sich entsprechend an. Ohne dass Sie einen Gedanken daran verschwenden müssten, nehmen die Kalorien- und Nährstoffdichte in Ihrer Milch vollkommen bedarfsorientiert immer zur rechten Zeit in der rechten Weise zu.

Wie lange stillen?

Eine Mutter, die ihr Baby etwas länger als gewöhnlich stillt, trifft noch vielfach auf Unverständnis bis hin zu Ablehnung. Dabei finden sich in der modernen Forschung sowohl in gesundheitlicher als auch psychischer Hinsicht gute Gründe für längeres Stillen. Die Amerikanische Akademie der Kinderärzte (AAP) empfiehlt eine Stillzeit von mindestens einem Jahr und darüber hinaus, solange Mutter und Baby es wünschen.

Stillen und das Leben genießen

Einem gestillten Baby kann man es jetzt durchaus zumuten, auch einmal ohne seine Mama klarzukommen, sofern es schon Beikost bekommt oder die Flasche akzeptiert. Es muss nicht abgestillt werden, nur damit seine Mutter wieder abends ausgehen oder einmal übers Wochenende wegfahren kann, sondern kann Hunger und Durst währenddessen anders befriedigen. Auch die Brust macht eine vorübergehende Stillpause jetzt normalerweise ohne größere Probleme mit.

Stillen bei Berufstätigkeit

Die Rückkehr in den Beruf und die damit verbundene Kinderbetreuung lässt sich ohne Weiteres mit dem Stillen vereinbaren, sobald das Baby bereit ist, an Mahlzeiten teilzunehmen und dadurch weniger häufig an der Brust trinken muss. Falls es Beikost noch verweigert, kann es Muttermilch aus der Flasche bekommen, die tags zuvor am Arbeitsplatz abgepumpt wurde (siehe ab Seite 96). Oft genießen es gerade berufstätige Mütter ganz besonders, morgens, abends oder vielleicht noch nachmittags nach dem Abholen aus der Krippe, beim Stillen die wohltuende Innigkeit mit ihrem Baby zu spüren – das kann gut über die noch ungewohnte Trennung hinwegtrösten.

Kinder profitieren von der intensiven Bindungserfahrung beim Stillen besonders viel in einer Zeit, in der sie sozial zu »neuen Ufern« aufbrechen.

Noch ein bisschen dazustillen – lohnt sich das überhaupt?

Die Antwort lautet eindeutig und klar: Ja. Stillen, egal wie lange, wie oft oder wie viel, hat ausschließlich positive Auswirkungen für die Gesundheit des Kindes. Die unersetzlichen Immunfaktoren und Antikörper in der Muttermilch haben auch in geringer Menge einen nachhaltigen Effekt auf das Immunsystem. Wenn Mütter beispielsweise über den ersten Geburtstag hinaus stillen, und das Kind nur noch gelegentlich trinkt, wurde beobachtet, dass die Milch immunologisch konzentrierter ist und genau das enthält, was aktive Krabbelbabys und Kleinkinder brauchen, sobald sie die Welt erobern. Also, jeder Tropfen Muttermilch tut Ihrem Baby gut und schmeckt allemal besser, als ein gesüßtes Medikament vom Löffelchen. Mütter, die früher abstillen, haben oft keinen Vorteil davon, weil ihr Kind sich dann eher Infektionen einfängt – das lässt sich in der Praxis deutlich beobachten. Außerdem schenkt Muttermilch auch im Kleinkindalter noch überaus wertvolle Nährstoffe und Vitamine. Viele davon erreichen wieder so hohe Werte wie zu Beginn der Stillzeit.

Sanftes Abstillen

Das Abstillen geschieht am besten ganz allmählich, indem das Kind sich zunehmend anders ernährt. Möchten Sie bei der Umgewöhnung etwas nachhelfen, dann bieten Sie ihm immer schon zu essen und zu trinken an, bevor es richtig hungrig wird. So fällt es ihm leichter, nicht an die Brust zu denken. Gehört Ihr Kind aber zu den »schlechten Essern«, während Sie abstillen möchten, ersetzen Sie die Brustmahlzeiten einfach durch Formulamilch aus der Flasche.

Das können Sie zusätzlich tun, um die Milchbildung zu reduzieren:
- Die Brust durchgängig kühlen (Coolpacks, Quarkwickel).
- Täglich vier bis fünf Tassen starken Salbeitee über den Tag verteilt trinken.
- Phytolacca-Urtinktur, dreimal 20 Tropfen täglich in etwas Wasser einnehmen.
- Ausstreichen (unter der warmen Dusche) oder nötigenfalls Abpumpen von gerade nur so viel Milch wie absolut nötig ist. Die nie richtig geleerte Brust ist das stärkste Signal an Ihren Körper, die Milchbildung zu reduzieren und einzustellen.

Neunter bis zwölfter Monat

Beikost ohne Brei und Löffel

Im Prinzip können Sie Ihr Baby auch von vornherein an Ihren Mahlzeiten teilnehmen lassen und auf die Gläschenphase ganz verzichten. Dies empfiehlt sich umso mehr, je älter ein Baby ist, wenn es beginnt, sich fürs Essen zu interessieren. Bringen Sie dann Speisen auf den Tisch, die sowohl für Sie als auch für Ihr Baby bekömmlich sind, und lassen Sie es selber zugreifen. Auch ohne Zähne kann ein Baby weiche Nahrung jetzt schon im Mund genug zerkleinern, um sie schlucken zu können.

Gut verträgliche Lebensmittel zubereiten

Gemüse, Kartoffeln und Nudeln: Für Ihr Baby ideal sind Stifte oder Schnitze, die es in der kleinen Faust halten kann. Dämpfen Sie die Stücke gerade so weich, dass Sie im Babyhändchen nicht zerfallen, sich aber im Mund gut zerdrücken lassen. Sobald Ihr Kind den Pinzettengriff beherrscht, genießt es das Essen auch in kleinen Würfeln, die sich zu Brei lutschen lassen.
Fleisch: Schmoren Sie es schonend oder backen Sie es im Ofen: zum Beispiel gedünstete statt gebratene Fleischklößchen. Auch einen Streifen Steak oder Brathuhn kann Ihr Baby gut in der Hand halten und darauf herumkauen, um den eisenhaltigen Fleischsaft herauszulutschen.
Gesunde Fette: Bieten Sie Ihrem Baby, wenn es sein Essen selbst wählt, Avocadostreifen an oder in Würfel geschnittenes Brot, das Sie mit Butter oder Mandelmus bestreichen. Letzteres ist reich an wertvollen, ungesättigten Fettsäuren. Dasselbe gilt für Sesammus, das außerdem besonders viel Calcium, Magnesium, Zink sowie Eisen enthält. Es schmeckt allerdings besser, wenn Sie es mit etwas Fruchtpüree zu einem Aufstrich vermischen.

Vegetarisch lebende Eltern können auch ihre Kinder fleischlos ernähren, indem sie eisenreiches Getreide (Hirse, Hafer, Amarant, Quinoa) mit Gemüse und Obst in den Mahlzeiten kombinieren.

Die richtige Auswahl der Produkte

- Nicht geeignet: Vorerst noch Nüsse oder kleine Fruchtstücke wie ungeschälte Trauben, daran könnte sich Ihr Kind verschlucken. Industrielle Nahrungsmittel mit Konservierungs- und Farbstoffen wie Ketchup, Chips, Fertigsoßen, Schmelzkäse, Geräuchertes sollten tabu sein.
- Gut geeignet: Lebensmittel, die das Kind durch seinen Speichel schnell einweichen kann, wie Brötchen, Dinkelstangen, Reiswaffeln, gegarte Gemüse- und Kartoffelstücke, Bananenscheiben sowie weiche und geschälte Obstschnitze. Viele Krabbelkinder lieben Salatgurke, weil sie saftig und erfrischend ist, doch wenn ein Baby hier schon Stückchen abbeißen kann, sollten Sie darauf achten, dass es diese auch zuverlässig ausspuckt, nachdem es sie ausgelutscht hat. Setzen Sie Ihrem Kind alles, das wiederholt seinen Würgereiz auslöst, erst drei Wochen später testweise wieder vor.

ALLES FÜR GESUNDEN SCHLAF

Der Schlafrhythmus Ihres Babys bringt den Ihren zunächst einmal ganz schön durcheinander. Denn bevor sich Ihr Baby an den Tag-Nacht-Wechsel gewöhnt und die längsten Schlafphasen in die Nacht verlegt, vergeht einige Zeit. Aber auch im zweiten Lebenshalbjahr ist das Durchschlafen nicht garantiert, denn jetzt passiert ständig etwas Neues in seiner Entwicklung, davon bleibt der Schlaf nicht unberührt – ob es die ersten Zähnchen sind oder »wilde« Träume. Schaffen Sie am besten von Anfang an eine bequeme Schlafumgebung für die ganze Familie.

Die ersten Tage Ihres Babys 110
Die ersten drei Monate 115
Vierter bis achter Monat 121
Neunter bis zwölfter Monat 130

Die ersten Tage Ihres Babys

Babys schlafen anders

Nie wieder unterscheidet sich der Schlaf eines Babys so stark vom Schlaf der Großen wie in den ersten Wochen nach der Geburt: Während Erwachsene normalerweise ungefähr 16 Stunden wach sind und acht schlafen, halten es Babys eher umgekehrt. Sie sind in den ersten Lebenswochen im Durchschnitt etwa acht Stunden wach und verschlafen die restlichen 16. Das ist gerade mal genug Zeit, um genüsslich gestillt zu werden, Bäuerchen zu machen, frische Windeln zu bekommen und sich ein wenig umzusehen. Dabei verteilen sich die Schlafphasen eines Neugeborenen ebenso wie seine Wachperioden noch relativ gleichmäßig rund um die Uhr – vorläufig unbeeindruckt vom Tag-Nacht-Rhythmus dieser Welt. So wird das Leben seiner Eltern von Anfang an ziemlich auf den Kopf gestellt.

Babys Schlafbedarf in den ersten Wochen

Ob ein Mensch Frühaufsteher oder Nachteule ist, ob er viel Schlaf oder wenig braucht, all das wird ihm in die Wiege gelegt. Dementsprechend variiert das auch von Baby zu Baby.

Alle Menschen unterscheiden sich von Geburt an darin, wie viel sie schlafen. Täglich sprechen wir mit Eltern, die es schwierig finden, dass ihr neugeborenes Baby tagsüber weniger schläft, als sie erwartet haben. Manche Babys schlafen von Anfang an nicht mehr als 14 Stunden insgesamt, aber es liegt genauso im Normalbereich, wenn ein Neugeborenes nur vier Stunden wach ist. Deutliche Unterschiede im normalen Schlafbedarf gibt es ja auch bei größeren Kindern und Erwachsenen. Wirklich übereinstimmend ist auf jeden Fall, dass die Schlafdauer bei allen Menschen in den ersten Lebensjahren am höchsten ist und im Alter immer mehr abnimmt.

Ihr Baby träumt von Anfang an

Bis zu vier Wochen vor ihrer Geburt schweben Babys noch in einem Zustand zwischen Schlafen und Wachen. Doch offenbar träumen Kinder schon im Mutterleib, sogar lange bevor sie die Fähigkeit ausbilden, traumlos zu schlafen. Bereits im sechsten oder siebten Schwangerschaftsmonat zeigen sich unter Beobachtung im Schlaflabor die typischen Traumschlaf-Gehirnwellen. Noch erstaunlicher ist es vielleicht, dass der Mensch umso mehr träumt, je jünger er ist. Ein zu früh geborenes Baby verbringt volle 80 Prozent seiner Schlafzeit im Traumzustand, während nach neun Monaten geborene Babys »nur« noch die halbe Zeit ihres Schlafs träumen. Mit drei Jahren verträumt ein Kind noch 20 Minuten pro Schlafstunde, also ein Drittel. Zum Vergleich:

Beim Erwachsenen beträgt der Traumschlaf-Anteil 25 Prozent der Schlafzeit. Wieso wir gerade am Beginn des Lebens am meisten träumen, ist bislang noch ein Rätsel. Die neuesten Erkenntnisse weisen darauf hin, dass das tagsüber Erlebte vor allem im Traumschlaf in tiefere Schichten des Gehirns verlagert wird, um dort später der Erinnerung zugänglich zu sein. Und man weiß ja heute, dass wir umso schneller lernen, je jünger wir sind. Damit wäre klar, warum wir auch umso mehr Zeit zum Träumen brauchen, je weniger Lebenserfahrung wir besitzen.

Für Eltern ist es von Vorteil, dass Babys so viel träumen. Im Traumschlaf können Babys nämlich trinken, also gefüttert werden. Das ist möglich, weil das Gehirn im Traum aktiv ist und bestimmte Bewegungen zulässt. Im traumlosen Schlaf funktioniert dies nicht. Wann und wieso es nützlich sein kann, das Baby im Traumschlaf zu füttern, lesen Sie ab Seite 125.

In der Klinik

Der Schlafrhythmus Ihres Babys bringt den Ihren zunächst einmal ganz schön durcheinander. Da hilft nur eins: Co-Sleeping! Schlafen, wann immer das Baby schläft. Selbstverständlich im selben Bett, denn wer immerzu aufsteht, hat bald keine Kraft mehr. Was brauchen Sie dazu? Ruhe. Im Kliniktrubel sorgt dafür ein (mitgebrachtes) Schild an Ihrer Zimmertür: »Bitte nicht stören. Wir möchten schlafen. Danke.« Auf Wunsch kann man normalerweise ein Einzelzimmer bekommen, die Zuzahlung, die man als gesetzlich Versicherter privat bezahlt, variiert von Klinik zu Klinik. Bitten Sie Ihren Partner, die meisten Besucher noch ein wenig zu vertrösten. Oft überschätzen Mütter in der ersten Euphorie die eigenen Kräfte, was sie hinterher bereuen könnten.

Das Nest erweitern: wo Babys gut schlafen

Am besten schlafen Babys im selben Zimmer wie ihre Eltern. Ganz besonders wohl fühlen sie sich im gemeinsamen Bett, wenn Sie dabei ein paar einfache Dinge beachten (siehe Seite 113). Vielleicht fürchten Sie wie fast jede Mutter eines Neugeborenen, dass Sie sich im Schlaf auf Ihr zartes Baby rollen könnten, wenn es neben Ihnen im Bett liegt. So nachvollziehbar die-

ALLES FÜR GESUNDEN SCHLAF

Mit Mama und/oder Papa in einem Bett schläft es sich einfach am besten.

ser Gedanke ist, so besteht in Wirklichkeit doch keine derartige Gefahr. Derselbe Mechanismus in Ihrem Schlafbewusstsein, der Sie davon abhält, jede Nacht mehrmals aus dem Bett zu fallen, hält Sie auch davon ab, sich auf Ihr Baby zu legen. Sie dürfen sicher sein: Diese Schutzfunktion wurde mit Tausenden von Filmaufnahmen überprüft. Außerdem: Hätte die Menschheit im Zuge der Evolution nicht diesen sicheren Mechanismus entwickelt, wäre sie wahrscheinlich schon längst ausgestorben.

Der beste Schlafplatz für Ihr Baby

Die meisten Babys besitzen bei uns heute von Anfang an ihr eigenes, sorgfältig ausgewähltes Gitterbettchen – und verbringen trotzdem nachts die meiste Zeit im Bett ihrer Eltern. Das zeigen Umfragen in steter Regelmäßigkeit. Warum? Babys empfinden bei den Eltern so viel Sicherheit, dass sie deutlich besser schlafen. Und somit ihre Eltern auch. »Sobald unsere Maus das erste Mal aufwacht, holen wir sie zu uns ins Bett«, erklären uns Eltern in der Beratung, »denn das ständige Hin und Her bringt einfach zu viel Unruhe.«

Die Eltern haben recht, doch sie betrachten es als eine vorübergehende Notlösung. Bald wird das Baby ja nachts durchschlafen, meinen sie, in seinem schönen, eigenen Bettchen. In der Schlafberatung kommen wir dann nicht umhin zu erwähnen, dass zu diesem fernen Zeitpunkt aber die Zähnchen kommen, eines nach dem anderen, und eines Nachts der unvermeidliche erste Husten … und immer wieder werden die vernünftigen Eltern ihr Kind zu sich ins Bett holen. Bis das Baby verlässlich durchschläft, ist ihm sein Gitterbettchen oft zu klein geworden. So stellt sich die Frage: Spricht eigentlich etwas dagegen, aus der Notlösung eine Tugend zu machen? Sehr wahrscheinlich wäre es doch sicherer und gesünder, ein Nachtlager zu schaffen, auf dem die ganze Familie Ruhe findet.

Das Familienbett

Das Familienbett ist keine unpädagogische Erfindung, sondern nur ein neuer Name für die älteste und bewährteste aller Schlaf-Traditionen. Wenn Ihnen das Elternbett mit 140 cm Breite für drei zu eng ist, können Sie statt einer kleinen Baby-Matratze eine gute Matratze in Normalgröße kaufen und Ihr Bett damit zum Familienbett erweitern. Das ist eine Lösung mit Zukunft, denn auf seiner normal großen Matratze wird das Baby auch später noch schlafen – im Kinderzimmer. Das gesparte Geld lässt sich in die Qualität der Matratze investieren. Wenn ein Bettrahmen im Weg ist, kann der vorübergehend auf den Speicher geräumt werden, dieser kleine Aufwand wird durch ruhigere Nächte über viele Monate hinweg mehr als wettgemacht. Außerdem: Je näher das große, gemeinsame Nachtlager dem Boden ist – ein Lattenrost gehört unbedingt unter jede Matratze – umso sicherer ist das Bett für ein Baby und Kleinkind.

Gemeinsam schlafen? Aber sicher!

Mit dem Baby ein großes Bett zu teilen, gilt nach heutigem Kenntnisstand als gesund und sicher, vorausgesetzt, dass folgende Punkte erfüllt sind:

- Das Baby schläft in Rückenlage. Schläft es nicht gerne in dieser Stellung, hilft ihm vielleicht das Pucken (siehe Seite 120).
- Die Matratze ist so fest, dass das Baby nicht einsinkt. Sehr weiche Matratzen, Sofas, Klappbetten, Wasserbetten sind absolut ungeeignet.
- Das Bett hat nirgendwo einen Spalt, der so groß ist, dass das Kind hineinrutschen könnte – weder am Rand noch zwischen zwei Matratzen.
- Es gibt kein schweres Bettzeug in der Nähe des Babys, unter dem es sich ungewollt verkriechen könnte.
- Das Baby liegt im eigenen Schlafsack. Geeignete Nachtwäsche (siehe Seite 118) sorgt dafür, dass ihm weder zu warm noch zu kalt wird.
- Das Baby liegt nicht unter der Decke seiner Eltern. Die Körperwärme, die wir ausstrahlen, könnte es überhitzen.
- Bei mehreren Kindern im Familienbett liegt immer ein Erwachsener zwischen zwei Kindern.
- Für Haustiere ist das Bett – wie jedes Babybett – tabu.
- Nur Nichtraucher schlafen in der Nähe des Babys. Die Atemluft von Rauchern ist mit Nikotin- und Schadstoffresten belastet, die einem Säugling schaden.
- Nur gesunde und nicht alkoholisierte Eltern teilen ihr Bett mit dem Baby. Hat ein Elternteil starke Medikamente, insbesondere Schlafmittel eingenommen, schläft er im separaten Bett.

Der Babybalkon

Alternativ zum Familienbett arrangieren sich viele Eltern damit, ihre Matratze durch ein Baby-Beistellbett zu erweitern. Allerdings erfüllen diese Bettchen oft nur wenige Monate lang ihren Zweck. Die Zeit, in der diese groß und stabil genug sind, ist schneller vorbei als man glaubt. Deutlich länger kann das übliche Gitterbettchen als Babybalkon dienen, wenn sich eine Gitter-Längsseite abmontieren und die Matratzenhöhe auf die Höhe des Elternbetts verstellen lässt. Dann können beide Betten sicher und »barrierefrei« verbunden aneinander stehen. Aus dem selbst geschaffenen Babybalkon wird später wieder ein normales Gitterbettchen, mit dem das Baby eines Tages ins Kinderzimmer umzieht.

Schutz vor dem Plötzlichen Säuglingstod

Es ist eine gute Nachricht: Der Plötzliche Säuglingstod (SID, englisch: Sudden Infant Death) nimmt seit 1990 beständig ab. Im Jahr 1991 wurden in Deutschland 1285 Fälle gezählt, im Jahr 2009 waren es nur noch 193 Fälle. Die Frage, worauf diese positive Entwicklung zurückgeht, ist noch nicht geklärt, da auch die Ursachen nicht restlos enträtselt sind. Ziemlich sicher weiß man jedoch, dass ein grundsätzlich erhöhtes Risiko bei Säuglingen gegeben ist,
- die in Bauchlage schlafen,
- die weniger als sechs Wochen lang gestillt werden,
- deren Eltern rauchen.

Diese drei Risikofaktoren haben seit Anfang der 1990er-Jahre immer mehr abgenommen. In den 1980er-Jahren wurde Eltern die Bauchlage für ihr Baby noch vehement empfohlen, seit 1990 rät man von dieser Schlafstellung mit derselben Vehemenz ab. Und das Stillen? Im Jahr 1982 wurden nur zwei von 100 Säuglingen im Alter von vier Monaten noch voll gestillt. Dass es heute 49 von 100 sind, ist in erster Linie der Stillberatungsbewegung zu verdanken, die sich immer mehr durchsetzte. Niedrige Stillraten gehen nachweislich auf falsche Stillempfehlungen zurück, nicht auf mütterliches Versagen. Und das Rauchen? Das ist aufgrund der heutigen Gesetze zum Nichtraucherschutz stark rückläufig. Sollten Sie übrigens zu den Vätern und Müttern gehören, denen es schwerfällt, mit dem Rauchen aufzuhören, achten Sie vor allem darauf, nicht in der Wohnung zu rauchen und suchen Sie sich Hilfe. Wir wissen aus eigener Erfahrung, dass es wirklich nicht leicht ist – aber es geht und man kann es schaffen.

Die ersten drei Monate

Babys Schlafrhythmus

Während Ihr Baby in der Gebärmutter stets gleichbleibend mit Nährstoffen versorgt war, muss es nach der Geburt erst einmal die Umstellung verkraften, dass es nun in Abständen hungrig, satt und wieder hungrig wird. Längere Essenspausen wären zunächst eine Überforderung, egal ob tagsüber oder nachts. Neugeborene können deshalb noch keinen Unterschied zwischen Tag und Nacht machen – sie müssen schlafen, wenn sie satt sind, und werden wach, sobald sie wieder Hunger haben. Rund um die Uhr. Doch alle Babys beginnen innerhalb der ersten Lebenswochen, sich langsam an den Tag-Nacht-Wechsel dieser Welt anzupassen.

Der Tag-Nacht-Rhythmus

Tagsüber können Sie nach wenigen Wochen erkennen, dass die Wachphasen Ihres Babys nach dem Stillen und Wickeln immer länger werden. Bleibt ein Neugeborenes gerade mal ein halbes Stündchen nach den Mahlzeiten wach, so kann dasselbe Baby zwei Monate später durchaus eineinhalb Stunden aushalten, bevor es wieder müde wird. Den ganzen Schlaf, den Babys in diesem Alter zwischen Aufstehen am Morgen und Zubettgehen am Abend brauchen, holen sie sich meist noch relativ gleichmäßig über den Tag verteilt. Allmählich spielt es sich ein, dass Ihr Baby tagsüber noch drei bis vier Mal schläft. Wobei die meisten Babys ihr erstes Tagesschläfchen bereits eineinhalb bis zwei Stunden nach dem Aufstehen am Morgen halten.

Nachts geben sich Babys in aller Regel schon bald damit zufrieden, dass sie sich ohne viel Aufhebens einfach an der Brust satt trinken dürfen – und direkt danach schlafen sie wieder weiter. Ganz typisch ist dabei ein Dreistundentakt: Babys wachen anfangs am späten Abend auf, um zu trinken, meist zwischen 22 und 23 Uhr. Die nächste Mahlzeit findet in der Regel drei Stunden später statt, zwischen ein und zwei Uhr, und die nächste wieder etwa drei Stunden später, zwischen vier und fünf Uhr. Wiederum zwei bis drei Stunden danach ist die Aufstehzeit gekommen. Die Ausnahme zu dieser Regel bilden Babys, die schon im zarten Alter von vier bis sechs Wochen eine lange nächtliche Pause zwischen zwei Mahlzeiten machen und sechs Stunden oder mehr am Stück schlafen. Sollte Ihr Baby zu dieser Gruppe gehören, genießen Sie es, denn im vierten Monat ist damit meist wieder Schluss (siehe auch ab Seite 121).

Babys spüren in der Regel selbst, wie viel Schlaf sie brauchen.

Hilfe in der »Nachteulen-Phase«

Während Babys sich an unseren Tag-Nacht-Rhythmus gewöhnen, machen sie meist eine Nachteulen-Phase durch, die ihren Höhepunkt im zweiten Lebensmonat erreicht. In dieser Zeit klagen die meisten Eltern darüber, dass ihr Kleines bis 23 Uhr putzmunter ist – oder sogar bis Mitternacht. Bei älteren Babys passiert das nur noch in Ausnahmefällen. Keine Sorge, das ist normal! Und diese Phase geht – wie viele andere Mühen im ersten Lebensjahr – ganz von selbst vorüber. Doch wie hält man das durch?

Den Feierabend vorverlegen

Sorgen Sie gut für sich selbst, das kommt Ihrem Nervenkostüm und somit auch Ihrem Baby zugute.

Unser größtes Problem mit diesem vorübergehenden Usus des Babys ist es, dass wir gewohnheitsmäßig den Abend als unsere Entspannungszeit betrachten. Daraus wird jetzt aber nichts. Warum also nicht die Entspannungsphase einfach vorverlegen? Ruhen Sie sich unbedingt aus, während Ihr Baby tagsüber schläft, vor allem am Nachmittag. Das ist jetzt wichtiger als alles andere. Machen Sie sich klar, dass Sie nun mal gerade einen Job haben, dessen Hauptarbeitszeit zwischen 18 und 23 Uhr liegt.

Abendliches »Cluster-Feeding«

Das »gehäufte Trinken« ist typisch in diesem Alter und bringt normalerweise Ruhe in die jetzt oft unruhigen Abende. Auch die berühmt-berüchtigte abendliche Schreistunde, ebenfalls typisch in dieser Phase, entfällt oft durch das Cluster-Feeding. Viele Mütter berichten uns: »Ich bleibe ab 18 Uhr einfach mit dem Baby sitzen und brauche auch den BH gar nicht mehr zu schließen, denn mein Kleines trinkt am liebsten jede halbe Stunde«. Falls Sie nicht stillen: Pre-Nahrung dürfen Sie das Baby trinken lassen, so viel es möchte. Wir haben jedenfalls die Erfahrung gemacht, dass Babys tatsächlich schneller einen besseren Nachtschlaf entwickeln, wenn Mütter das gehäufte Trinken am Abend fördern.

Mehr Schlaf von Anfang an

Nächtliche Mahlzeiten sind jetzt noch unvermeidlich, es lohnt sich also überhaupt nicht, abzuwarten, bis das Weinen des Babys sich in eine höhere Tonlage hineingesteigert hat. Dadurch wird das Kind nur viel wacher und braucht wesentlich länger, um wieder einzuschlafen. Doch es gibt zum Glück einige Tricks, wie Sie und Ihr Baby gemeinsam die anstrengende Zeit besser überstehen können.

Den Tag-Nacht-Rhythmus betonen

Die Umstellung auf unseren Tag-Nacht-Rhythmus kommt bei Babys ganz von allein. Aber Sie können Ihrem Kind dabei helfen, indem Sie den natürlichen Unterschied zwischen Tag und Nacht spürbar machen. Das heißt, dass Sie tagsüber mit Ihrem Baby plaudern, singen, spazieren gehen und auch wenn Ihr Kleines gerade schläft, sich in normaler Lautstärke weiter unterhalten sowie das Zimmer nicht abdunkeln. Nachts dagegen gibt's Gespräche nur im Flüsterton und höchstens Dämmerlicht. Am besten eignen sich kleine Nachtlämpchen, damit Sie das Nötigste sehen können. Sie dürfen beim nächtlichen Stillen ruhig »unkommunikativ« sein. Dasselbe gilt fürs Wickeln. Auch Schmusen und Spielen sollten Sie bleiben lassen, denn beides macht das nächtliche Wachsein für Ihr Kleines attraktiv. Verrichten Sie nachts also nur das Nötigste und das in aller Kürze und Stille.

Weniger ist mehr

Gewöhnen Sie sich an, vor dem Zubettgehen alles bereitzulegen, was Sie nachts für die Versorgung Ihres Babys brauchen könnten. In den ersten Monaten nach der Geburt muss Ihr Kind genau wie tagsüber nachts noch bei jeder Mahlzeit gewickelt werden. Bleiben Sie dabei möglichst im selben Raum und sparen Sie sich jeden Weg. Sobald Ihr Baby nachts nicht mehr groß in die Windel macht, braucht es auch nach der Stillmahlzeit nicht mehr gewickelt zu werden. Geben Sie ihm statt dessen beim letzten Wickeln am späten Abend, bevor Sie selbst schlafen gehen, eine extra dicke Nacht-Windel, die bis zum Morgen dichthält.

Wenn Väter regelmäßig eine Nachtschicht übernehmen, hilft das ihrer Partnerin und stärkt gleichzeitig die Verbindung zum Kind.

Papas Nachtschicht

Eine weitere Möglichkeit, wie Sie zu etwas mehr Schlaf kommen, wäre, dass Sie und Ihr Partner nicht gemeinsam, sondern abwechselnd mit dem Baby zusammen schlafen. Das sieht am Anfang so aus: Wenn Papa »Nachtschicht« hat, schläft Mama auf einer guten Matratze in einem anderen Zimmer (bei sehr kleiner Wohnung eventuell mit Ohrstöpsel). Das Baby weckt den Vater, er bringt es zum Stillen zur Mutter und nimmt es direkt danach wieder mit. Dann wickelt er es und legt sich wieder mit ihm schlafen. Es ist erstaunlich, wie viel mehr Schlaf Sie bekommen, wenn Sie nicht schon beim ersten Pieps des Babys aufwachen und während des Stillens fast schon wieder einschlafen können, weil Sie wissen, dass Ihr Partner das Baby anschließend versorgt. Im Laufe der Nacht kommt da einiges zusammen – und das kommt Ihrer nervlichen Verfassung und damit der Milchbildung zugute. Der Partner könnte solche Nachtschichten vielleicht am Wochenende übernehmen, wenn er den versäumten Schlaf tagsüber nachholen kann. Je nach beruflicher Belastung lässt sich der vorübergehende Schlafmangel vielleicht auch jede zweite Nacht verkraften und mit der vollkommen ungestört durchschlafenen Nacht dazwischen ausgleichen.

> **Gesund und entspannt schlafen**
> Als beste Zimmertemperatur zum Schlafen gelten für kleine Babys rund 18 °C. Wichtig ist, dass kein Luftzug herrscht und kein Fenster Kälte abstrahlt. Vor der Nacht gut durchzulüften (Stoßbelüftung) ist jetzt besser, als ein Fenster die ganze Nacht gekippt zu halten, das gilt vor allem in kalten Winternächten. Wenn Sie die Luft als zu trocken empfinden, hängen Sie feuchte Tücher auf.
> Das Baby soll im Bett zwar nicht schwitzen, aber warm genug sollte ihm schon sein. Wenn es friert, schläft es wesentlich unruhiger, außerdem wird der Organismus auch krankheitsanfällig. Ob Ihr Baby beim Schlafen die ideale Körpertemperatur hat, spüren Sie, wenn Sie die Stelle unterhalb des Nackens berühren: Die Haut zwischen seinen Schulterblättern sollte sich angenehm warm, aber nicht schwitzig anfühlen.
> Ein langärmeliges Hemdchen und ein langes Höschen beziehungsweise ein weicher Strampler sind die richtige Nachtwäsche für Ihr Baby rund ums Jahr, im Sommer aus kühlerem und im Winter aus wärmerem Stoff. Darüber können Sie ihm einen Baumwollschlafsack anziehen, der im Winter gefüttert ist. Oder Sie decken Ihr Kind, wenn Sie sich beide damit wohler fühlen, mit einer leichten Decke zu. Aber verzichten Sie auf Feder- und Daunenbettzeug.

Einschlafen für Anfänger

Muss ein Baby alleine im Bettchen liegend einschlafen, damit es durchschlafen lernt? Das hören noch heute viele Eltern, doch diese Hypothese wurde nie bewiesen. Sie besagt, dass das Einschlafen mit einer »Assoziation« verbunden sei, von der das Baby abhängig würde: Nur wenn es alleine im Bettchen liegend einschliefe, könne es auch nachts wieder alleine in den Schlaf zurückfinden.
Unsere Erfahrung in der Beratungspraxis bestätigt diese Hypothese nicht. Generell zählen wir ebenso viele Kinder, die nachts stündlich aufwachen, obwohl sie gewohnt sind, beim Einschlafen alleine im Bettchen zu liegen,

Die ersten drei Monate

wie Kinder, die jede Nacht durchschlafen, nachdem sie in beruhigender Körpernähe eingeschlafen sind. Tatsächlich gibt es zahlreiche Gründe, warum Babys nachts mehrmals aufwachen und nicht alleine wieder in den Schlaf finden, doch der liebevolle Körperkontakt beim Einschlafen ist kein Grund für Schlafprobleme.

Körperkontakt als Einschlafhilfe

Babys müssen auch nicht »lernen«, wie das Einschlafen geht, um es für immer zu können – das widerspricht sämtlichen Erkenntnissen über den menschlichen Schlaf. Dieser verändert sich im Laufe des Lebens und insbesondere im ersten Lebensjahr mehrmals. Vieles spielt hier mit, in erster Linie vererbte Faktoren in der allmählichen Reifung des Schlaf steuernden Nerven- und Hormonsystems. Wissenschaftlich ebenso wie empirisch bestätigt ist allein diese Tatsache: Je geborgener und sicherer ein Baby – und jeder Mensch – sich beim Einschlafen fühlt, desto besser ist es für einen ruhigen und tiefen Schlaf.

Für das erste Lebensjahr gilt uneingeschränkt: Das Einschlafen an der Brust oder im Arm der Eltern hindert Kinder nicht am Durchschlafen!

Ihr Baby vergewissert sich

Den Grund für das tiefe Bedürfnis von Babys und Kleinkindern, im Körperkontakt einzuschlafen, erklärt die Evolutionsbiologie: Allein gelassen zu werden bedeutete für ein Baby unserer nomadisch umherziehenden Vorfahren Todesgefahr (siehe auch Seite 22). Die Geborgenheit heutiger Wohnungen hat sich dem menschlichen Nervensystem noch nicht eingeprägt, aus Sicht der Evolution besteht sie erst seit kurzer Zeit. In diesem Alter muss ein Baby seine Eltern – oder eine andere Bezugsperson – noch spüren, um zu wissen, dass es nicht alleine ist. Nur durch diese Sinneswahrnehmung, das Fühlen, kann sich ein Baby bis zu einem bestimmten Alter versichern, dass seine Eltern da sind. Nur dann weiß sein Nervensystem, das den Schlaf steuert: »Jemand ist bei mir, also bin ich in Sicherheit – ich kann mich wieder in den Schlaf fallen lassen«. Später genügt es dem Baby, seine Eltern zu sehen, nach der überstandenen Fremdelphase (siehe Seite 35) reicht es ihm, sie zu hören und wieder später genügt ihm das bloße Wissen, dass sie in der Wohnung sind.

Es ist also absolut nicht nötig, das Baby regelmäßig wach ins Bett zu legen, damit es »lernt«, alleine einzuschlafen. Sollte Ihr Baby aber zu denen gehören, die problemlos alleine in den Schlaf finden – zumindest zu bestimmten Tageszeiten – dann spricht natürlich auch nichts dagegen, es wach in sein Bettchen zu legen und in Ruhe zu lassen. Im Laufe der kommenden Monate wird sich das Einschlafverhalten Ihres Kindes wahrscheinlich immer wieder ändern, doch lesen Sie mehr dazu ab Seite 121.

ALLES FÜR GESUNDEN SCHLAF

Gepuckte Babys haben oft weniger Blähungen und schlafen besser ein. Bis zum fünften, sechsten Monat mögen viele Babys diese enge Begrenzung.

Liebevoll verpackt: Pucken

Manchen Babys bietet das Pucken ein willkommenes Gefühl von körperlichem Halt, wenn sie zum Schlafen abgelegt werden, andere mögen es nicht und zeigen das deutlich. Wenn Ihr Kind das Pucken genießt, fühlt es sich durch den festen Widerstand vielleicht in die Geborgenheit des Mutterleibs zurückversetzt. Oder es kann gepuckt die Rückenlage beim Schlafen besser akzeptieren, während es eigentlich lieber ungepuckt in Bauchlage schlafen würde. **So funktioniert's:**
Schlagen Sie die obere Ecke des Tuchs nach innen um und legen Sie Ihr Kind darauf. **1** Legen Sie die untere Ecke des Tuchs über die rechte Schulter Ihres Babys **2** und klemmen es unter der Schulter fest. Legen Sie die rechte Tuchecke straff über Babys Körper **3** und schlagen Sie das Tuch unter seiner linken Körperseite ein. Dann legen Sie die linke Tuchecke ebenfalls straff um seinen Körper und schlagen sie unter der rechten Körperseite ein. **4**

Pucken

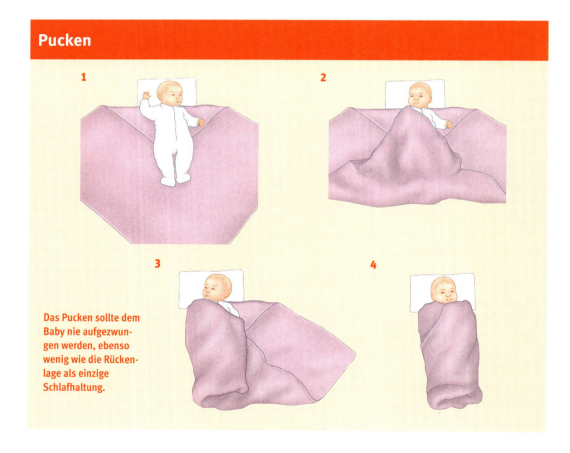

Das Pucken sollte dem Baby nie aufgezwungen werden, ebenso wenig wie die Rückenlage als einzige Schlafhaltung.

120

Vierter bis achter Monat

In diesem Alter sind Babys längst an den Tag-Nacht-Wechsel gewöhnt und haben die längeren Schlafphasen in die Nacht verlegt. Und doch kommen jetzt die anstrengendsten Nächte, denn vom fünften oder sechsten Lebensmonat an ist der Babyschlaf oft ganz schön unruhig. Es passiert jetzt ständig etwas Neues und Aufregendes in der Entwicklung, davon bleibt der Schlaf leider nicht unberührt. Dabei treibt uns kaum etwas so schnell an den Rand der Erschöpfung wie schlaflose Nächte. Doch können Sie zum Glück einiges tun, um sich die Situation zu erleichtern.

»Und, schläft es schon durch?«

Keine andere Frage hören Eltern im ersten Lebensjahr ihres Kindes häufiger. Das Durchschlafen gilt als Maßstab für frühe Selbstständigkeit und diese Eigenschaft ist eine der höchst geschätzten in unserer Kultur. Interessanterweise entwickelt sich echte Eigenständigkeit am schnellsten, wenn Eltern sie nicht zu früh einfordern, sondern sich erst einmal darauf konzentrieren, ihrem Baby Geborgenheit zu vermitteln. Neue Studien zeigen, dass für die Stärkung der Bindungssicherheit die Erfahrungen, die Babys in der Nacht machen, ganz wesentlich sind, denn dies ist die Zeit, in der sie ihre Eltern am stärksten brauchen und am stärksten überfordert sind, wenn sie allein gelassen werden.
Die gängigen Vorstellungen, dass ein Baby schon recht früh durchschlafen müsste, stimmen mit der Realität recht wenig überein. Es ist wichtig, realistische Erwartungen zu haben, damit Sie sich die Nächte nicht schwerer machen, als sie eh schon sind. Statistisch gesehen wachen die meisten Babys im gesamten ersten Lebensjahr so gut wie jede Nacht mehrmals auf. Im Alter von drei Monaten zwei bis drei Mal pro Nacht, mit neun Monaten rund fünf Mal und mit zwölf Monaten wieder zwei bis drei Mal. Und auch von den Kleinkindern weckt mindestens jedes Dritte auch mit zweieinhalb Jahren nachts noch regelmäßig seine Eltern.

Warum Babys aufwachen

Babys haben ein anderes Schlafprogramm, in dem noch keine langen Tiefschlafphasen vorgesehen sind, es gibt im ersten Lebenshalbjahr noch nicht mal einen wirklich tiefen Schlaf. Obwohl manche Babys ihre Eltern während der ersten Monate wochenlang mit nächtlichen Durchschlafphasen verwöhnen, ist damit durch die vorangeschrittene Bewusstseinsentwicklung auch bei diesen wenigen Babys meist im vierten oder fünften Monat wieder Schluss. Der Grund: Alle Babys haben einen inneren Drang, sich nachts mehrmals zu vergewissern, dass sie bei ihren Eltern sind. Der Kinderarzt und Evolutionsbiologe Dr. Renz-Polster erklärt das mit dem Schutzbedürfnis, das im Laufe der menschlichen Entwicklung immer eine entscheidende Rolle gespielt hat und das auch heute noch wirkt. Weil die Säuglinge unserer Vorfahren ohne schützende Nähe von Erwachsenen im Dunkel der Nacht schnell das Opfer von Säbelzahntigern, Bären und Giftschlangen geworden wären, empfinden auch unsere Babys nächtliches Alleinsein noch als lebensbedrohlich. Der leichte Schlaf und das häufige Aufwachen, das typisch ist für den Lebensanfang, kann als kluger Schachzug der Evolution gesehen werden, um das Überleben von Nachkommen zu sichern. Deshalb protestieren Babys, wenn sie sich nachts alleine fühlen. Ansonsten stören sie nicht groß – sie spüren ihre Mutter, trinken kurz und schlummern sofort beruhigt wieder ein. Sofern sie neben ihrer Mutter schlafen dürfen. Und solange nicht etwas anderes erschwerend hinzukommt.

Typische Schlafräuber

Im Normalfall kommen spätestens ab dem zweiten Lebenshalbjahr einer oder mehrere der folgenden Faktoren dazu.

Die ersten Zähnchen

So gut wie alle Babys sind nachts unruhiger, wenn sich ihre ersten Zähnchen ankündigen oder durchbrechen, denn es gehört zum Charakter von Zahnungsbeschwerden, dass sie mit einer nächtlichen Verschlimmerung einhergehen. Das Nervensystem ist belastet, der Schlaf leicht und ruhelos. In der Akutphase haben manche Kinder nachts auch Schmerzen. Lesen Sie auf Seite 159, was zahnenden Babys hilft. Zahnungsbeschwerden begleiten manche Babys viele Monate lang. Als Eltern erkennen Sie es erst mit zunehmender Erfahrung: Die Nächte werden schlechter und schlechter, dann bricht ein Zähnchen durch und in den folgenden Nächten herrscht auf einmal schlagartig Ruhe. Glücklich schläft die ganze Familie durch. Bis der nächste Zahn zu schieben beginnt ...

Die Bewegungsentwicklung

Motorische Meilensteine erreicht ein Baby nicht ohne Eifer. Er durchströmt den ganzen Organismus des Kindes und lässt die kleine Seele auch nachts nicht los – im Traumschlaf wird das tagsüber Geübte unermüdlich weiter-

Der leichte Schlaf Ihres Babys ist von der Evolution vorgesehen. Es ist ganz normal, dass Ihr Kleines nachts noch öfters aufwacht.

verfolgt und die gemachten Erfahrungen, die bewährten Bewegungen, die erfolgreichsten Lernschritte werden noch einmal nachvollzogen, um das Erfahrene so einzuspeichern, dass es künftig der Erinnerung zugänglich wird. Lernen heißt erinnern, erinnern heißt wissen. Das Baby erinnert sich, welche Bewegungen es machen muss, wie es sich strecken und wie es sich beugen muss, um vorwärts zu kommen, um zu krabbeln. Es muss nicht täglich ganz von vorne beginnen, es kann auf seine Erinnerungen zurückgreifen, es hat bereits etwas gelernt. Für diesen zweiten Schritt des Lernens, das Abspeichern der Erfahrungen in die Gehirnebene der Erinnerung, ist der Traumschlaf da. Deshalb ist der Traumschlaf ein unruhiger Schlaf – das Gehirn ist dabei sehr aktiv. Und wenn Sie sich daran erinnern, dass von jeder Stunde, die ein Baby schläft, fast eine halbe dem Träumen gewidmet ist (siehe Seite 111), dann wissen Sie, warum der Schlaf Ihres Babys in dieser Entwicklungsphase insgesamt besonders unruhig ist.

Hunger in der Nacht

Eigentlich kann man davon ausgehen, dass ein Baby im zweiten Lebenshalbjahr alt genug ist, um nachts für sechs bis acht Stunden keinen Hunger mehr zu haben, weil es jetzt grundsätzlich seinen größten Nahrungsbedarf im Laufe des Tages decken könnte. Doch es gibt ein paar Gründe, warum es dennoch nachts vor Hunger erwacht.

- **Zu viel Ablenkung:** In dieser Entwicklungsphase gibt es für viele Babys tagsüber so viel zu erleben, dass sie keine Zeit mit Trinken vergeuden mögen und erst nachts entspannt genug sind, sich ausreichend zu sättigen. Leider gibt es kein evolutionsbiologisches Programm, das Babys dazu antreibt, ihren Kalorien- und Nährwertbedarf tagsüber zu stillen. Wann sie sich holen, was sie brauchen, scheint den Kleinsten ganz egal zu sein. Sie haben kein Bewusstsein davon, dass es eigentlich auch für sie besser wäre, ausgeschlafene Eltern zu haben. Also müssen die Eltern ihrem Baby in diesem Alter helfen, sich tagsüber zu sättigen. Denn der dicke Abendbrei bringt meistens nichts. Zwar können Babys noch gut mit vollem Bauch schlafen, aber je dicker der Brei, desto stärker der darauf folgende Durst. Die Lösung liegt darin, dass Ihr Baby nicht erst kurz vor dem Schlafengehen, sondern schon den ganzen Tag über, von morgens bis abends, ausreichend Muttermilch- oder Formulamilchmahlzeiten zu sich nimmt. Wie Sie dabei vorgehen, lesen Sie ab Seite 95 im dritten Kapitel.

- **Einführung von Beikost:** Ab dem sechsten Monat kann die Einführung der Beikost bei Babys zu nächtlichem Hunger führen, da Säuglinge meist nicht in der Lage sind 100 g Karottenpüree zu essen, geschweige denn 200 g, die sie essen müssten, um annähernd die gleiche Kalorienmenge zu erhalten, die sie mit der Muttermilch bekommen (siehe auch Seite 104). Solange Ihr Baby nachts aufwacht, um an der Brust zu trinken, sollten Sie es tagsüber noch in kurzen Abständen stillen, auch wenn es zu den »guten Essern« gehört. Verteilen Sie Babys Gemüsebrei lieber auf mehrere kleine Zusatzmahlzeiten, anstatt eine Brustmahlzeit dafür zu streichen.

- **Macht der Gewohnheit:** Viele Gründe können dazu führen, dass das Baby nachts auf einmal wieder häufiger aufwacht – und die Brust ist immer der schnellste und effizienteste Weg zurück in den Schlaf. Einziger Nachteil: Ab dem sechsten/siebten Monat gewöhnt sich das Baby dabei leicht an die nächtlichen Mahlzeiten. Jetzt ist die »innere Uhr« reif genug, sich Regelmäßigkeiten zu merken. Weil das autonome Nervensystem aber den Appetit steuert und darauf achtet, dass das Baby sich nicht überfüttert, wird der Appetit tagsüber gedämpft, sobald nächtliche Mahlzeiten zur Regel werden. Was können Sie tun? Immer wenn Ihr Baby nachts richtig trinkt, dann braucht es diese Mahlzeit auch, denn die Gesamtmenge, die Ihr Kind im Verlauf von 24 Stunden trinkt, entspricht genau seinem Bedarf. Was helfen Statistiken, die besagen, dass das Baby für nächtliche Mahlzeiten jetzt eigentlich zu alt ist? Gewohnheit geht vor. Wenn Sie jede Nacht um drei Uhr ein Käsebrot essen, wird Ihr Organismus diese Kalorienzufuhr schnell einkalkulieren und dafür sorgen, dass Sie nachts um drei vor Hunger aufwachen. Denn Sie werden tagsüber unmerklich entsprechend weniger gegessen haben. So ist es auch beim Baby. Der Anteil seines Gesamtbedarfs, den es nachts getrunken hat, muss wieder in den Tag gelegt werden. Sorgen Sie zuerst dafür, dass Ihr Baby tagsüber wieder mehr trinkt (siehe Seite 98/99). Führt das nach ein paar Wochen nicht von selbst dazu, dass das Baby nächtliche Mahlzeiten reduziert oder auslässt, hilft Papas nächtlicher Einsatz (siehe Seite 132), dem Kind bei der schmerzfreien Umgewöhnung.

Muttermilch ist wegen ihres hohen Nährwerts als Nahrungsquelle immer noch enorm wichtig.

Vierter bis achter Monat

Bessere Nächte: Mama und Baby im selben Bett

Mütter, die gemeinsam mit ihrem Baby im selben Bett schlafen, erleben ein viel geringeres Schlafdefizit als Mütter, die nachts mehrmals aufstehen. Denn durch die nächtliche Nähe passen sich die Schlafzyklen von Mutter und Kind an, sodass die Mutter nicht aus dem Tiefschlaf geweckt wird, wenn das Baby aufwacht – das ist entscheidend für die erholsame Wirkung des Schlafs. Aus dem Tiefschlaf gerissen zu werden ist extrem unangenehm, viele Mütter können danach nur schwer wieder einschlafen. Videostudien von Mutter und Baby im selben Bett zeigen, dass sich ihr Schlafverhalten zunehmend aufeinander einstellt. Sowohl im Schlaflabor als auch im eigenen Bett legen sich schlafende Mütter unbewusst in Positionen, die das Baby schützen, beide bewegen sich je nach Körpertemperatur aufeinander zu und voneinander weg, und das Baby kann die Brust nehmen und gestillt werden, ohne dass es selbst oder die Mutter vollständig aufwachen müsste.

Dream-Feeding am späten Abend

Nehmen wir an, Ihr Baby hatte um 19.30 Uhr seine letzte Mahlzeit und schläft um 20 Uhr ein. Sobald es in der Lage ist, sechs Stunden durchzuschlafen, tut es das – wie fast alle Babys – wahrscheinlich ab 20 Uhr. Es schläft wunderbar bis 2 Uhr morgens durch. Von da ab wacht es wieder alle drei Stunden auf, um kurz zu trinken. Wenn Sie selbst wie gewohnt am späten Abend zu Bett gegangen sind, haben Sie also leider überhaupt nichts von diesem großen, lange herbeigesehnten Entwicklungsschritt Ihres Kindes – Sie werden weiterhin um 2 Uhr geweckt und erneut um 5 Uhr. Sie bekommen nicht mehr Schlaf am Stück als vorher.

Deshalb lautet unser erster Rat für mehr Eltern-Schlaf in dieser Entwicklungsphase: Geben Sie dem Baby grundsätzlich immer eine Mahlzeit, bevor Sie selbst schlafen gehen! Wenn Sie Ihr Baby ausgiebig stillen, direkt bevor Sie selbst zu Bett gehen, hat dies drei große Vorteile für Sie:

1. Sie werden nicht schon kurz nach dem Einschlafen wieder vom Baby geweckt. Erwachsene sind ja innerhalb der ersten zwei Stunden im tiefsten Stadium des Tiefschlafs, wo das Aufwachen besonders schwer fällt. Wenigstens einmal pro Nacht lässt es sich also vermeiden, vom Baby aus dieser Schlafphase geweckt zu werden.

2. Sie sorgen auf diese Weise dafür, dass Sie auch etwas davon haben, wenn Ihr Baby endlich einmal sechs Stunden durchschlafen kann. Hat Ihr Baby

> **Dream-Feeding**
> Babys sieht man es leicht an, wenn sie gerade träumen: Sie atmen dann unregelmäßig, manchmal huscht ein Lächeln über ihr Gesicht, oder sie verziehen die Mundwinkel, als ob sie weinen wollten und ihre Augen bewegen sich deutlich unter den Lidern. In dieser Schlafphase können Babys trinken. Im traumlosen Schlaf ist das nicht möglich, denn dabei werden motorische Impulse blockiert. Im Traumschlaf können Sie Ihr Baby anlegen und trinken lassen. So stellen Sie sicher, dass es satt genug bleibt, um die nächsten drei bis vier Stunden zu schlafen – oder noch länger, sobald es von seiner Schlafentwicklung her reif genug dafür ist.

um 22.30 Uhr, bevor Sie selbst schlafen gehen, seine letzte Mahlzeit und schläft schon bald von 23 Uhr an sechs Stunden durch, dann fallen diese sechs Stunden in Ihre eigene Schlafenszeit.

3. Ihr Baby bleibt morgens länger satt, wenn es groß genug ist, um nachts durchzuschlafen. Viele Mütter leiden darunter, dass die Nacht um 5 Uhr morgens vorbei ist, weil das Baby aufwacht und Hunger hat. Für ein knapp einjähriges Kind ist es eine große Leistung, von 19.30 bis 5 Uhr ohne Mahlzeit auszukommen. Wenn die Eltern trotzdem gern bis 7 Uhr schlafen möchten, führt kein Weg daran vorbei, das Baby noch einmal zu stillen, bevor sie selbst schlafen gehen.

Am besten fügt sich diese Praxis in Ihren Alltag ein, wenn Sie die Mahlzeit beibehalten, die Ihr Baby anfangs immer gegen 22 oder 23 Uhr hatte – lassen Sie es also von Anfang an nicht zu, dass es diese Mahlzeit verschläft. Sie brauchen es dafür nicht einmal aufzuwecken, denn das Baby kann im Traumschlaf trinken. Sollte es dennoch aufwachen, ist auch nichts passiert, es wird einfach nach dem Trinken wieder weiterschlafen.

Allmählich können Sie den Zeitpunkt für diese späte Abendmahlzeit fließend an Ihrer üblichen Bettgehzeit orientieren: Wenn Sie normalerweise um 23 Uhr schlafen gehen, ist 22.30 Uhr der beste Zeitpunkt, um Ihr Baby noch einmal ausgiebig zu stillen. Tun Sie das jeden Tag um diese Zeit, egal, wann es davor zuletzt getrunken hat. Diese Mahlzeit am späten Abend kann die einzige sein, welche täglich zur selben Zeit stattfindet.

Babys müssen normalerweis nach der Traumschlafmahlzeit kein Bäuerchen machen und können gleich weiterschlafen.

Papas Nachtschicht

Ab dem vierten Monat kann das Baby auch einmal eine Mahlzeit aus abgepumpter Muttermilch bekommen – vom Papa aus der Flasche – und die Mutter kann endlich einmal wieder fünf bis sechs Stunden am Stück schlafen. Wenn Sie tagsüber beispielsweise nach jedem Stillen den Rest der Milch abpumpen (siehe Seite 96), kommt im Laufe des Tages sicher genug für eine Nachtmahlzeit zusammen. Die Milch wird am besten in einem Babyfläschchen angesammelt und im Kühlschrank frisch gehalten. Nachts bringt der Vater sie dann im Flaschenwärmer auf Trinktemperatur, sobald sich das Baby meldet. Dauert das Milcherwärmen für das Baby zu lang, kann es schon mal ein wenig Tee bekommen, um die Wartezeit zu überbrücken. Tee darf die ganze Nacht in der Thermoskanne auf Trinktemperatur gehalten werden. Am besten funktioniert so eine Nachtschicht, wenn Sie als Papa das Baby bereits ins Bett bringen oder daran zumindest beteiligt sind. Natürlich müssen Sie den versäumten Schlaf anderntags per Mittagsschlaf nachholen können, also erfolgt Ihr Einsatz vermutlich nur vor arbeitsfreien Tagen. Aber selten ist besser als gar nicht, denn es ist die wichtigste Hilfe für übernächtigte Mütter und unterstützt ein harmonisches Familienleben.

Einschlafen: Braucht das Baby schon ein Einschlaf-Ritual?

Rituale sind schön, nur: Sie dauern oft zu lang. Wenn ein kleines Baby zeigt, dass es müde ist, ist es höchste Zeit fürs Bett. Ist dieser Punkt verpasst, beginnt oft das Geschrei und das Baby kann vielleicht erst eineinhalb Stunden später wieder einschlafen. Viele Eltern machen die Erfahrung, dass ihre Babys nach dem nett ausgedachten Gute-Nacht-Ritual mit Liedern und Geschichten und Bärchenküssen plötzlich wieder putzmunter sind. Dann hat es schlicht zu lang gedauert.
Der Sinn eines Einschlaf-Rituals ist es, das Baby auf den Schlaf einzustimmen. Im jetzigen Alter braucht es dafür noch nicht mehr als eine vollkommen gleichbleibende Abfolge der Bettgeh-Zeremonie: Ausziehen, Waschen, Wickeln, Schlafanzug anziehen, Stillen – wiederholen Sie Abend für Abend dieselben Schritte in genau derselben Reihenfolge und nie andersherum. Das erhöht den Wiedererkennungswert und das Baby kann sich bald schon intuitiv darauf einstellen, was als Nächstes kommt. Vielleicht singen Sie zum Abschluss noch leise das immer gleiche Lied, das dauert nicht länger als zwei Minuten und genügt vollkommen. Dabei erleichtern ganz simple, abfallende Melodien, die sich stetig wiederholen, Ihrem Kind den Weg in den Schlaf. Beispiel für ein ideales Wiegenlied ist »Schlaf, Kindlein, schlaf«. Richtige kleine Rituale werden wichtiger, je älter das Baby wird. Im Kleinkindalter machen sie am meisten Spaß.

Schlaf am Tag

Tagsüber verändert sich der Schlaf Ihres Babys in diesem Alter wahrscheinlich mehr als in der Nacht. Zwischen dem Aufstehen am frühen Morgen und dem Zubettgehen am Abend halten die meisten Babys mit vier Monaten noch drei bis vier Nickerchen von unterschiedlicher Dauer. Mit fünf oder sechs Monaten sind es normalerweise nur noch drei Tagesschläfchen und mit sieben oder acht Monaten eines Tages nur noch zwei. Damit beginnt zum ersten Mal im Leben Ihres Kindes ein Rhythmus, den es länger als wenige Wochen beibehält. Tagsüber zweimal schlafen wird es nun mindestens vier Monate lang – so einen festen Rhythmus hat es bis dahin noch nie gehabt.

In der Umstellungsphase der Tagesschläfchen kann die Stimmung Ihres Babys stark variieren. Haben Sie vor allem Geduld mit ihm!

Viel Geduld bei der Umstellung

Die Umstellung verläuft nicht unbedingt problemlos, denn das Alte funktioniert nicht mehr und das Neue noch nicht. Beginnt Ihr Baby beispielsweise, statt dreimal täglich nur noch zweimal täglich zu schlafen, wird es eines Tages zur gewohnten Zeit nicht mehr einschlafen können. Das heißt aber nicht unbedingt, dass es munter und vergnügt bleibt, sondern es kann ganz schön quengelig und verzweifelt werden, bis es schließlich eine Stunde später in den Schlaf findet. Am nächsten Tag klappt vielleicht alles wieder wie gehabt, am dritten Tag dagegen nicht ... und so weiter. Allmählich setzt sich die neue Entwicklung durch und die Tage, an denen es nur noch zweimal schläft, überwiegen. Bald darauf sind die Zeiten mit dreimal Schlafen vollends verschwunden. Verzweifeln Sie in solchen Umstellungsphasen nicht: Sie haben nichts falsch gemacht, der Schlaf stellt sich einfach nur um, und bald ist die anstrengende Zeit überstanden.

Manchmal kann es helfen, sich sozusagen auszuklinken und den Posten des »Schlafmanagers« an Ihr Kind zu übergeben: Wenn es zu müde ist, um noch Spaß auf der Spieldecke zu haben – ab ins Tragetuch mit ihm, am besten auf dem Rücken. Da kann es dann schlafen oder nicht, während Sie jetzt wunderbar Hausarbeiten erledigen können. Hat das Baby sich dort ausgeruht und ist wieder bei Kräften, dann legen Sie es erneut auf seine Spieldecke. In diesem Wechsel kommen Sie sicher entspannter durch den Tag.

Trösten oder weinen lassen?

Wenn Ihr Baby schreit, dürfen Sie sicher sein, dass es nicht die Absicht hat, Sie zu manipulieren. Das würde eine sehr komplexe Gehirnfunktion voraussetzen, von dieser Reife ist Ihr Kind noch weit entfernt. Mit sieben oder acht Monaten kennen sich Babys schon recht gut aus in ihrer Welt – und das merkt man ihnen auch an – aber »böse« Absichten stehen ihnen noch nicht zur Verfügung. Wenn Ihr Kind in diesem Alter verzweifelt schreit, dann ist es verzweifelt. Wenn Ihr Baby auf Ihrem Arm jedoch nur mehr oder weniger vor sich hinweint, egal ob Sie ruhig mit ihm auf und ab gehen, ihm ein Schlaflied singen oder mit ihm auf dem Pezziball hopsen – dann könnte es eine gute Idee sein, es auch einmal abzulegen. Manchmal ist dieses Weinen aus Müdigkeit ein Weg, um in den Schlaf zu finden. Es wird dann nicht intensiver, wenn Sie das Baby ablegen und in Ruhe lassen, sondern hört bald danach auf. Probieren Sie es ruhig einmal aus.

Brauchen Babys einen festen Rhythmus?

Manche Kinder kommen schon mit etwa sechs Monaten in ihrem gesamten Schlafverhalten durcheinander, wenn sie tagsüber nicht immer zur selben Zeit schlafen können – etwa weil sie am Dienstag wegen eines Babyschwimmkurses vorzeitig geweckt werden und am Donnerstag durch einen Arztbesuch ihr gewohntes Nickerchen nicht pünktlich beginnen dürfen. Dabei lässt sich so eine einmalige Ausnahme nicht immer verhindern. Wöchentlich stattfindende Kurse aber sollten möglichst in Übereinstimmung mit der »inneren Uhr« des Kindes geplant werden. Wenn Ihr Kind zu jenen gehört, die nicht jederzeit und überall leicht in den Schlaf finden, würde es ihm helfen, wenn Sie feste, ungestörte Schlafenszeiten einrichten – an allen sieben Tagen der Woche. Das hilft den meisten Kindern, die es schwer haben, sich den Schlaf zu holen, den sie brauchen. Durch die tägliche Gewohnheit stellen Babys ihre »innere Uhr« – die mit sechs Monaten einigermaßen ausgereift ist – auf diese Zeiten ein und dies hilft ihnen, genau dann müde und schlafbereit zu sein. So fällt das Einschlafen ein wenig leichter.
Für das nächtliche Durchschlafen ist ein fester Tagesrhythmus dann notwendig, wenn ein Kind jede Nacht zu ganz unterschiedlichen Zeiten wach wird. Das ist ein Symptom dafür, dass das Baby einen fester(en) Rhythmus braucht, um sich den nötigen Schlaf zu holen.

Neunter bis zwölfter Monat

Das Baby macht in diesem Alter große Entwicklungsschritte in der Motorik und im sozialen Verhalten – all diese Fortschritte können jedoch den Schlaf beeinträchtigen, besonders das Thema Fremdeln: Wenn das Kind erkennt, dass »ich« etwas anderes ist als »du«, entwickelt es oft massive Trennungsängste (siehe auch ab Seite 35). Sobald aber der nächste Entwicklungsschritt gelungen ist, fällt das Einschlafen sicher wieder leichter. Beim Durchschlafen nachts gibt es noch dieselben Schlafhindernisse, die wir im letzten Kapitel beschrieben haben, vielleicht kommen sie jetzt erst so richtig zum Tragen (siehe Seite 122). Wichtig bleibt das Dream-Feeding am späten Abend (siehe Seite 125). Der Schlaf am Tag hat sich auf zwei Schläfchen reduziert – aber die müssen unbedingt sein.

Das abendliche Einschlafritual

Ihr Baby ist in diesem Alter stark damit beschäftigt, Gesetzmäßigkeiten und Muster zu erkennen – wie zum Beispiel gleichbleibende Abläufe. Bei allen Kindern nimmt das angenehme, Sicherheit vermittelnde Gefühl zu, sich

Beenden Sie Tobespiele mit Ihrem Baby etwa eine Stunde vor dem eigentlichen Zubettgehen, sonst ist es zu aufgedreht, um einschlafen zu können.

Übergang in die Nacht

Machen Sie die letzte Stunde des Tages für Ihr Kind zu einer friedlichen und gemütlichen Zeit des Zusammenseins, in der es ganz besonders viel Liebe und Geborgenheit tanken kann. Das erleichtert ihm den Abschied vom Tag und den Übergang in die Nacht. Tobespiele werden am besten rund eine Stunde vor dem Zubettgehen beendet, sonst ist Ihr Kind zu aufgedreht, um gut in den Schlaf zu finden. Aber solche »wilderen« Spiele können sehr gut den ersten Teil des Abends bilden, vor allem, wenn sie sich an das Nach-Hause-kommen des berufstätigen Elternteils anschließen. Dann freut sich das Baby schon darauf, sobald es Mama oder Papa heimkommen hört. Zuletzt kommt das kleine Bettgeh-Ritual im Schlafzimmer: Vielleicht sagen Sie zuerst dem Lieblingsstofftier Gute Nacht, dann legen Sie Ihr Baby hin, decken es zu, singen ihm ein kleines Schlaflied vor und machen seine Spieluhr an, bevor Sie das Licht löschen, hinausgehen und die Tür einen Spalt offenlassen. So ist für Ihr Kleines ganz klar: Jetzt ist Schlafenszeit.

auszukennen, wenn es möglichst viele unwandelbare Abläufe in ihrer Tagesroutine gibt. Wenn Sie Ihrem Baby zum Beispiel Jacke und Mütze anziehen, weiß es jetzt schon sehr gut, was das bedeutet: Gleich geht's raus an die frische Luft. Wenn Sie auch den letzten Teil des Abends konstant und vorhersehbar gestalten, hilft es Ihrem Kind, sich schon im Verlauf der letzten Aktivitäten innerlich auf die kommende Nacht einzustellen. Lassen Sie die Aktionen, mit denen Sie den Tag beenden, immer in derselben Reihenfolge ablaufen – zum Beispiel: Abendessen, Umziehen, Waschen, Wickeln, Zähneputzen, Hinlegen, Singen, vielleicht ein Gebet sprechen, Einschlafen. Jeder Teil dieses allabendlichen Ablaufs wird dabei zu einer Art Wegweiser, an dem sich das Bewusstsein Ihres Babys orientieren kann: Es weiß, das ist der Weg in den Schlaf. Jeder Schritt ist ihm vertraut und kündigt schon den nächsten vorhersehbaren Teil an. Das vermittelt Ihrem Kind etwas, das es vor der Nacht besonders braucht: Sicherheit und das Gefühl, auch im Schlaf vollkommen geborgen zu sein.

Einschlafen

Viele Mütter machen sich Sorgen, wenn Ihr Baby ausschließlich an der Brust einschläft oder tagsüber nur im Tragetuch oder im Kinderwagen in den

Schlaf findet. Dass kleine Babys und kleine Kinder oft die Körpernähe von Erwachsenen und/oder schaukelnde Bewegungen brauchen, um einschlafen zu können, ist jedoch nichts Besorgniserregendes, sondern ganz normal – das Nervensystem von Babys ist vorläufig einfach noch so gepolt, das gibt sich ganz von selbst. Also: Tragen, schaukeln, kuscheln Sie Ihr Kind in den Schlaf – und versuchen Sie diese Minuten auch als kleine Erholungspause für sich selbst zu nutzen. Legen Sie sich zu Ihrem Baby und machen Sie Ihre Entspannungsübungen oder autogenes Training, statt nervös darauf zu warten, dass es endlich einschläft. In diesen Minuten der tiefen Entspannung erholen Sie sich und haben danach viel mehr Energie für den Rest der Familie.

Durchschlafen

Sie dürfen durchaus sagen, dass Ihr Baby durchschläft, solange es nachts nur kurz sein Bedürfnis nach Nahrung und Nähe stillt und dann sofort weiterschläft. Denn das gehört zum typischen Schlafverhalten von Säuglingen und lässt mit der Zeit – nach individuellem genetischen Plan – ganz von selbst nach. Untypisch ist es hingegen, dass ein Kind jede Nacht für eine Stunde oder länger wach bleibt, nachdem es getrunken hat oder sogar umhergetragen wurde. Hier liegt also eine Störung vor, die Eltern fragen sich ganz richtig, wo die Ursache liegt und wie sie helfen können.

In den allermeisten Fällen liegt dieses Schlafverhalten einfach daran, dass das Kind, gemessen an seiner momentanen Entwicklungsphase, tagsüber zu viel schläft oder auch zu lange an einem Stück. Das ist nicht grundsätzlich verkehrt – solange die Nachtruhe nicht darunter leidet, darf Ihr Krabbelkind nachmittags auch drei Stunden schlafen. Aber wenn es eines Nachts wach liegt und nicht gleich wieder einschläft, dann sollten Sie als Erstes den Schlaf am Tag verkürzen. Gehen Sie dabei behutsam vor und wecken Sie es jeden Tag nur zehn Minuten früher auf, bis es nicht mehr länger als eine bis eineinhalb Stunden am Stück schläft – maximal zweimal täglich.

Papas Nachtschicht

Wenn Ihr Kleines nachts aufwacht und eigentlich nur sichergehen will, dass jemand da ist, spürt und riecht es in den Armen der Mutter natürlich die Brust und bekommt entsprechend Appetit darauf. Die Umgewöhnung des Babys funktioniert am leichtesten, wenn Sie als Papa nachts den Babydienst übernehmen, während Mama vorübergehend im Wohnzimmer schläft und Ohrstöpsel benutzt. Tun Sie also Ihr Bestes, damit es die Erfahrung machen kann, sich auch so wieder in den Schlaf zu mümmeln. Wichtig: Als Mutter sollten Sie keinesfalls einfach ins Zimmer kommen, weil Sie meinen, dass es jetzt ohne Sie nicht mehr geht. Warten Sie stattdessen, bis Papa mit dem Baby kommt oder Sie holt. Das ist für Ihr Kind wichtig, denn es muss wissen, wer wann zuständig ist – und auch für Ihren Partner, denn er braucht die Gewissheit, dass Sie ihm zutrauen, dass er alleine klarkommt.

Natürlich wird Ihr Baby die Flasche leichter akzeptieren, wenn sie ihm nicht völlig unbekannt ist. Ebenso wird es sich dabei wohler fühlen, wenn es schon daran gewöhnt ist, ab und zu vom Papa ins Bett gebracht zu werden. Aus dieser Strategie lässt sich eine »Kur« zum nächtlichen Abstillen machen: Verdünnen Sie den Flascheninhalt in winzigen Schritten mit Wasser. Vom Geschmack her wird Ihrem Kind kein Unterschied auffallen, aber sein Stoffwechsel wird bemerken, dass weniger Kalorien in der Nahrung waren und daher den Appetit am Tag hochfahren. Dann brauchen Sie Ihrem Baby nur noch tagsüber mehr Milchnahrung zu geben, und im Nu hat es sich nächtlichen Hunger wieder abgewöhnt.

Beispiel: Ihr Kind trinkt nachts bisher 150 ml Milch. Dann füllen Sie die Flasche in der ersten Nacht mit 140 ml Milch und 10 ml Wasser, in der zweiten mit 130 ml Milch und 20 ml Wasser, und so weiter (10 ml entspricht einem Esslöffel). Gleichzeitig bieten Sie dem Baby tagsüber häufiger Milch an, damit es entsprechend mehr zu sich nimmt. Das klappt oft sehr schnell.

Fehlender Schlaf lässt sich übrigens nachholen: Selbst die Folgen von chronischem Schlafmangel gleicht schon ein einmaliger Erholungsschlaf teilweise wieder aus – das hat ein internationales Forscherteam bestätigt. Eine tröstliche Information für alle Papas, die sich ihre Nächte zur Abwechslung einmal mit einem Baby um die Ohren schlagen.

Babys nächtlicher Hunger lässt sich verringern, wenn die abgepumpte Milch mit ein wenig frisch abgekochtem Wasser verdünnt wird.

Angstträume und Schreckgespenster

Die Welt, der das Kind im Schlaf begegnet, ist ein unbekannter Ort – und es muss sich ganz alleine dorthin begeben. Das Zubettgehen und Einschlafen erfährt ein kleines Kind deshalb immer auch als Trennung. Das Einschlaf-Ritual bekommt in diesem Alter eine neue Bedeutung. Wenn die Zeit vor dem Einschlafen eine Zeit der innigen Zuwendung ist, wo es die bedingungslose Liebe und den Schutz seiner Eltern spürt, wird das dem Kind helfen, sowohl gut in den Schlaf als auch gut durch die Nacht zu kommen. Ob Babys schon Albträume haben, ist nicht erwiesen, doch es wäre eigentlich kein Wunder, denn ein kleines Kind sammelt in seiner magischen Welt, deren Grenzen sich ständig erweitern, natürlich auch viele Eindrücke, die es erschrecken. Je selbstständiger Kinder auf die Welt zugehen, desto mehr begegnen sie fremden Menschen und Tieren und nehmen mit wachen Sinnen die erstaunlichsten Gegenstände wahr. Ob Ihr Kind von bösen Träumen aufgeschreckt wurde, erkennen Sie daran, dass es schreiend mitten aus dem Schlaf auffährt – also praktisch schon schreiend aufwacht und nicht erst kurz nach dem Aufwachen zu weinen beginnt – und sich relativ rasch beruhigt, wenn Sie es in den Arm nehmen und trösten.

So gehen Sie am Besten damit um:
- Kümmern Sie sich schnell um Ihr Kind, wenn es mitten in der Nacht zu schreien anfängt. Lassen Sie es so wenig wie möglich warten.
- Machen Sie Licht an, damit Ihr Baby leichter in die Realität zurückfindet.
- Tun Sie alles, was Ihrem Baby hilft, sich zu beruhigen. Nehmen Sie es in die Arme, sagen Sie ihm tröstende Worte oder summen Sie ihm eine besänftigende Melodie vor. Versuchen Sie vor allem selbst ruhig zu bleiben und Ihrem Kind das beruhigende Gefühl von Geborgenheit zu vermitteln.
- Für ein kleines Kind ist ein Traum genauso real wie die Wirklichkeit. Es hilft ihm nicht, wenn man ihm sagt, es sei doch »nur« ein dummer Traum gewesen. Bleiben Sie so lange bei Ihrem Kind, bis es sich beruhigt hat. Wahrscheinlich wird es dann bald weiterschlafen wollen.

Schlaf am Tag

Mit jedem Monat, den das Baby älter wird, ändert sich sein Schlafbedürfnis ein wenig – und somit auch sein Tagesrhythmus. Tagsüber sind die Wachphasen des Babys länger geworden und entsprechend mehr schläft es nachts. Mit neun Monaten schlafen Babys fast noch genauso viel wie mit sechs Monaten, aber der Vormittagsschlaf hat sich zugunsten der Nachtruhe verkürzt und bleibt in den Monaten danach eher konstant. Im Alter von sieben bis neun Monaten reduzieren Babys ihre Tagesschläfchen auf zwei, eines am Vormittag und eines am Nachmittag. Beim Einjährigen wird schließlich auch der Nachmittagsschlaf ganz allmählich kürzer, während die Nachtruhe noch ein wenig mehr zunimmt. Zusammen mit diesen Veränderungen ist auf einer tieferen Ebene etwas geschehen: In den Schlafzyklen zeigen sich ab etwa dem siebten Monat vier verschieden tiefe Stufen von Non-REM-Schlaf, so wie sie bei Erwachsenen per EEG zu erkennen sind. Das hilft dem Baby zwar nicht beim Einschlafen, aber sobald es richtig eingeschlafen ist, wird es phasenweise tiefer schlafen – es lässt sich dann nicht mehr so leicht von jedem kleinen Geräusch aus dem Schlaf reißen.

Das gesamte Schlafbedürfnis verringert sich zwischen sechs Monaten und dem ersten Geburtstag im Durchschnitt nur um etwa eine halbe Stunde.

Neunter bis zwölfter Monat

Wie zeigt sich Ihr Kind im wachen Zustand? Müde und unzufrieden 1 oder ausgeschlafen und neugierig-interessiert? 2

Babys Schlafbedarf

Der Schlafbedarf ist von Baby zu Baby sehr verschieden. Deshalb gilt: Es kommt nicht darauf an, wie viel Ihr Baby insgesamt schläft, sondern darauf, dass es so viel Schlaf bekommt, wie es seinem individuellen Bedürfnis entspricht. Lassen Sie sich nicht verunsichern, wenn die anderen Babys, die Sie kennen, mehr schlafen als Ihres. Ob Ihr Kind genug Schlaf bekommt, erkennen Sie daran, wie zufrieden und aufmerksam es sich in seinen Wachphasen zeigt. Ein Baby, das genug geschlafen hat, nimmt neugierig an allem in seiner Umgebung teil, es »unterhält« sich fröhlich mit seinen Eltern, es greift interessiert nach erreichbaren Gegenständen und übt mit Freude eifrig seine neuesten Bewegungsmöglichkeiten. Hat ein Baby hingegen nicht genug geschlafen, wird es sich von den Eindrücken, die sich ihm bieten, oft überfordert fühlen. Müde zeigt es sich eher quengelig und fühlt sich häufig nur einigermaßen wohl, wenn es herumgetragen wird. Es wacht vielleicht tagsüber immer schon 25 oder 45 Minuten, nachdem es eingeschlafen ist, wieder auf, und findet nicht noch einmal in den Schlaf zurück, obwohl es nicht wirklich zufrieden und ausgeschlafen wirkt.

Vielleicht gehört Ihr Baby auch zu denen, die tagsüber nur dann länger schlafen, wenn Sie sich mit ihm zusammen hinlegen. Dann sollten Sie das einfach tun! Solange Sie nachts nicht durchschlafen können, tut auch Ihnen ein Mittagsschlaf gut.

Machen Sie sich keine Sorgen, wenn Ihr Baby jetzt nur unter ganz bestimmten Bedingungen schlafen kann, das geht vorüber. Viele Kinder schlafen in diesem Alter nur im Kinderwagen oder im Tragetuch. Wenn es Ihrem Baby auch so geht, dann sollten Sie ihm das jetzt so oft ermöglichen, wie Sie können. Probieren Sie aus, ob es vielleicht auch im »Zweitwagen« am offenen Fenster schlafen kann oder ob Sie eine Leih-Oma finden, die es spazieren fährt. Denn genug Schlaf ist wichtig für seine Entwicklung.

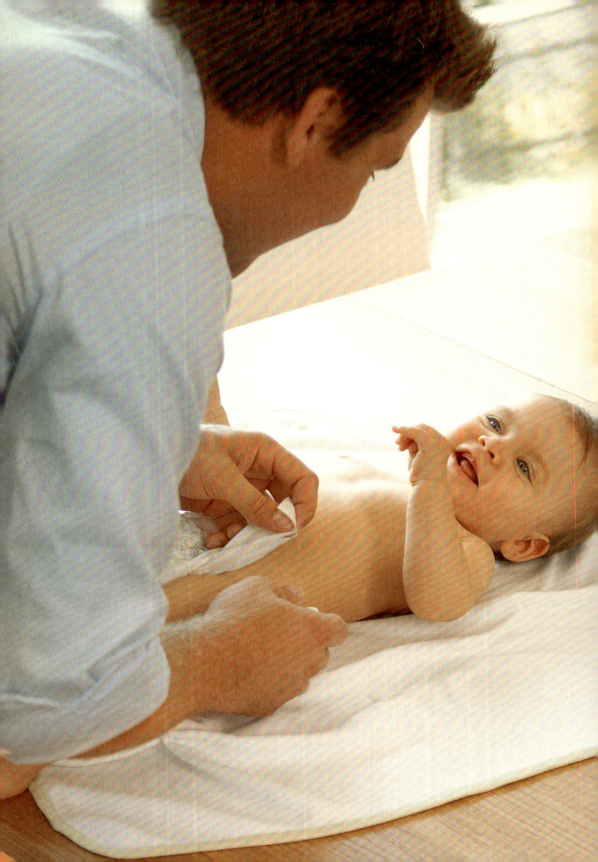

PFLEGE UND GESUNDHEIT

In diesem Kapitel erfahren Sie, wie Sie Ihr Baby dabei unterstützen können, sich den veränderten Lebensbedingungen nach der Geburt anzupassen. Wie Sie es sanft pflegen und woran sie erkennen, ob es ihm gut geht. Wie Sie sein Wachsen und Gedeihen gut beobachten und sich dabei von Ihrem Kinderarzt unterstützen lassen. Was Ihrem Baby beim Zahnen hilft und wie die ersten Zähnchen zu pflegen sind. Und nicht zuletzt: wie Sie erste kleine Beschwerden lindern und die Gesundheit Ihres Kindes ganzheitlich fördern können.

Die ersten Tage Ihres Babys 138
Die ersten drei Monate 145
Vierter bis achter Monat 158
Neunter bis zwölfter Monat 166

Die ersten Tage Ihres Babys

Typisch Neugeborenes

Wenn Sie Ihr Neugeborenes beobachten, werden Sie mit Erstaunen wahrnehmen, dass ständig etwas »los« ist: Das Baby zuckt, blinzelt, stöhnt, schnauft, niest, stößt auf, seufzt, atmet mal tief und laut, dann wieder ganz flach. Alle diese Phänomene sind ein vollkommen normaler Ausdruck dafür, dass der Organismus des Kindes sich den veränderten Lebensbedingungen anpasst. Ein neugeborenes Baby hat körperlich enorme Umstellungen zu bewältigen. Und ein bisschen sieht man ihm das auch an.

Vernix caseosa

Seine erste Pflegecreme bringt das Baby mit. Wenn Erwachsene einmal länger in der Badewanne bleiben, sieht ihre Haut bald schrumpelig aus – das Baby jedoch kommt mit weicher, gesunder Haut zur Welt, obwohl es monatelang im Fruchtwasser schwamm. Das liegt an den schützenden und heilenden Eigenschaften der Vernix caseosa, auch Käseschmiere genannt, die sich bereits im fünften Schwangerschaftsmonat entwickelt hat. Darunter hat die Haut des Babys bis zum Zeitpunkt der Geburt ihre spätere Barrierefunktion ausgebildet. Die Vernix wirkt in den Stunden nach der Geburt als zusätzliche Wärmehülle und schützt die Haut noch bei der ersten Umstellung vom Leben im nassen Milieu zum Dasein an der trockenen Luft. Deshalb soll man sie auch gar nicht beim ersten Bad entfernen – besser lässt man sie allmählich in die Haut einziehen und unterstützt das vielleicht mit Streicheleinheiten. Wenn nach einer Woche noch an manchen Stellen Reste davon zu finden sind, können Sie diese mit einem weichen, feuchten Tuch sanft entfernen. Bei Ihrem Neugeborenen ist keine Vernix da? Dann wurde sie sozusagen schon im Mutterleib aufgebraucht und das bedeutet, dass es Ihrem Baby dort so gut gefallen hat, dass es lieber noch ein wenig länger geblieben ist.

Lanugobehaarung

Als Lanugohaar (lateinisch Lana = Wolle) bezeichnet man die flaumige Körperbehaarung, die sich im vierten Schwangerschaftsmonat als Hautschutz gemeinsam mit der Vernix entwickelt hat. Normalerweise verschwindet das Lanugo zum Ende der Schwangerschaft, während auch die Vernix abnimmt. Zusammen mit dieser hilft es, die kindliche Reife bei der Geburt zu beurteilen – je weniger noch vorhanden ist, desto reifer wird das Kind eingeschätzt.

Hautwechsel

Nicht erschrecken: Wenige Tage nach der Geburt kann sich die oberste Hautschicht des Neugeborenen abschälen, besonders im Bauch- und Brustbereich, an den Händen und Füßen. Das ist vollkommen normal und bedeutet keineswegs, die Haut sei zu trocken geworden oder Sie hätten sie nicht richtig gepflegt! Es ist einfach eine natürliche Anpassung: Nachdem das Baby neun Monate im Fruchtwasser zugebracht hat, stellt seine Haut sich auf die neuen, luftigen Umweltbedingungen um.

Hautflecken

Die Haut gehört zu den wichtigsten Stoffwechselorganen des Körpers. So zeigen sich die vielen inneren Anpassungsvorgänge auf das Leben nach der Geburt eben auch in erster Linie auf der Haut Ihres Babys.

- **Das Neugeborenen-Exanthem** ist ein rotfleckiger, leichter Ausschlag, der innerhalb der ersten Lebenswoche am ganzen Körper auftreten kann, manchmal schon Stunden nach der Geburt. Die hellroten Stellen haben manchmal auch gelbe Pusteln und erinnern vielleicht ein wenig an Mückenstiche. Das Exanthem ist kein Grund zur Sorge und verschwindet nach kurzer Zeit wieder.
- **Storchenbiss** (Nävus) nennt man harmlose rote Flecken, die bei sechs von zehn Neugeborenen auftreten, meist an der unteren Haargrenze am Hinterkopf. Manchmal sieht man sie auch auf der Stirn oder den Augenlidern. Die Flecken entstehen durch vermehrte, erweiterte Kapillargefäße, die innerhalb der ersten Lebensjahre verblassen werden.
- **Blutschwämmchen** (Hämangiom, eine Ansammlung von Blutgefäßen) sind bei zwei von hundert Kindern irgendwo am Körper zu finden, meist im Kopf-Hals-Bereich: flächige rote Stellen, vielleicht ein wenig erhöht, die vollkommen harmlos sind. Anfangs wachsen sie vielleicht, verschwinden aber so gut wie immer im Kleinkindalter von selber. An einer störenden, verletzlichen Stelle im Gesicht, kann ein Blutschwämmchen mit Lasertechnik behandelt werden.
- **Mongolenflecken** (Melanozytennävus) finden sich eher bei dunkelhäutigen Babys, meistens auf dem Po oder Rücken. Diese graublauen, unregelmäßigen Flecken entstehen durch eine harmlose Ansammlung von Pigmentzellen unter der Haut. Sie verblassen im ersten Lebensjahr und vergehen nach einigen Jahren, spätestens bis zur Pubertät. Der Name leitet sich davon ab, dass das Mal nur in einem von hundert Fällen bei hellhäutigen und hellhaarigen Kindern erscheint, er ist aber keine ethnische Eigenheit und deshalb auch kein Beweis für eine afrikanische oder asiatische Abstammungslinie.

PFLEGE UND GESUNDHEIT

Fast jedes Baby bekommt diese Pickelchen innerhalb der ersten sechs Lebenswochen und kann mehrere Monate lang damit beschäftigt sein.

Neugeborenen-Akne

Kaum auf der Welt, bekommen manche Babys schon bald erste kleine Pickelchen im Gesicht und Brustbereich. Man nennt das Neugeborenen-Akne, weil es tatsächlich mit einer hormonellen Umstellung zu tun hat: Der Organismus Ihres Babys ist jetzt schwer damit beschäftigt, alle Ihre Schwangerschaftshormone, die es vorerst noch im Blut hat, abzubauen und auszuscheiden. Diese Akne ist aber vollkommen harmlos und allenfalls optisch etwas störend. Sollten sich einige Stellen einmal entzünden und Eiter absondern, können sie mit einem bewährten Hausmittel versorgt werden: Betupfen Sie die Stellen mit verdünnter Calendula-Tinktur (1 bis 2 Teelöffel auf 250 ml abgekochtes Wasser) und zeigen Sie diese ansonsten der Hebamme oder dem Kinderarzt. Die Neugeborenen-Akne wird von selbst vergehen.

Schwellung der Geschlechtsorgane und Brustdrüsen

Ebenfalls hormonell bedingt können die äußeren Geschlechtsorgane Ihres Neugeborenen geschwollen sein. Bei kleinen Jungen ist oft der Hodensack überproportional groß, bei kleinen Mädchen sind es die äußeren Schamlippen. Manchmal ist auch ein vaginaler Ausfluss, sehr selten sogar eine leichte Blutung in den ersten Tagen zu bemerken. Bei beiden Geschlechtern können die Brustdrüsen vergrößert sein und sogar ein wenig Milch absondern. All das ist vollkommen harmlos und wird vom kleinen Organismus im Verlauf der Anpassungsvorgänge seines Stoffwechsels innerhalb einiger Zeit normalisiert.

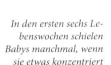

In den ersten sechs Lebenswochen schielen Babys manchmal, wenn sie etwas konzentriert aus der Nähe ansehen.

Schielen

Babys sind in den ersten Wochen noch nicht in der Lage, ihre Augenmuskeln richtig zu kontrollieren. Sie schielen manchmal, besonders, wenn sie versuchen, etwas, das sich in ihrer Nähe befindet, konzentriert zu betrachten. Hält dieses Verhalten länger als bis zur sechsten Lebenswoche an und tritt es häufig auf, gehen Sie unbedingt zum Kinderarzt, denn in der Zeit zwischen dem zweiten und zehnten Lebensmonat lernt das Gehirn, die Informationen aus beiden Augen richtig zu koordinieren. Erhält es in dieser Zeit »falsche« Informationen, weil beide Augen nicht richtig zusammenarbeiten, kommt es zu Fehlentwicklungen im visuellen Kortex, die später nicht mehr vollständig korrigiert werden können. Das spielt vor allem für die räumliche Wahrnehmung eine zentrale Rolle.

Dunkler Stuhl und Urin

Am ersten Tag nach der Geburt ist der Stuhl Ihres Neugeborenen schwarz wie Pech – man nennt ihn deshalb auch »Kindspech«, in der Fachsprache Mekonium. Die dunkle Farbe entsteht durch die hohe Konzentration von

Gallepigmenten, die sich in den letzten Monaten vor der Geburt im Darm angesammelt haben, und ist noch kein Produkt der ersten Verdauung. Mekonium ist fast geruchlos und sehr klebrig. Schon ab dem zweiten Tag wird der Stuhl allmählich heller und nach drei bis fünf Tagen hat das Baby dann den typischen Muttermilchstuhl: senfgelb oder grünlich-gelb mit flüssig-körniger Konsistenz (wie Erbsensuppe) oder auch flockiger Beschaffenheit, ungeformt, vielleicht mit ein wenig Schleim, von mildem, nicht unangenehmem Geruch. Ab dem zweiten Lebenstag ist es normal, dass das Baby täglich mindestens dreimal Stuhl in den Windeln hat.

Auch rötliche Harnsedimente (Ziegelmehlsediment) können in den allerersten Tagen einmal vorkommen, da die Nieren und die Blase entschlacken. Sie sind in der Regel völlig harmlos.

Für Neugeborene ist es ganz normal, bei jedem Stillen »groß« in die Windel zu machen.

ACHTUNG Wenn der Stuhl länger dunkel bleibt und ein Baby weniger als drei Stuhlwindeln hat, könnte das bedeuten, dass es nicht genug trinkt. Lassen Sie das Stillen deshalb von einer Fachfrau begleiten.

Auch der rote Urin kann auf Flüssigkeitsmangel hinweisen, wenn Ihr Baby weniger als sechs richtig nasse Windeln in 24 Stunden hat. Dann müssen Sie unbedingt öfter und länger anlegen und sollten das Stillen und die Milchbildung mit der Hebamme oder einer Stillberaterin abklären.

Neugeborenengelbsucht

Bei der Geburt haben Neugeborene rund doppelt so viele rote Blutkörperchen im Blut, als sie außerhalb des Mutterleibs benötigen. Diesen Überschuss müssen sie in den ersten Lebenstagen abbauen. Der dabei freigesetzte Farbstoff Bilirubin wird von der Leber über die Galle abtransportiert und über den Darm ausgeschieden. Bei sechs von zehn gesunden Neugeborenen (und fast allen Frühgeborenen) geht dieser Transport nicht rasch genug – der Bilirubinwert im Blut steigt an. So entsteht eine gelbliche Verfärbung der Haut und der Augen-Bindehaut. Diese harmlose Neugeborenengelbsucht (Hyper-Bilirubinämie) entwickelt sich innerhalb der ersten Lebenswoche, erreicht normalerweise am fünften Tag ihren Höhepunkt und vergeht innerhalb weniger Tage. So können Sie den Stoffwechsel Ihres Babys bei der Bilirubin-Ausscheidung unterstützen:

- Viel Kolostrum: Kolostrum beschleunigt die nötige Ausscheidung des Mekoniums stärker als Tee oder Zuckerlösung, deshalb sollten Sie Ihrem

Baby gleich vom ersten Tag an so viel wie möglich die Brust geben. »Gelbe« Neugeborene sind meist müde und müssen zum Trinken geweckt werden. Ein Baby, das zu müde ist, um kräftig genug an der Brust zu saugen, erhält am besten abgepumptes Kolostrum (siehe Seite 74).
- Viel Licht: Der beste Platz für das Neugeborene ist nah am Fenster. Es darf auch mal ein Stündchen nach draußen, sofern das Wetter mitspielt.
- Gleichmäßige Wärme: Abkühlung sollte beim Baby sowieso stets vermieden werden – wickeln Sie Ihr Neugeborenes unter dem Wärmestrahler, ziehen Sie ihm vorgewärmte Sachen an und baden Sie es nicht. Körperwärme unterstützt die Leberfunktion, Abkühlung schwächt sie.

Eine zu hohe Bilirubinkonzentration ist riskant für das Gehirn, deshalb misst man bei eindeutiger Gelbfärbung der Haut den Bilirubinwert spätestens 72 Stunden nach der Geburt (meist im Rahmen des Neugeborenen-Screenings, siehe Seite 144) und behandelt das Neugeborene vorbeugend mit Lichttherapie (Fototherapie), wenn der altersbezogene Schwellenwert – zur Zeit 20 mg/dl – überschritten ist.

Schonende Hautpflege

Babyhaut ist viel dünner als die von Erwachsenen. Ihre Funktion als Schutzbarriere ist noch nicht voll entwickelt. Vermutlich dauert dieser Reifungsprozess sogar länger als ein Jahr. Bis dahin produziert die Hornschicht der Haut eher wenig Talg, so trocknet Babyhaut leichter aus und ist vor allem durchlässiger für schädliche Substanzen.

Bei Baby-Pflegeprodukten ist es deshalb umso wichtiger, dass sie frei von synthetischen Duftstoffen, Konservierungsmitteln und Emulgatoren sind. Auch Inhaltsstoffe auf Mineralölbasis, wie Vaseline und andere künstliche Fette, sind nicht wünschenswert, denn diese integrieren sich schlechter ins natürliche Gleichgewicht der Haut. Unschädlich und besonders hautverträglich sind hingegen reine, natürliche Pflanzenöle. Nach jedem Waschen können Sie Babys Haut mit ein paar Tropfen pflegen. Eine Babycreme aus Pflanzenölen mit Bienenwachs und hautverwandtem Wollwachs schützt sein Gesichtchen vor Wind und Wetter und pflegt den Windelbereich, ohne die Hautatmung zu beeinträchtigen. Im Windelbereich ist es besser, auf Feuchttücher zu verzichten, da deren chemische Zusatzstoffe die dünne Haut leicht angreifen können. Verwenden Sie stattdessen einen feuchten Waschlappen oder gönnen Sie dem Babypopo ein kurzes Tauchbad im Waschbecken, so wird die oberste Hautschicht am wenigsten strapaziert. Trocknen Sie danach besonders die tiefen Hautfalten behutsam ab.

Alles über die Pflege eines wunden Babypopos sowie zum Thema Wickeln, Baden und Waschen lesen Sie ab Seite 145.

Die ersten Tage Ihres Babys

Nabelpflege

Wenn das Neugeborene abgenabelt ist, wird der am Körper bleibende kleine Rest der Nabelschnur mit einer Klemme verschlossen, um ein Nachbluten zu verhindern. Innerhalb der ersten oder zweiten Woche nach der Geburt trocknet er ein, verfärbt sich dunkel und fällt ab. Manchmal nässt der kleine Nabel noch einige Zeit, nachdem der Nabelschnurrest abgefallen ist, das ist kein Grund zur Sorge. Es vergehen meist weitere zehn bis zwanzig Tage, bis die Nabelwunde vollständig abgeheilt ist. Bis dahin sollten Sie beim Wickeln darauf achten, dass der Nabel nicht von der Windel bedeckt ist, sie sollte auch nicht daran reiben, damit er sich nicht infiziert. Schlagen Sie die Windel beim Wickeln einfach vorne nach innen um, damit sie nicht an den Nabel heranreicht. Zur Pflege des heilenden Nabels wird vom Klinikpersonal Alkohol oder Puder verwendet, oder er wird einfach in Ruhe gelassen. Sollte der Nabel sich stark röten, sehr viel Sekret absondern, eitern, anschwellen oder unangenehm riechen, muss er von der Hebamme oder dem Kinderarzt beobachtet und gegebenenfalls behandelt werden.

Wundheilend und entzündungshemmend wirkt verdünnte Calendula-Tinktur (1–2 TL auf 250 ml Wasser), damit können Sie den Nabel bis zur Abheilung regelmäßig betupfen.

Die Vorsorgeuntersuchungen

Von der Geburt bis zum ersten Geburtstag bezahlt die Krankenkasse insgesamt sechs umfassende kinderärztliche Untersuchungen zur Gesundheitsvorsorge. Bei jedem Termin überprüft der Kinderarzt anhand von verschiedenen Standard-Tests und Messungen, ob sich das Kind auf allen Ebenen altersgemäß entwickelt.

Der erste Termin: U1

Die erste Vorsorgeuntersuchung beginnt direkt nach der Geburt – im Normalfall kann Ihr Baby dabei auf Ihrem Bauch liegen bleiben. Denn zunächst wird beobachtet, wie sich Ihr Neugeborenes an das Leben außerhalb des Mutterleibs anpasst: Wird es bald rosig? Wie reagiert es auf Berührungen? Ist seine Atmung gleichmäßig oder dauert das ein wenig? Meist werden Mund und Nase routinemäßig abgesaugt. Herzfrequenz, Atmung, Reflexe, Muskeltonus und Hautfarbe werden in der ersten, fünften und zehnten Lebensminute nach der Apgar-Skala von 0 bis 10 Punkten eingestuft. Mithilfe dieses Standard-Schemas wird rasch deutlich, ob ein Neugeborenes Unterstützung bei der ersten Anpassung benötigt. Der Apgar-Wert – optimal ist 9 bis 10, bei weniger als 5 brauchen Neugeborene meist Intensivbetreuung – wird ins gelbe Untersuchungsheft eingetragen. Aus der durchtrennten Nabelschnur wird außerdem etwas Blut entnommen, um den pH-Wert

PFLEGE UND GESUNDHEIT

zu bestimmen, der zeigt, ob das Baby während der Geburt gut mit Sauerstoff versorgt war. Verständnisvolle Kinderärzte warten mit dem zweiten Teil der U1, damit Eltern und Kind so lange ungestört Zeit füreinander haben, wie sie möchten. Das Wiegen und Messen von Körperlänge und Kopfumfang sowie die Feststellung der Geburtsreife hat ja eigentlich keine Eile. Mit Einverständnis der Eltern werden abschließend zwei Prophylaxe-Maßnahmen durchgeführt, die Vitamin-K-Gabe und die Augenprophylaxe (siehe Service Seite 180).

Der zweite Termin: U2

Zwischen dem dritten und zehnten Lebenstag – meist kurz vor Entlassung aus der Entbindungsklinik – wird die erste Basisuntersuchung durchgeführt, die U2. Wenn Sie mit Ihrem Baby schon zu Hause sind, vereinbaren Sie rechtzeitig einen Termin in Ihrer Kinderarztpraxis. Nachdem sich der Organismus des Babys jetzt auf sein eigenständiges Dasein umgestellt hat, werden alle Organfunktionen noch einmal aufmerksam untersucht sowie Reflexe, Bewegungsfähigkeit und Hüftgelenke überprüft. Bei diesem Termin wird auch das Neugeborenen-Screening angeboten, eine Blutuntersuchung auf 14 seltene, angeborene Stoffwechsel- und Hormonstörungen mit schwerwiegenden Folgen, die sich nur durch Früherkennung meiden oder mindern lassen. Die Blutabnahme wird ab der 36. Lebensstunde gemacht: Ein kleiner Stich in die Ferse des Babys genügt, um ein paar Tropfen Blut auf eine Testkarte zu tropfen und im Screening-Labor auswerten zu lassen.

Zur Standard-Vorsorge gehört jetzt die Verordnung von Vitamin D als Rachitis-Prophylaxe (siehe Service Seite 180). Außerdem sollte Zeit sein, um alle Ihre Fragen zur Säuglingspflege zu beantworten.

Bei diesem Termin werden auch Details der Säuglingspflege besprochen: Kleidung, Ernährung, frische Luft, Haut- und Popflege, Nabelheilung, Schlaf und sichere Umgebung.

Babys Wachstum

Bei Neugeborenen beobachtet man normalerweise eine leichte Gewichtsabnahme innerhalb der ersten Lebenstage. Bis zum 14. Tag ist das Geburtsgewicht aber meist wieder erreicht. Überschreitet der Gewichtsverlust jedoch die Marke von sieben Prozent, wird in den meisten Kliniken heute das Zufüttern verordnet, auch wenn Sie vorhatten, Ihr Baby ausschließlich zu stillen. Wie Sie »stillfreundlich« zufüttern, lesen Sie auf Seite 75. Auf jeden Fall sollten Sie sich dabei von einer Still-Fachfrau mit IBCLC-Examen (Hebamme oder Kinderkrankenschwester) beraten lassen, die Ihnen auch gleichzeitig die nötigen Tipps beim richtigen Anlegen und Stillen gibt und Sie so bei der Gewichtszunahme Ihres Babys unterstützt.

Die ersten drei Monate

Rund um die Hautpflege

Die Haut Ihres Babys besitzt noch nicht den Schutzmantel unserer erwachsenen Haut und sie kann leicht »überpflegt« werden. Sobald die Nabelwunde verheilt ist, können Sie Ihr Kleines in seinen ersten Lebenswochen und -monaten ein bis zweimal die Woche baden, am besten nur in warmem Wasser, in das Sie höchstens ein paar Tropfen mildes Waschgel oder rückfettenden Badezusatz geben. Größere Babys können ruhig täglich kurz in die Wanne. Kleinen Babys ist Wasser aber oft noch nicht ganz geheuer. Wenn es Ihrem Kind keine Freude macht, waschen Sie es einfach nur. Normalerweise reicht es in den ersten Monaten völlig aus, wenn Sie täglich das Gesichtchen, den Hals und den Windelbereich waschen und einmal wöchentlich den ganzen Körper. Weil die eigene Rückfettung der Babyhaut noch schwach ist, ist es sinnvoll, das Baby nach jeder Wäsche und nach jedem Bad dünn einzucremen oder mit ein paar Tropfen Öl zu massieren.

Verwenden Sie am besten ein Pflegeöl, es kommt ohne Konservierungsmittel und Emulgatoren aus, die normalerweise in Cremes enthalten sind.

Das Baden und Waschen

Bevor Sie beginnen, richten Sie sich alles griffbereit her, damit Ihr Baby möglichst wenig auskühlt. In den ersten drei Wochen sollten Sie Ihr Kind am besten noch unter der Wärmelampe ausziehen und waschen. Wenn Sie es baden, hüllen Sie es auf dem Weg zur und von der Badewanne in ein vorgewärmtes Badetuch. Die richtige Badewassertemperatur ist 37 °C. Die Raumtemperatur sollte hingegen gute 21 °C betragen. Wärmen Sie alle Handtücher ebenso wie die Babykleidung vor (Heizkörper oder Wärmflasche). Beim Waschen gehen Sie in den ersten Wochen am besten in Etappen vor: Lassen Sie Ihr Baby unten herum noch bekleidet, während Sie Gesicht, Hals und Oberkörper waschen, und ziehen Sie ihm schon ein Hemdchen an, bevor sein Unterkörper an die Reihe kommt.

Säubern Sie beim Waschen sanft alle Hautfalten und trocknen Sie Ihr Kind dort besonders sorgfältig ab, ebenso wie hinter den Ohren, in den Achselhöhlen, zwischen den Fingern und Zehen, in den Leistenbeugen und den Kniekehlen.

In einem engen Badeeimer fühlen viele Babys sich wohler als in der großen Badewanne – er ist außerdem auch für Sie praktischer zu handhaben.

PFLEGE UND GESUNDHEIT

Sie können die Haare Ihres Babys auch nur mit dem Waschlappen reinigen – viele Babys mögen noch kein Wasser über den Kopf bekommen.

Haarewaschen

Verzichten Sie in den ersten zwei Monaten möglichst darauf, den Kopf Ihres Babys zu waschen – er ist jetzt noch besonders kälteempfindlich. Bei vielen Babys ist der Kopf in den ersten Wochen von einer Art Grind bedeckt, auch Kopfgneis genannt. Diese fettigen, flächigen Schuppen sind ein harmloser Belag, nicht zu verwechseln mit echtem Milchschorf (siehe Seite 163). Viele Kinderärzte raten davon ab, ihn zu entfernen, solange das Kind nur wenige Haare hat, weil er einen natürlichen Kälteschutz darstellt. Hat das Baby früh schon dichte Haare, können Sie diese ab dem dritten Monat einmal wöchentlich mit einem sehr milden Shampoo waschen.

Ohren, Nase und Genitalien

Ohren, Nase und Genitalien des Babys reinigen sich von selbst. Benutzen Sie für die Ohren bitte nie Wattestäbchen, sie schieben nur das Ohrenschmalz tiefer in den Gehörgang und könnten das Trommelfell verletzen. Ist die Nase durch Schnupfen verklebt, tupfen Sie nur die Ränder der Nasenlöcher mit etwas Babyöl ab. Die Vorhaut der kleinen Jungen haftet noch an der Eichel und darf daher nicht zurückgeschoben werden. Der Penis darunter muss definitiv noch nicht gesäubert werden. Auch die Schamlippen der Mädchen werden nur äußerlich gereinigt (siehe auch Seite 147).

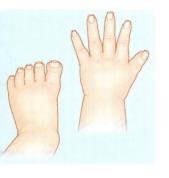

Nagelpflege

Die Finger- und Fußnägel des Babys wachsen erstaunlich rasch. Damit es sich möglichst wenig damit kratzt, können sie ab dem zweiten Monat gelegentlich ein wenig mit einer Babynagelschere geschnitten werden. Schneiden Sie die Fingernägel immer halbrund und nicht zu kurz, damit die Haut darunter nicht verletzt wird. Die Fußnägel schneiden Sie dagegen immer gerade (siehe Bild). Das Nägelschneiden geht in den ersten Monaten am besten, während Ihr Baby schläft. Später ist sicher der günstigste Moment, wenn es satt und nicht quengelig-unruhig ist.

So wickeln Sie Ihr Baby

Legen Sie sich vor dem Wickeln bereits alles zurecht, und schalten Sie rechtzeitig den Heizstrahler an. Lassen Sie Ihr Kind nie unbeaufsichtigt auf dem Wickeltisch liegen, auch wenn sich die meisten Babys erst nach dem dritten Monat drehen können – es gibt immer Ausnahmen von der Regel.

- Legen Sie Ihr Baby auf den Rücken. Greifen Sie mit Ihrer Hand samt Unterarm unter einem seiner Oberschenkel durch und fassen Sie nun mit

Die ersten drei Monate

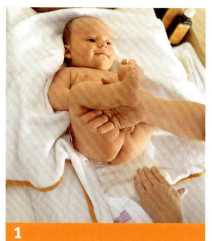
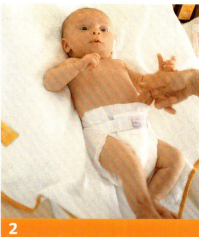

Fassen Sie Ihr Baby nicht an den Fußgelenken, um seinen Po zu heben, sondern wie unten beschrieben. Überprüfen Sie, ob die Windel gut sitzt, indem Sie mit zwei Fingern am Bauchabschluss entlangfahren.

derselben Hand den anderen Oberschenkel von oben. 1 So können Sie den Po Ihres Babys hochheben, ohne seine zarten Hüftgelenke zu belasten.

- Halten Sie Blickkontakt und erklären Sie Ihrem Kind, was Sie mit ihm tun.
- Wischen Sie den Po immer von vorne nach hinten sauber, das ist besonders bei Mädchen wichtig, damit keine Keime vom After in die Scheide gelangen können. Bei Jungen heben Sie den Hodensack vorsichtig an und reinigen Sie auch den darunter liegenden Teil gründlich.
- Legen Sie nun die frische Windel unter und schließen Sie sie so, dass sie nicht zu locker, aber auch nicht zu fest sitzt. 2

Hautpflege im Windelbereich

Reinigen Sie den Windelbereich mit viel frischem Wasser, dem sie bei Bedarf ein wenig mildes Waschgel zufügen. Ist trotz aller Vorsicht einmal Stuhl angetrocknet, lösen Sie ihn mit neutralem Pflanzenöl oder Calendulaöl ohne Zusatzstoffe. Vermeiden Sie, dass Ihr Baby in einer feuchten Windel liegt, lassen Sie Stuhl und Urin möglichst nicht zusammenkommen, beziehungsweise wechseln Sie dann die Windel rasch, denn diese Kombination ist um ein Vielfaches hautreizender.

Das können Sie tun, wenn Ihr Baby wund ist:
- Wickeln Sie häufiger, damit Ihr Baby kaum im Nassen liegt.
- Waschen Sie beim Wickeln die Haut gründlich – am besten unter fließendem Wasser. Danach tupfen Sie sie sorgfältig trocken.
- Lassen Sie Ihr Baby nackt strampeln, damit Luft an die Haut kommt.
- Behandeln Sie gerötete Haut mit Calendula-Babycreme.

Kommt Wundsein trotz häufigen Wickelns öfter vor, hilft vielleicht ein Wechsel der Fertigwindelmarke oder bei Stoffwindeln ein anderes Waschmittel.

PFLEGE UND GESUNDHEIT

> **Zeit für uns – achtsam-liebevolle Säuglingspflege**
> Wie erlebt Ihr Baby wohl die Minuten, in denen Sie es pflegen, umziehen, wickeln? Es macht dabei wichtige Erfahrungen mit seinem Körper, mit sich selbst und mit Ihnen. Während Sie es beispielsweise waschen, weiß Ihr Baby nichts von seinen Halsfalten, die in der Tiefe gesäubert werden müssen, aber es spürt umso mehr, wie Sie dabei mit ihm umgehen – dieses Erleben erfüllt sein ganzes Bewusstsein. Ihre Berührungen beim Wickeln und Waschen sind für Ihr Baby intimer als bei anderen Gelegenheiten. Ihr Umgang mit ihm teilt ihm viel über sich selbst mit, darüber erfährt es sich als Mensch und formt es mit der Zeit sein Selbstwertgefühl.
> Die schönsten Anregungen zum Umgang mit dem Baby während der Säuglingspflege kommen von Emmi Pikler, einer ungarischen Kinderärztin des letzten Jahrhunderts. Sie empfiehlt, schon die Kleinsten sehr respektvoll zu behandeln. Das bedeutet, dass Sie Ihr Baby ansprechen und Blickkontakt herstellen, bevor Sie es anfassen und seine Körperlage verändern. Dass Sie ihm auch immer sagen, was Sie gleich mit ihm machen möchten und es schon von Anfang an zum Mitmachen einladen. Schon das kleinste Baby kann sein Ärmchen entspannen und dann bald heben oder entgegenstrecken und sich auf diese Weise kompetent und kooperativ fühlen (siehe auch erstes Kapitel). Und das Miteinander genießen – ganz besonders bei seiner Körperpflege!

Die richtige Windel für Ihr Baby

Für welche Windeln Sie sich entscheiden, ist eine Frage, bei der recht viele Faktoren eine Rolle spielen – die Auswirkungen auf Babys Haut und Gesundheit, der praktische Umgang im Alltag, die Kosten, die Belastung der Umwelt und nicht zuletzt die eigene Philosophie in Bezug auf jeden einzelnen dieser Faktoren.
Es ist sicher sinnvoll, sich die Sache gleich zu Anfang gut zu überlegen. Für das Baby geht es beim Windeln tragen um vielfache Empfindungen – die Windeln sollen sich gut anfühlen und dicht halten, auch in der Nacht. Für Sie als Eltern geht es um praktische Erwägungen, schließlich wickeln Sie jeden Tag viele Male, mehr als zwei Jahre lang. Also ist es wichtig, dass es schnell und einfach geht, auch noch beim Krabbelbaby.

Die ersten drei Monate

Stoffwindeln

Windeln aus Stoff sparen sehr viel Müll und einiges an Geld. Wickeln mit Stoffwindeln bedeutet immer, dass die Familie ein Gegenmodell zur Wegwerfgesellschaft lebt und ihren Kindern von Anfang an ressourcenschonendes Verhalten und Umweltbewusstsein nahe bringt. Wobei man bedenken muss, dass bei der Ökobilanz das häufige Waschen negativ zu Buche schlägt – durch den Verbrauch an Wasser und Waschmittel, inklusive Emissionen im Gewässer. Die Auswahl an Stoffwindeln ist riesig. Mit überraschend viel Kreativität hat hier eine ganze Elterngeneration am traditionellen Stoffwindel-System getüftelt und es wesentlich verbessert. Leider ist dieses Windelparadies bisher nur selten im örtlichen Fachhandel zu finden, dafür bequem und vielfältig in Internet-Shops. Antworten auf Fragen rund um Stoffwindeln für Babys und Kleinkinder – welche es gibt, wie man sie benutzt, wo man sie bekommt, welche Vorteile sie haben – gibt die spezielle Stoffwindel-Infoseite (siehe Website Seite 185). Unser Tipp: Diverse Windeln und Testpakete zur Probe bestellen und sich dann für ein individuell passendes System entscheiden. Babypopos haben nicht nur verschiedene Größen, sondern auch verschiedene Formen, sodass die Windel, die bei einem Baby total dicht hält, beim anderen vielleicht nicht richtig sitzt. Also ausprobieren.

Eine spannende Alternative ist die Windelfrei-Methode, bei der Babys von Anfang an keine Windel tragen. Buchempfehlung siehe Seite 186

Windelservice

Ein professioneller Windeldienst – sofern es an Ihrem Wohnort einen gibt – holt die gebrauchten Windeln einmal pro Woche ab und liefert dabei gleichzeitig auch wieder frische. Die Windeln selbst muss man nicht kaufen, sondern vom Windeldienst leasen. Nachteile: Die gebrauchten Windeln liegen ganz schön lange herum, es ist nicht gerade billig, man muss mit dem Windelsystem wickeln, das der Windeldienst anbietet und zu Hause sein, wenn der Windeldienst kommt. Vorteile: Windelwaschen und -trocknen entfällt, ebenso Einkauf, Transport und Müllentsorgung für Wegwerfwindeln.

Wegwerfwindeln

Wegwerfwindeln sind schnell gewechselt und sparen die Arbeit des Waschens und Trocknens. Mit der »atmungsaktiven« Variante ist das Risiko einer Soor-Erkrankung (Candida, siehe Seite 163) beim Baby geringer. Aber eines ist sicher: Die Entscheidung für Einwegwindeln führt zu Müll in riesigen Mengen. Das Versprechen, das die »Ökowindeln« mit dem Hinweis »100 Prozent biologisch abbaubar« geben, halten sie bei näherem Hinsehen leider nicht: Die Kompostwerke nehmen keine beschmutzten Windeln an, deshalb gehören sie nicht in die Bio-, sondern in die Restmüll-Tonne und landen ebenso in der Müllverbrennung wie alle anderen Wegwerfwindeln.

PFLEGE UND GESUNDHEIT

> **Mit dem Baby ins Freie**
> Mit einem Baby, das jünger als ein halbes Jahr ist, sollten Sie weder bei Frost, noch bei Nebel, Sturm oder großer Mittagshitze spazieren gehen. An kalten Tagen schützen Sie die Gesichtshaut Ihres Kindes vor dem Spaziergang mit einer fetthaltigen Creme, an sonnigen Sommertagen mit Sonnenschirm, Schirmmütze oder einem speziell gewebten Tuch, das vor UV-Strahlung schützt.
> Autofahrten: Lassen Sie Ihr Baby niemals alleine im geparkten Auto, auch nicht für kurze Zeit! Unternehmen Sie im Sommer möglichst keine längeren Fahrten in der heißen Mittagszeit ohne Klimaanlage. Ist die Klimaanlage an, schützen Sie das Baby vor Zug. Im Winter: Wärmen Sie das Auto und den Kindersitz gut vor, wenn Sie Ihr Kleines mitnehmen.

Angenehm: konstante Wärme

Ein Baby wird generell besserer Laune sein, wenn es in den ersten Lebenswochen gleichmäßig warmgehalten wird. Der kleine Körper kann sich anfangs nach einer Abkühlung nur schwer wieder erwärmen – hier liegt oft die Ursache für Koliken oder Quengeligkeit. Wie lange es für Ihr Kind hilfreich ist, aufmerksam auf den Wärmehaushalt zu achten, hängt von seiner Gewichtsentwicklung ebenso ab wie von der Jahreszeit. Sicher haben Sie das bald im Gespür. So vermeiden Sie Abkühlung:

- Wickeln Sie Ihr Baby immer unter dem Wärmestrahler und ziehen Sie es nur dort um. Wärmen Sie Windeln und Kleidung zum Beispiel auf der Heizung oder mit einer Wärmflasche vor.
- Umhüllen Sie Ihr kleines Baby mit seiner leichten Babydecke, wenn Sie es aus dem Bettchen oder Tragetuch nehmen oder mit ihm von einem wärmeren in einen kühleren Raum gehen.
- Setzen Sie Ihrem Baby in den ersten Monaten immer ein leichtes Mützchen auf, solange es noch keine dichten Haare besitzt. Es schützt drinnen wie draußen vor Wärmeverlust durch den vergleichsweise großen Kopf und bewahrt die noch empfindlichen Ohren vor Zugluft. Im Sommer genügt Ihrem Kind ein dünnes Baumwoll- oder Seiden-Mützchen, für draußen ist ein Baumwoll-Käppchen mit Sonnenschutz ideal. Im Winter ziehen Sie dem Baby ein dünnes Woll-Mützchen an und für draußen noch ein etwas dickeres darüber.

Die ersten drei Monate

- Auch die Füßchen des Babys möchten warm gehalten werden. Ziehen Sie die Söckchen unter dem Strampler an, da gehen sie nicht verloren. Wenn das Baby längere Zeit herumgetragen oder gefahren wird, ohne dass es sich selber bewegt, können seine Füße kalt werden. Hier sind häufige Checks empfehlenswert.
- Abkühlung ist oft der Grund dafür, dass das Baby aufwacht: Wenn Sie Ihr schlafendes Kind ablegen, ersetzen Sie den warmen Körperkontakt mit einer kleinen Decke. Wenn Sie mit ihm von draußen hereinkommen, decken Sie das schlafende Baby nicht gleich ganz ab, lieber nach und nach.

Ist Ihrem Baby zu kalt oder zu warm?

Auf den ersten Blick sehen Sie schon an der Hautfarbe, ob es Ihrem Baby gut geht: Hat es rosige Wangen und Händchen, dann ist alles in Ordnung. Hat es aber einen roten Kopf oder ist es besonders blass, dann sollten Sie seine Temperatur überprüfen. Fühlen Sie dazu nicht nur die Stirn des Babys, sondern berühren Sie es an seinem Nacken und schieben Sie zwei Finger zwischen seine Schulterblätter.

Schützen Sie Babys Köpfchen mit einer Mütze vor Wärmeverlust, außer nachts im Bett.

- Ist die Haut des Babys weder wärmer noch kühler als Ihre Hand, dann hat es die ideale Körpertemperatur, ist richtig angezogen und warm genug zugedeckt.
- Ist es dem Baby zu warm, dann fühlt sich die Haut an dieser bedeckten Stelle eher heiß oder sogar feucht an.
- Fühlt es sich zwischen den Schulterblättern kälter an als Ihre Hand, dann braucht das Baby mehr Wärme. Seine Händchen werden übrigens immer ein wenig kühler sein als alles andere, das ist im ersten Lebensjahr normal. Sie sind auch etwas weniger rosig als sein Gesicht.
- Wichtig: Wenn Sie bisher des Guten zu viel getan haben, achten Sie bitte darauf, nicht gleich ins andere Extrem zu gehen. Für das Wohlbefinden Ihres Babys ist meistens nur eine kleine Veränderung nötig.

Die Vorsorgeuntersuchungen

Bei diesen beiden Terminen wird Ihr Baby zeigen, was es schon alles kann! Jetzt geht es um seine Entwicklung. Außerdem werden die Reflexe getestet und wie immer das Befinden sowie allgemeine Fragen besprochen.

Der dritte Termin: U3

Zwischen der vierten und sechsten Lebenswoche ist es Zeit für die dritte Vorsorgeuntersuchung. Wieder werden alle üblichen Messungen gemacht

PFLEGE UND GESUNDHEIT

Schreiben Sie Ihre Fragen und Beobachtungen am besten vor dem U3-Termin auf, damit nichts in Vergessenheit gerät.

und die Reflexe getestet. Hier sollten Sie auch Fragen stellen zu allem, was Ihnen vielleicht an der Körperhaltung oder der Muskelspannung Ihres Babys aufgefallen ist. Im Fokus steht bei diesem Termin die frühe Entwicklung: Bewegt sich das Baby alterstypisch? Neigt es beispielsweise in der Bauchlage den Kopf zur Seite? Wie reagiert das Kind, wenn es angesprochen wird? Wenn Ihr Baby eher auf sechs Wochen zugeht, lächelt es vielleicht den Arzt an und gibt seine ersten Laute von sich – positiv für die Beurteilung des beginnenden Sozialverhaltens und der Sprachentwicklung. Außerdem wird festgestellt, ob und wie Ihr Baby auf Geräusche reagiert. Kann Ihr Baby Gegenstände mit den Augen fixieren und verfolgen, die ihm während der Untersuchung gezeigt werden? Wenn Ihr Baby im zweiten Monat beim konzentrierten Schauen noch häufig schielt, wäre das jetzt anzusprechen. Anfangs können die Augenmuskeln noch nicht richtig kontrolliert werden, aber nach der sechsten Lebenswoche sollte sich das geben. Auch Schlaf und Ernährung sind Themen bei diesem Termin, vielleicht werden Sie gefragt, wie das Baby sich bei den Mahlzeiten verhält; Ihrerseits haben Sie vielleicht Fragen, falls Ihr Baby viel spuckt, viel schreit oder weniger schläft, als Sie sich das vorgestellt hatten. Falls Sie beobachtet haben, dass Ihr Baby eine deutliche Lieblingsseite, eine asymmetrische Kopfhaltung oder Köpfchenverformung hat, sollten Sie darauf hinweisen. Hatte das Baby eine Neugeborenengelbsucht, findet jetzt die Nachuntersuchung statt, und falls die Hüftgelenke zuvor auffällig waren, wird jetzt eine zweite Ultraschalluntersuchung gemacht. Mit Einverständnis der Eltern bekommt das Baby die dritte Vitamin–K-Gabe.

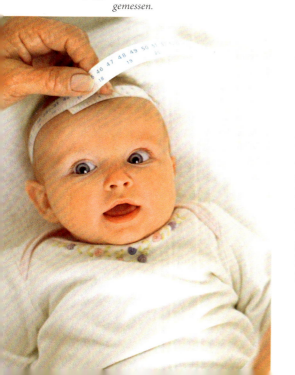

Bei der U4 wird Ihr Kind wie üblich routinemäßig gewogen und gemessen.

Der vierte Termin: U4

Der vierte Untersuchungstermin steht zwischen dem dritten und vierten Monat im Kalender. Neben den üblichen körperlichen Untersuchungen und der Beurteilung des allgemeinen Befindens geht es bei der U4 vor allem darum, mögliche Koordinations- und Haltungsstörungen aufzuspüren, die vom Gehirn ausgehen würden. So zieht der Arzt oder die Ärztin Ihr Baby an beiden Händen vom Liegen zum Sitzen hoch, um seine Kopfkontrolle zu testen: Kann es seinen Kopf beim Hochziehen mitnehmen und in der Mitte halten? Wie steht es damit in der Bauchlage? Stützt es sich auch mit den Unterarmen gut genug ab, um den Kopf frei zu heben? Falls Sie beobachtet haben, dass Ihr Baby seine Hände noch häufig stark faustet, auch in der Bauchlage, dass es sich in der Bauchlage verdreht oder überstreckt, in der Rückenlage seine Beine nicht abhebt, dass es noch häufig ausfahrende Bewegungen macht, keine Gesichter fixiert oder auf laute Geräusche nicht reagiert, sollten Sie dies ansprechen. Spielerisch wird überprüft, ob Ihr Baby spontan lächelt und Laute formt, ob es Personen oder Gegenständen mit dem Blick folgt, ob oder wie gut es nach etwas greifen kann. Wieder gibt es Gelegenheit, alle Fragen zu Schlaf, Ernährung und Verdauung, Schreien, Spielen und allgemeinem Verhalten zu besprechen.

Die U4 ist normalerweise der Termin für die erste Impfung gemäß den STIKO-Empfehlungen, vielleicht möchten Sie sich schon im Vorfeld mit diesem Thema befassen und offene Fragen klären. Dazu im Folgenden einige grundlegende Informationen.

Impfen

Am Thema Impfung scheiden sich die Geister. Die einen warnen vor den möglicherweise lebensbedrohlichen Auswirkungen der Krankheiten (siehe unten), die anderen vor schweren Impfschäden oder Allergieauslösern. Da in Deutschland, Österreich und den meisten Kantonen der Schweiz keine Impfpflicht besteht, liegt die Entscheidung bei den Eltern (siehe informative Websites Seite 185). Diese ist sicher nicht leicht, denn niemand ist anfälliger für Angstgefühle als Eltern eines kleinen Babys. Umso so wünschenswerter ist es, dass Sie von Ihrem Kinderarzt oder Ihrer Kinderärztin so undogmatisch wie möglich beraten werden. Die Ständige Impfkommission am Robert-Koch-Institut (STIKO) gibt den häufig aktualisierten Impfkalender heraus und bestimmt damit, welche Impfungen von den Krankenkassen bezahlt werden. Der Impfkalender 2010 umfasst im ersten Lebensjahr Impfungen zum Schutz vor Tetanus, Diphterie, Pertussis (Keuchhusten), Haemophilus influenzae Typ b (Hib), Poliomyelitis (Kinderlähmung), Hepatitis B, Pneumokokken, Meningokokken, Masern, Mumps, Röteln (MMR) und Varizellen (Windpocken). Die erste Impfung wird bereits mit zwei Monaten empfohlen, MMR und Varizellen ab dem zwölften Lebensmonat. Üblich sind Kombinationsimpfstoffe zur Fünf- oder Sechsfach-Impfung in einer Spritze. Die Impfstoffe sind einzeln nicht mehr erhältlich.

Lassen Sie sich den Impftermin am Anfang der Woche geben. So ist die Praxis gut erreichbar, falls unerwünschte Nebenwirkungen auftreten.

Damit haben Eltern nicht die Möglichkeit, sich für oder gegen einzelne Impfungen zu entscheiden und ihr Baby etwa anfangs nur gegen Hib und erst später gegen Tetanus impfen zu lassen. Ein Vorteil der Kombinationsspritzen: Die Impffaktoren befinden sich in einer Lösung mit nicht unbedenklichen Zusatzstoffen, die den kleinen Organismus belasten und sich im Verlauf der

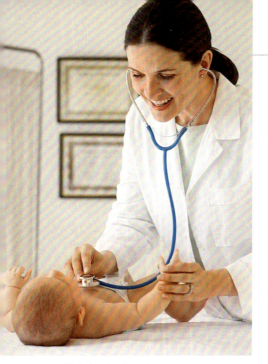

Vor jedem Impftermin sollte das Baby untersucht werden, ob es auch ganz gesund ist.

vielen Impftermine summieren würden. Durch die Kombinationsimpfung wird diese Lösung jeweils nur einmal verabreicht. Ein möglicher Nachteil der Kombination: Das unreife Immunsystem muss sich nach jeder Spritze mit fünf oder sechs abgeschwächten Krankheitserregern und Toxoiden gleichzeitig auseinandersetzen.

Jede Impfung ist ein Eingriff in das Immunsystem, das ist ihr Sinn. Im Säuglingsalter befindet sich dieses jedoch in einer Entwicklungsphase der allmählichen Reifung, der langsamen Ausformung und Differenzierung, in der es – wie jedes andere System in dieser Phase auch – noch äußerst störungsanfällig ist. Eltern sollten in der Kinderarztpraxis eigentlich auf Verständnis stoßen, wenn sie sich fragen, in welchem Verhältnis das Risiko und das eventuelle Ausmaß einer negativen Impffolge zum möglichen Schutz durch die Impfung steht.

Wichtig: Es sollte nicht geimpft werden …

- **wenn das Baby nicht gesund ist:** Nach Erkrankungen sollten bis zum Impftermin mindestens zwei Wochen verstreichen. Wenn das Kind sich vielleicht angesteckt hat und in der Inkubationsphase befindet – besser eine Woche abwarten und das Baby beobachten. Vor einer geplanten Operation sollten nach der Impfung mindestens noch ein bis zwei Wochen vergehen. Nach einer Operation besser zwei Wochen verstreichen lassen.
- **bei körperlicher oder seelischer Belastung:** Darunter fallen zum Beispiel Zahnungsphasen, Reisen und große Familienfeste sowie (vorübergehende) Trennungen.
- **bei bekannter Allergie und Neurodermitis:** Wurden in einer Familie Allergien gegen eine oder mehrere der vielen Additiva im Impfstoff identifiziert – zum Beispiel Antibiotika, Hühner-Eiweiß, Formaldehyd, Thiomersal – muss auf einen Impfstoff ausgewichen werden, der die entsprechende Substanz nicht enthält. Sonst ist es sicherer, auf die Impfung zu verzichten.
- **bei vorangegangener übermäßiger Impfreaktion:** Hat das Baby bei einer vorangegangenen Impfung eine auffällige Reaktion gezeigt (hohes Fieber, Krämpfe, andere neurologische Symptome, Ausschläge und ähnliches), darf die Impfung erst wiederholt werden, wenn die Ursache dieser Impfreaktion geklärt ist.

Abstände zwischen Impfterminen

Auch wenn den Eltern oft etwas anderes gesagt wird, gilt: Impftermine dürfen ohne Weiteres verschoben werden! Auch eine für Jahre unterbrochene Grundimmunisierung braucht nicht wieder neu begonnen zu werden. Denn laut STIKO gibt es keine unzulässig großen Abstände zwischen Impfungen. Jede Impfung gilt. Die im offiziellen Impfplan vorgesehenen Abstände sind Richtwerte und dürfen angepasst werden. Nur bei den ersten beiden Impfungen gegen Diphterie, Pertussis und Tetanus sowie gegen Hib und Hepatitis B sollte der Abstand nicht mehr als zwei Monate betragen.

Sinnvoll bei Impfungen: Beipackzettel der Impfampulle mitnehmen und aufbewahren, das erleichtert eventuelle spätere Ermittlungen bei Nebenwirkungen.

Alles ok? Das zeigt der Stuhl

Muttermilchstuhl hat einen milden, leicht süßlichen Geruch, der nicht unangenehm ist. Bei Flaschenernährung ist der Stuhl geruchsintensiver, von festerer, vielleicht auch zäherer Konsistenz. Die Farbe reicht von blassgelb über senfgelb bis ocker oder hellbraun.

Grüner Stuhl

Wenn das gelegentlich einmal vorkommt, gibt es keinen Grund zur Beunruhigung. Dann hat der Stuhl eine schnellere Darmpassage hinter sich, sodass die grünlichen Gallensäuren noch nicht umgewandelt wurden. Selbst wenn ein Baby immer grünlichen Stuhl hat, ist das an sich kein Grund zur Sorge, sofern es keine Verdauungsbeschwerden hat, gut gedeiht und zunimmt. Er tritt auch als Begleiterscheinung von Durchfall auf, insbesondere in Zahnungsphasen. Ansonsten könnte grüner Stuhl auch auf eine Störung der Darmflora oder bei gestillten Kindern auf eine nicht optimale Stillpraxis hinweisen. Lassen Sie das bei entsprechenden Zweifeln lieber abklären.

Grüner Stuhl zeigt sich häufig bei Babys, die HA-Milch oder andere spezielle Flaschennahrung (Heilnahrung) bekommen, kann aber auch aufgrund der noch unreifen Darmflora auftreten.

Häufigkeit und Menge

Ab der sechsten Lebenswoche nimmt die Häufigkeit des Stuhlgangs bei vielen gestillten Babys ab, wobei die Menge pro Stuhlwindel entsprechend zunimmt. Die normale Frequenz liegt dann zwischen zweimal täglich und zweimal pro Woche. Ein voll gestilltes Baby kann aber auch seltener Stuhlgang haben, ohne dass Verstopfung vorliegt – Muttermilch kann vollständig verwertet werden. Bei Verstopfung ist der Stuhl nicht nur selten, sondern auch trocken und hart, das Baby plagt sich beim Ausscheiden oder hat sogar Schmerzen. In diesem Fall müssen Sie die Ernährung verändern, das Baby braucht mehr Flüssigkeit. Lassen Sie sich von Ihrer Hebamme oder einer Stillberaterin unterstützen.

PFLEGE UND GESUNDHEIT

Babys Wachstum

In den ersten drei Lebensmonaten wachsen Babys am schnellsten: Sie nehmen pro Monat durchschnittlich drei bis vier Zentimeter an Länge und 500 bis 1000 Gramm an Gewicht zu. Die Gewichtszunahme geschieht nicht gleichmäßig, sondern meist in Schüben. Deshalb kann ein Kind in einer Woche 300 Gramm und in der nächsten 80 Gramm zunehmen. Anfangs wird das Baby von der Hebamme während der Wochenbettbesuche gewogen, später in der kinderärztlichen Praxis. Dort geschieht es im Zuge der Vorsorgeuntersuchungen oder auch öfter, sofern ärztlicherseits oder auch vonseiten der Eltern eine engmaschigere Beobachtung angebracht erscheint. Auffällig wäre es, wenn das Gewicht drei Wochen lang relativ konstant bliebe, denn das käme in diesem Alter einer Gewichtsabnahme gleich. In einem solchen Fall sollten Sie frühzeitig fachliche Beratung für die Ernährung Ihres Kindes in Anspruch nehmen.

Beschwerden, die jetzt auftreten können

Nabelbruch

Der Nabelbruch sieht erschreckend aus, ist aber an sich harmlos. Gehen Sie trotzdem im Zweifelsfall mit Ihrem Baby zum Arzt.

Die Bauchmuskulatur bildet im Nabelbereich naturgemäß eine Durchtrittslücke für die Nabelschnur, die sich erst im Verlauf des ersten Lebensjahres schließt. Kommt es hier zu einer kugeligen, weichen Wölbung bedeutet das, dass ein Teil des Darms durch diese Lücke geschlüpft ist. Das kann durch heftiges Schreien oder durch Pressen beim Stuhlgang passieren. Normalerweise verursacht der Nabelbruch keine Beschwerden. Lassen Sie als »Therapie« Ihr Baby mehrmals täglich nackt unter der Wärmelampe strampeln, damit sich die Bauchdeckenmuskulatur schneller festigt und schließt.

Säuglingsschnupfen

Das Näschen ist in den ersten Monaten schnell mal verstopft, weil die noch sehr feinen Nasengänge bei der geringsten Schleimbildung blockiert werden. Abschwellend wirken ein paar Tropfen Muttermilch oder isotone Kochsalzlösung mit Pipette in jedes Nasenloch geträufelt. Diese gibt es in der Apotheke, sie ist aber auch leicht selbst herzustellen: 1 gestrichenen Teelöffel Kochsalz in 500 ml Wasser auflösen. Tut der Nasenschleimhaut gut und darf häufig wiederholt und unbegrenzt angewendet werden.

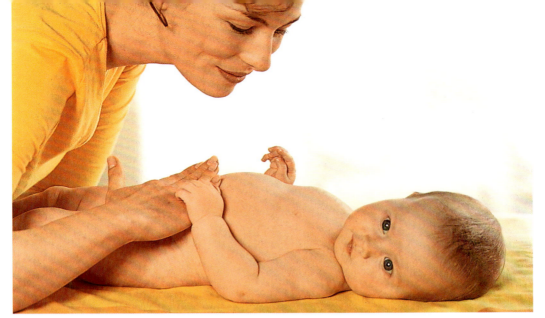

Wenn Ihr Baby unter Bauchweh leidet, streichen Sie ihm mit angwärmtem Öl im Uhrzeigersinn zärtlich über den Bauch.

Schmierauge

Eines oder beide Augen sondern ein grün-gelbes Sekret ab, vor allem im Schlaf, die Augen sind dadurch häufig beim Aufwachen verklebt. Die Ursache ist meist eine altersbedingte vorläufige Enge des Tränenkanals, die sich bald »auswächst«. Wischen Sie das betroffene Auge einfach mehrmals täglich mit lauwarmem Wasser von außen nach innen ab. Massieren Sie den Bereich zwischen innerem Augenwinkel und Nasenrücken sanft mehrmals täglich, das unterstützt den Abfluss der Tränenflüssigkeit, die die Augen ständig umspült.

Dreimonatskoliken

Von Blähungen und Koliken wird manches Baby in diesem Alter zumindest gelegentlich geplagt. Die Ursachen sind vielschichtig, nicht immer handelt es sich um echte Darmprobleme. Mögliche Abhilfe:

- Wärme (Kirschkernkissen), Tragen im Fliegergriff (siehe Seite 48), Pucken (siehe Seite 120), Bauchmassage im Uhrzeigersinn mit angewärmtem Melisseöl, Kümmel-Kinderzäpfchen (Carum carvi), Melissebäder.
- Sie können den Koliken vorbeugen, indem Sie jegliche Abkühlung beim Baby vermeiden sowie Ihre Ernährung umstellen: Bei häufigen Beschwerden des gestillten Babys streichen Sie testweise Kuhmilch und Kuhmilchprodukte für zehn Tage konsequent aus der eigenen Ernährung – wenn es hilft, lassen Sie diese weiterhin weg oder probieren Sie aus, ob ein Umstieg auf laktosefreie Milch und kuhmilchfreie Käsesorten ausreicht. Homöopathie kann sehr hilfreich sein, wenn ein individuell passend gewähltes Mittel verordnet wird. In Einzelfällen ist auch eine manuelle Therapie, wie die Osteopathie, angezeigt.

PFLEGE UND GESUNDHEIT

Vierter bis achter Monat

Die ersten Zähnchen

Bei fast allen Babys kommt das erste Zähnchen zwischen dem vierten und zwölften Lebensmonat, meistens zwischen dem fünften und neunten. Bei manchen Babys brechen die ersten Zähnchen so unauffällig durch, dass sie ihre Eltern damit überraschen, bei anderen ist jeder neue Zahn mit einer allgemeinen Unruhe verbunden, die vor allem vorübergehend die Nächte stört. Doch gleichzeitig mit dem Durchbruch der ersten Zähnchen treten oft auch die ersten Infekte auf, dann lässt sich schwer bestimmen, inwiefern die einzelnen Faktoren zur Unruhe des Babys beitragen.

Daran erkennen Sie, dass Ihr Baby zahnt

Manche Milchzähne kommen völlig überraschend, bei anderen ist vielleicht schon seit Längerem das Zahnfleisch gerötet, geschwollen und sehr empfindlich, auch die Bäckchen sind röter als sonst.

Viele Babys sind in dieser Phase reizbar, haben einen wunden Po, Durchfall oder Verstopfung, schlafen schlechter, weinen mehr und wollen nicht alleine sein. Eine anstrengende Zeit für die Eltern, vor allem, weil sich erst rückblickend mit Sicherheit sagen lässt, dass dieser Zustand durch das Zahnen verursacht wurde. Schließlich hilft es meist schon ein wenig, zu wissen, warum das Baby so unleidig ist. Unwohlsein, das durch das Zahnen entsteht, unterscheidet sich von ernsteren Erkrankungen dadurch, dass es nur kurz auftritt und immer wieder abklingt. Denken Sie bei Schmerzen trotzdem immer auch an andere Erkrankungen. Wer alles ungeklärt auf die Zähne schiebt, übersieht vielleicht etwas, zum Beispiel eine behandlungsbedürftige Mittelohrentzündung, die ebenfalls ein Grund für plötzliche nächtliche Schmerzen sein kann (siehe Seite 171). Klarheit bringt im Zweifelsfall eine Ohrspiegelung in der Kinderarztpraxis am folgenden Tag. Von richtigem Fieber (siehe Seite 173) wird der Durchbruch der Schneidezähne nur selten begleitet, eher kommt es zu einem leichten Temperaturanstieg, vor allem beim Durchbruch der Eckzähne.

Woran Sie auf alle Fälle erkennen, dass bei Ihrem Kind die Zähne schieben, auch wenn sie dieses Mal noch nicht durchbrechen:

- Ihr Baby will unbedingt auf etwas herumkauen und hat ständig ein paar Fingerchen im Mund.
- Der Speichelfluss hat deutlich zugenommen und Ihr Kind sabbert stark.

Das Milchgebiss

Die Reihenfolge, in der die Milchzähne durchbrechen sollen, wird nicht von jedem Kind eingehalten, aber die ersten Zähnchen erscheinen doch in aller Regel vorne. Normalerweise erscheinen erst unten und dann oben alle vier Schneidezähne. Dann folgen – selten vor dem ersten Geburtstag – nacheinander zunächst vier Backenzähne und meist erst danach die vier Eckzähne zwischen den Schneide- und Backenzähnen. Üblicherweise nach dem zweiten Geburtstag kommen dann ganz hinten die letzten vier der insgesamt 20 Milchzähne. Im Alter von 30 Monaten ist das Milchgebiss meistens vollständig vorhanden.

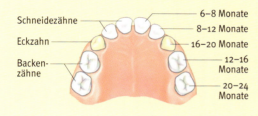

Das hilft Ihrem Baby beim Zahnen

- Tupfen Sie mit den Fingerkuppen oder einem Wattestäbchen ein wenig Kamillentee auf das Zahnfleisch, er wirkt leicht entzündungshemmend.
- Da Ihr Baby versucht, sein Zahnfleisch zu massieren, indem es auf allem herumkaut, was es in die Hände bekommt, bieten Sie ihm einen gekühlten Beißring an, wenn sein Zahnfleisch stark gerötet ist. Kühlen Sie den Ring jedoch nie im Gefrierfach, da er dann am Kiefer oder an den Lippen festfrieren und die Haut verletzen könnte! In Deutschland ist es inzwischen gesetzlich vorgeschrieben, dass das Plastikmaterial frei von Weichmachern und generell ungiftig ist, bei im Ausland hergestellten Beißringen können Sie diesbezüglich nicht sicher sein.
- Eine sehr bewährte, traditionelle Zahnungshilfe ist die »Veilchenwurzel« (Rhizoma Iridis), die beruhigende und schmerzlindernde Substanzen an das Zahnfleisch abgibt, während das Kind auf ihr kaut. Die Wurzel verursacht keine Karies und kann zur Reinigung für kurze Zeit in kochendes Wasser getunkt werden, dann bestehen keine hygienischen Bedenken.

   Veilchenwurzel ist in vielen Apotheken und Geschäften für Säuglingsausstattung erhältlich.
- Nicht unbedingt schmerzstillend, aber angenehm, um darauf herumzukauen, sind auch Möhren, Selleriestücke, Apfelschnitze, feste Brotrinden und dergleichen. Da das Baby seine Nahrung noch lange nicht selber zer-

kleinern kann, auch wenn die ersten Zähnchen schon da sind, ist dieses Kauen auf Wurzeln oder festen, altbackenen Brotstücken eine wichtige Übung, die ruhig zur Gewohnheit werden darf, auch über die Zahnungszeit hinaus. Aber Vorsicht: Lassen Sie das Baby nie allein dabei, es könnte einmal ein Stückchen davon abbeißen und sich daran verschlucken.

- Pauschal verordnete homöopathische Mittel erfreuen sich großer Beliebtheit, allen voran das Einzelmittel Chamomilla und das Kombinationspräparat »Osanit«. Solange Eltern wissen, dass ein homöopathisches Mittel abgesetzt werden muss, wenn es nicht innerhalb kurzer Zeit (etwa drei bis fünf Gaben) eine Besserung herbeiführt, werden diese Mittel nicht schaden. Die Alternative zur pauschalen Empfehlung ist ein gut gewähltes homöopathisches Einzelmittel, das nach ausführlicher Anamnese verordnet wurde.
- Wenn Sie sicher sind, dass Ihr Kind zahnt, können Sie ihm in einer besonders schlimmen Nacht auch mit einem Zäpfchen zur Ruhe verhelfen. Hier stehen unter anderem zur Auswahl: »Passiflora Kinderzäpfchen« (Wala) bei nervöser Unruhe sowie »Fieber- und Zahnungszäpfchen« (Weleda) bei erhöhter Temperatur.

ACHTUNG Weil chemische Schmerzmittel wie Nurofen-Kinderzäpfchen oder Paracetamol-Säuglingszäpfchen nicht so harmlos sind wie früher angenommen, sollten sie dem seltenen Notfall vorbehalten bleiben.

Beißringe, die sich kühlen lassen, tun in der Zahnungsphase dem Zahnfleisch Ihres Babys gut. Achten Sie bei der Auswahl auf gute Qualität!

Zahnpflege

Reinigen Sie die Zähnchen Ihres Babys von Anfang an. Das geht am besten mit einem Läppchen oder Wattestäbchen. Sobald Ihr Baby mit Ihnen gemeinsam beim Zähneputzen vor dem Spiegel stehen kann, ist die Zeit für seine erste Mini-Zahnbürste gekommen. Wie sie verwendet wird, darf es dann jeden Abend zusammen mit den Großen am Waschbecken üben.

Zahnpflege ist von Anfang an wichtig, damit das Milchgebiss gesund bleibt.

Die Vorsorgeuntersuchung U5

Wie bei jeder Vorsorgeuntersuchung wird Ihr Kind gemessen und gewogen, seine Reflexe werden getestet, außerdem Herztätigkeit, Atmungsfunktionen, Hals, Nase und Ohren untersucht.

Der fünfte Termin: U5

Etwa ein halbes Jahr ist das Baby bei dieser Vorsorguntersuchung alt, deren Termin im sechsten bis siebten Monat liegt. Neben der routinemäßigen Erhebung von Gesundheitsstatus und Entwicklungsstand liegt der Fokus bei dieser Untersuchung auf der Interaktion des Kindes mit seiner Umwelt – wie reagiert es auf seine Umgebung: Hält es beispielsweise Blickkontakt und wie verhält es sich dabei? Wie verhält es sich zu Hause? Greift es gezielt nach Gegenständen in seiner Nähe, tut es das mit beiden Händen oder lieber immer mit derselben Hand? Wie steht es mit seiner Geschicklichkeit, kann es beispielsweise einen Gegenstand von der einen Hand in die andere nehmen? Wie ist seine motorische Entwicklung, welche seiner Bewegungsmöglichkeiten nutzt es: Kann es den Kopf nun in jeder Position sicher halten, stützt es sich in Bauchlage mit den Händen ab? Dreht es sich schon alleine vom Rücken auf den Bauch? Und zurück? Auf der körperlichen Ebene wird in diesem Alter wiederum das Gehör untersucht anhand der Reaktionen auf verschiedene Geräusche; sollte in der Familie Fehlsichtigkeit vorkommen, ist es jetzt an der Zeit, das Kind augenärztlich untersuchen zu lassen. Hier ist Früherkennung besonders wichtig.

Alles ok? Das zeigt die Verdauung

Viele Babys reagieren auf neue Lebensmittel im Zuge der Beikosteinführung mit einer veränderten Verdauung. Das ist bis zu einem gewissen Grad normal, solange das Baby keine Beschwerden hat. Auch das Zahnen (siehe Seite 158) schlägt oft auf die Verdauung, viele Babys reagieren mit durchfallähnlichen

PFLEGE UND GESUNDHEIT

Symptomen oder bekommen Verstopfung. Das macht deutlich, dass der Mund eben zum Verdauungssystem gehört: Das ganze System reagiert, wenn ein Teil betroffen ist.

- Häufiger und dünner Stuhl allein muss im Säuglingsalter kein Zeichen für Durchfall sein und ist nicht beunruhigend. Stopfend wirken kann ein roh geriebener Apfel, der an der Luft braun gworden ist, auch frische oder getrocknete Heidelbeeren helfen. Wenn der Stuhl jedoch plötzlich sehr viel häufiger und dünner wird und das Baby gleichzeitig Anzeichen von Unwohlsein zeigt, beispielsweise quengelig und anhänglich ist, besprechen Sie sich lieber mit Ihrem Kinderarzt.

Wichtig: Gehen Sie mit Ihrem Kind zum Arzt, wenn die Diarrhoe länger als sechs Stunden anhält!

- Der echte Durchfall – Diarrhoe – zeigt sich beim Baby am veränderten, üblen Geruch und einer ungewöhnlich schaumigen oder schleimigen Beschaffenheit des Stuhls. Dann kommt als Ursache eher nicht die Beikost oder die Zahnung infrage, sondern eine Magen-Darm-Infektion.
- Verstopfung zeigt sich im ersten Lebensjahr nicht allein an einer plötzlich verminderten Stuhlfrequenz, vor allem solange das Kind noch voll gestillt wird. Selbst wenn ein gestilltes Baby bisher täglich ein- oder zweimal Stuhlgang hatte und der plötzlich zwei oder drei Tage lang aussetzt, betrachtet man das als eine normale Erscheinung der Darmentwicklung. Meistens hat das Kind dann zwar vorübergehend seltener Stuhlgang, aber dafür eine wesentlich größere Stuhlmenge bei jeder erfolgten Darmentleerung und weichen Stuhl.
- Hat ein voll gestilltes Baby seltener Stuhlgang, ohne dass die jeweilige Menge entsprechend größer ist, und hat es in der letzten Zeit nicht gut zugenommen, könnte das ein Hinweis darauf sein, dass es nicht genug trinkt. Klären Sie in diesem Fall entsprechende Fragen zum Gedeihen Ihres Babys mit dem Kinderarzt. Sollte sich der Verdacht dabei nicht auflösen, ist es das Beste, sich rasch von einer Stillfachfrau (siehe Adressen Seite 184) unterstützen zu lassen, um die Milchmenge zu steigern und das effiziente Trinken zu fördern.
- Manche Babys reagieren auf das Zahnen vorübergehend mit echter Verstopfung, und auch in der Phase der Gewöhnung an neue Lebensmittel kann diese auftreten. Dann ist der Stuhl trockener, vielleicht fester oder sogar hart und das Baby hat Mühe oder Schmerzen beim Ausscheiden. In diesem Fall hilft nur eine Umstellung der Ernährung. Das Lebensmittel, das die Verstopfung verursacht, muss erst einmal zurückgestellt werden, meistens lehnt das Baby es dann sowieso ab. Hilfreich wirkt Birnenmus durch seine stuhlauflockernde Wirkung. Bieten Sie Ihrem Baby außerdem die Brust öfter an, und wenn Sie nicht mehr stillen, geben Sie ihm häufiger Wasser, Tee oder Birnensaft zu trinken.

Babys Wachstum

Nach den ersten drei Monaten wachsen Babys sichtlich weniger rasch in die Länge oder Breite: Sie legen durchschnittlich »nur« noch etwa zwei Zentimeter an Länge und 300 bis 600 Gramm an Gewicht pro Monat zu. Dabei hat jedes Baby sein eigenes Wachstumstempo, das ihm genetisch in die Wiege gelegt wurde. Ungefähr mit einem halben Jahr haben die meisten Babys ihr Geburtsgewicht verdoppelt. Von da ab beträgt die Gewichtszunahme 150 bis 400 Gramm pro Monat.

Bei den vorgesehenen kinderärztlichen Untersuchungen werden das Längenwachstum, das Gewicht und der Kopfumfang Ihres Babys gemessen und entlang der Perzentilkurven in das gelbe Untersuchungsheft eingetragen. So kann Ihr Kinderarzt mit einem Blick erkennen, wie sich das individuelle Wachstum in Relation zum Durchschnitt verhält.

Doch Vorsicht: Das optimale Wachstum verläuft keineswegs entlang von durchschnittlichen Linien, sondern ausschließlich entlang der individuellen genetischen Vorgaben. Verläuft die individuelle Zunahme unterhalb der Durchschnittswerte, so ist das nicht automatisch negativ, genauso wenig ist es positiv, wenn ein Kind überdurchschnittlich viel zunimmt. Ob ein Baby vollkommen gesund heranwächst, kann nur anhand der Gesamtbeobachtung beurteilt werden.

Beschwerden, die jetzt auftreten können

Pilzinfektion – Soor

Diese Candidapilzinfektion zeigt sich im Mund des Babys in Form eines weißen, fleckigen Belags, der sich nicht leicht abwischen lässt, am Babypopo tritt er als hartnäckiges, behandlungsresistentes Wundsein auf. Bei stillenden Müttern greift die Pilzinfektion vom Mund des Babys leicht auf die Brust über und verursacht dort Schmerzen.

Soor sollten Sie immer vom Kinderarzt abklären lassen, gegebenenfalls verschreibt er Ihrem Kind für die betroffenen Stellen Antimykotika, die meist aufgepinselt werden. Behandeln Sie gegebenenfalls auch Ihre Brust damit und verwenden Sie luftdurchlässige Einmal-Stilleinlagen. Pilzsporen sind sehr überlebensfähig, besonders in fettem, feuchtem Milieu. Wechseln Sie Ihre Wäsche während einer akuten Pilzinfektion täglich und waschen Sie sie bei mindestens 60 °C.

Typisches Symptom bei Soor ist der fleckige Zungenbelag des Babys.

PFLEGE UND GESUNDHEIT

> Die fettigen Beläge lassen sich gut mit pflanzlichem Öl aufweichen und dann vorsichtig auskämmen.

Milchschorf

Sehr viele Babys haben einen schuppigen Belag auf der Kopfhaut, der sich hartnäckig hält. Er juckt nicht und stört das Baby in keiner Weise. Weil er etwas unschön ist, möchten ihn viele Eltern entfernen. Er ist jedoch normalerweise harmlos und bedarf keinerlei Behandlung, nach einiger Zeit vergeht er von selbst. Im Volksmund heißt er zwar Milchschorf, aber hautmedizinisch nennt man ihn Kopfgneis und spricht nur bei einem juckenden Ekzem im Kopfbereich von Milchschorf.

Neurodermitis

Bemerken Sie an Ihrem Baby trockene, raue, etwas erhabene Hautstellen, oder auch trockene, rissige Stellen, die schnell ein wenig bluten, dann könnte es sich um eine beginnende Neurodermitis handeln. Wenn das Baby sich dort bei jeder Gelegenheit kratzt, ist dies ein Hinweis auf den typischen Juckreiz. Diese Hautsymptome gehören zum chronischen Krankheitsbild der Neurodermitis, auch atopisches Ekzem genannt. Meist gehört neben der Bereitschaft zu diesem Ekzem auch die Veranlagung zu Atemwegssymptomen wie Heuschnupfen und Asthma. Vorbeugend wirkt nachweislich das Stillen über die Dauer von sechs Monaten. Tabakrauch hingegen zählt zu den Risikofaktoren, bereits in der Schwangerschaft. Unter den komplementärmedizinischen Behandlungsmethoden hat sich vor allem die Homöopathie bewährt, so wie bei Allergien insgesamt (siehe informative Website zur Neurodermitis Seite 185).

Da die Haut bei Neurodermitis nicht genügend Fett produziert, muss dies durch Pflege ausgeglichen werden. Cremen Sie Ihr Kind zwei- bis viermal täglich ein und variieren Sie je nach seinem Hautzustand und nach Wetter:

- Fett-Salben, die bei sehr trockener Haut und bei kaltem Wetter angenehm sind. (Die Krankenkasse zahlt für verordnete Fettsalben bis zum 12. Lebensjahr.)
- Cremes, die im Sommer und in Phasen von weniger trockener Haut geeignet sind, da sie die Hautfeuchtigkeit weniger bewahren.
- Lotionen und Gels, die sich für nässende Hautpartien, wo eine Salbe nicht haftet, eignen.
- Das Eincremen mit hochwertigen Ölen mit Omega-3-Fettsäuren kann die Rückfettung der Haut unterstützen und entzündungshemmend wirken. Diese Öle werden aber unterschiedlich gut von der Babyhaut vertragen. Bekannt für ihren reichen Gehalt an Omega-Fettsäuren sind Nachtkerzenöl, Fischöl, Leinöl und andere hochwertige Öle. Ebenfalls reich an Omega-Fettsäuren sowie entzündungshemmenden Faktoren und sehr gut verträglich ist Muttermilch, auch äußerlich angewendet.

Dreitagefieber

Diese ansteckende Herpesvirusinfektion wird durch Tröpfchen übertragen und tritt meist schon im ersten Lebenshalbjahr, spätestens im Kleinkindalter auf. Das Dreitagefieber beginnt mit plötzlich einsetzendem hohem Fieber bis 40 °C, das nach rund drei Tagen wieder verschwindet. Das Kind ist dabei in seinem Allgemeinbefinden meist nur wenig beeinträchtigt, am ersten Tag mit hohem Fieber kann es allerding schläfrig und quengelig sein. Nach dem Fieber tritt kurzzeitig ein roter Aussschlag auf. Ab diesem Stadium ist das Baby nicht mehr ansteckend. Therapeutische Maßnahmen ändern nicht viel am Verlauf der Krankheit.

Wichtig: Gehen Sie bei hohem Fieber immer mit Ihrem Baby zum Arzt und lassen Sie sicherheitshalber die Diagnose abklären (siehe auch Seite 173)!

Schnupfen

Schnupfen ist nichts anderes als eine gute Abwehrreaktion des Körpers. Die Nasenschleimhäute verhindern damit, dass Keime durch die Nasenöffnung aufsteigen können – stattdessen werden sie mit den Sekreten ausgeschieden. Deshalb sagt schon ein altes Sprichwort: »Ein Schnupfen hält 100 Krankheiten ab.« Allerdings ist eine verstopfte Nase sehr unangenehm für das Baby, weil sie die freie Atmung beim Saugen erschwert. Dann lässt es die Brust oder den Nippel der Flasche los, wendet sich ab und schreit. Es kann frustrierend oder auch erschreckend für das Baby sein, wenn es mit dem gleichzeitigen Saugen und Atmen auf einmal nicht mehr klappt.

Naturheilmittel gegen Schnupfen – sanft genug fürs Baby

- Das am schnellsten wirksame Mittel ist isotone Kochsalzlösung oder Muttermilch (siehe Seite 156).
- Zusätzlich hilfreich: Stellen Sie eine Schale mit heißem Wasser und ein paar Tropfen ätherischem Thymianöl in Babys Nähe. Der Duftstoff verbreitet sich rasch in der Luft und wirkt heilend und befreiend auf die Atemwege.
- Außerdem können Sie dem Badewasser des Babys einen schnupfenlösenden Kräuterabsud zusetzen. So wird's gemacht: Überbrühen Sie je 1 EL getrockneten Thymian, Majoran, Kamille und Lavendel mit 500 ml kochendem Wasser und lassen Sie die Kräuter 10 Minuten darin ziehen, ehe Sie sie abgeseiht ins Badewasser gießen.
- Achten Sie bei Schnupfen besonders darauf, dass Ihr Baby warme Füße hat.

Am besten ziehen Sie Ihrem Baby Wollsöckchen unter dem Strampler an, so bleiben seine Füßchen schön warm.

PFLEGE UND GESUNDHEIT

Neunter bis zwölfter Monat

Die Vorsorgeuntersuchung U6

Wie bei jeder Vorsorgeuntersuchung werden Herztätigkeit, Atmungsfunktionen, Hals, Nase und Ohren untersucht und Ihr Kind wird genau gemessen und gewogen.

Der sechste Termin: U6

Zwischen dem zehnten Monat und dem ersten Geburtstag findet die sechste Vorsorgeuntersuchung statt. Auch hier gilt der Bewegungsentwicklung ein besonderes Augenmerk. Wie sieht es mit dem selbstständigen, freien Sitzen aus, mit Krabbelversuchen oder anderer Fortbewegung, mit Hochziehen und Steh-Übungen? Falls Sie beobachtet haben, dass Ihr Kind noch kein Interesse daran zeigt, mobil zu werden – egal ob durch Rollen, Rutschen, Kriechen oder Krabbeln, oder dass es noch nicht aufrecht frei sitzt, oder dass es Gegenstände noch nicht richtig von der einen in die andere Hand geben kann, sollten Sie das hier ansprechen. Bei Bedarf wird eine Therapie verordnet, um das Kind zu fördern. Im Fokus steht auch die Feinmotorik: Beherrscht das Kind den Pinzettengriff (siehe Seite 67), erforscht es seine Umwelt, indem es Gegenstände von allen Seiten betastet, schüttelt, daran herumklopft? Auch die Sprachentwicklung wird betrachtet: Reiht das Kind Silben aneinander, wie »mimi« oder «dada«, ordnet es Worte zu, wie »Mama« und ähnliche Laute, die es auf etwas Bestimmtes bezieht?
Außerdem wird die Entwicklung der äußeren Geschlechtsorgane untersucht und erneut das Gehör getestet. Da fast jedes Kind zwischen der U5 und der U6 seine ersten Zähne bekommt, wird auch die Zahnpflege angesprochen ebenso wie die Rachitis- und eventuell Karies-Prophylaxe mit Fluorid und Vitamin D (siehe Service Seite 180).

Alles, was Ihr Kind in die Händchen bekommt, wird nun gedreht und gewendet und neugierig erforscht.

Alles ok? Das zeigt die Verdauung

Ist der Stuhl dünn und häufig oder selten, aber viel und weich, muss es sich dabei weder um Durchfall noch um Verstopfung handeln. Wie Sie echte Diarrhoe und Obstipation erkennen und was Sie tun können, lesen Sie auf den Seiten 162 und 168.

Babys Wachstum

Manche Babys wachsen jetzt pro Monat eineinhalb Zentimeter und andere bis zu fünfeinhalb Zentimeter, aber im Durchschnitt beträgt das Längenwachstum am Ende des ersten Lebensjahres noch etwa einen Zentimeter pro Monat. Mit einem Jahr haben die meisten Babys in der Körperlänge um rund 50 Prozent zugelegt und bringen das Zweieinhalb- bis Dreifache ihres Geburtsgewichts auf die Waage. Besonders schnell wächst im ersten Lebensjahr das Gehirn, das bereits während der Schwangerschaft rasant zugelegt hat. Bei der Geburt hat das Gehirn ein Drittel seines Erwachsenengewichts erreicht, am ersten Geburtstag wiegt es schon drei Viertel seines späteren endgültigen Gewichts.

In einer Untersuchung wurde festgestellt, dass gestillte Babys an ihrem ersten Geburtstag schlanker sind als flaschenernährte Babys, ohne Unterschiede im Längenwachstum und in der Zunahme des Kopfumfangs. In einer anderen Studie waren ehemals flaschenernährte Erstklässler doppelt bis fünfmal so häufig übergewichtig als ehemals gestillte Kinder. Diese Tendenz deutete sich offenbar bereits im ersten Lebensjahr an.

Die Herstellerfirmen von Formulamilch wurden gesetzlich ab 2010 verpflichtet, den Kaloriengehalt von Säuglingsnahrung herunterzusetzen und bestimmte Zuckersorten zu vermindern.

Der Nestschutz nimmt ab

Babys bekommen bei der Geburt ein dickes Paket von Abwehrstoffen von ihrer Mutter mit – den sogenannten Nestschutz – denn beim Eintritt in unsere Welt machen sie zum ersten Mal Bekanntschaft mit Keimen und Krankheitserregern aller Art, während ihr Immunsystem sich erst noch entwickeln muss. Der Nestschutz vergeht im Laufe des ersten Lebensjahres und die eigenen Abwehrstoffe bilden sich nach und nach im erfolgreichen Umgang mit Erregern heraus. Das heißt: Nach jedem Schnupfen oder Husten, nach jeder leichten Darminfektion, die Ihr Kind aus eigener Kraft überstanden hat, ist sein körpereigenes Abwehrsystem stärker und reicher an Immunfaktoren.

PFLEGE UND GESUNDHEIT

Beschwerden, die jetzt auftreten können

Erbrechen

Erbrechen ist beim Säugling nicht dasselbe wie Spucken. Beim Spucken wird nach dem Trinken ein wenig Milch beim Bäuerchen mit aufgestoßen. Das ist nicht besorgniserregend, sondern gilt als normal, selbst wenn es nach jeder Mahlzeit vorkommt. (Lesen Sie auf den Seiten 83 bis 84 mehr zu diesem Thema.) Beim Erbrechen hingegen wird die Milch durch einen plötzlichen Krampf im Magen ausgestoßen. Sie schießt dem Baby in einem kräftigen Strahl aus dem Mund. Erbrechen tritt oft am Beginn einer Erkrankung auf. Deshalb sollten Sie das Baby danach warm und ruhig halten und seine Temperatur messen. Ist sie normal, können Sie abwarten, ob sich das Erbrechen wiederholt. Wenn nicht, dann hat sich der kleine Organismus durch diese beschleunigte Art der Ausscheidung offenbar erfolgreich gegen irgendwelche Krankheitserreger oder Giftstoffe gewehrt.

> **ACHTUNG** Hat das Baby aber Fieber, muss es ärztlich untersucht werden. Tritt das Erbrechen in Verbindung mit Durchfall auf, dann ist das Baby in Gefahr, zu viel Flüssigkeit zu verlieren und muss zum Kinderarzt. Vom Beginn der Symptome bis zur ärztlichen Behandlung sollten in diesem Fall nicht mehr als sechs Stunden vergehen.

Fieber messen Sie bei Babys am besten rektal, da das die genaueste Methode ist.

Durchfall

Nur wenn der Stuhl wesentlich dünner sowie häufiger ist als sonst, er außerdem übel riecht, kann Durchfall vorliegen. Ist er jedoch ohne sonstige Symptome einmal grünlich statt gelb, ist das noch kein Alarmzeichen, sondern deutet auf eine leichte, vorübergehende Störung hin (siehe Seite 162).

> **ACHTUNG** Handelt es sich um richtigen Durchfall, sollten Sie Ihr Kind vor Ablauf von sechs Stunden seit dem Beginn der Symptome vorsichtshalber zum Arzt bringen (beim Kleinkind: 12 Stunden). Vor allem, wenn Erbrechen dazukommt, besteht bei kleinen Babys die Gefahr der Austrocknung.

WIE IHR BABY ZEIGT, DASS ES IHM NICHT GUT GEHT

Wenn Ihr Baby schreit und sich einfach nicht beruhigen lässt, liegt natürlich der Verdacht nahe, dass es krank ist. Schließlich lässt nun der Nestschutz langsam nach (siehe Seite 167). Es gibt aber noch andere Anzeichen als Schreien, an denen Sie erkennen können, ob es Ihrem Kind nicht gut geht. Im Folgenden die wichtigsten Hinweise, wann Sie beruhigt sein können und wann Ihre ganze Aufmerksamkeit gefragt ist.

Beruhigende Zeichen

- Das gesunde Baby hält im Schlaf immer seine Ärmchen nach oben gewinkelt mit den Fäustchen neben dem Kopf. Wenn es auf dem Rücken oder Bauch liegt, liegen seine Arme automatisch immer in dieser Haltung – die Oberarme waagrecht nach außen, die Unterarme im rechten Winkel nach oben.
- Das gesunde Baby hat eine rosige Gesichtshaut. Verändert sich die Gesichtsfarbe und das Aussehen Ihres Kindes plötzlich, sollten Sie umgehend seine Temperatur messen.
- Beobachten Sie immer auch die Fontanelle am Kopf des Babys. Sie ist beim gesunden Kind weder stark nach innen noch nach außen gewölbt, man sieht sie leicht pulsieren. Zieht sich die Fontanelle einmal ein wenig nach innen, ist das normalerweise ein Hinweis darauf, dass das Baby mehr Flüssigkeit braucht, das kann öfters vorkommen.

Warn-Signale

- Kein gutes Zeichen ist es, wenn sich die Fontanelle prall nach außen wölbt. Lassen Sie Ihr Baby umgehend untersuchen!
- Wenn das Baby quengelt und reizbar ist und nicht normal seine Mahlzeiten trinken will, messen Sie regelmäßig seine Temperatur. Ist diese erhöht, wissen Sie, dass etwas nicht stimmt. Wie oft Sie dann das Thermometer zücken sollten, hängt davon ab, welchen Gesamteindruck Ihr Baby macht – zum Beispiel, ob es zwischendurch gut schläft und danach erholt aufwacht. Wenn sein Verhalten Ihnen insgesamt eher Sorgen macht, und die Temperatur zunimmt, ist es besser, wenn Sie alle zwei Stunden messen. Dies ist vor allem dann angeraten, wenn noch andere Warnsignale (siehe unten) dazu kommen.
- Fieber, Erbrechen, Durchfall oder Stuhlverhaltung sind Symptome, die auf eine (beginnende) Erkrankung hinweisen können, vor allem wenn sie zusammen mit Reizbarkeit auftreten.
- Alarmierend ist es, wenn Sie beim Abtasten des Bäuchleins feststellen, dass die Bauchdecke des Babys straff gespannt ist und es empfindlich auf den leichten Druck reagiert. Gehen Sie dann sofort zum Arzt.

PFLEGE UND GESUNDHEIT

Akute Darm-Invagination

Dies ist eine sehr seltene Störung im Darm, die im Alter zwischen drei Monaten und zwei Jahren auftreten kann. Was der Name bedeutet: Ein kleiner Darmabschnitt stülpt sich über den vor ihm liegenden – es kommt praktisch zu Darmverschluss. Durch die natürlichen Darmbewegungen wird Druck auf die blockierte Stelle ausgeübt und das führt zu plötzlichen, sehr heftigen Schmerzen. Diese dauern zwar jeweils nur wenige Minuten an, aber sie treten ungefähr alle 20 Minuten erneut auf. Das Baby schreit schrill auf und wird vor Schmerz grau im Gesicht. Zwischen den Attacken muss sich das Baby vielleicht schwallartig übergeben. Bringen Sie es so schnell wie möglich zum Arzt.

Schmerzen

Der Schmerzensschrei ist schrill und durchdringend, umso mehr, je größer der Schmerz ist.

Wenn alle anderen Ursachen ausgeschlossen sind und das Baby nicht aufhört zu weinen, könnte es sein, dass es irgendwelche Schmerzen hat. Das liegt vor allem nahe, wenn das Baby besonders schrill oder jämmerlich weint, wenn es sich auch auf dem Arm nicht oder nur sehr kurz getröstet fühlt, und sich allenfalls für ein paar Sekunden vom Schreien ablenken lässt. Auch wenn keine anderen Symptome dazu kommen – rufen Sie besser den Kinderarzt an, wenn sich Ihr Baby auch nach zwei bis drei Stunden nicht beruhigt hat.

Schmerzen: Woran Eltern sie erkennen

Weil es für Eltern oft so schwer zu erkennen ist, ob ihr Baby weint, weil es Schmerzen hat, haben die Kinderärzte der Liverpooler John-Moores-Universität fünf wichtige Anzeichen dafür aufgelistet:
1. Das Baby presst mit aller Kraft die Augenlider zusammen.
2. Das Baby hat Falten um die Augen herum oder auch über den Augenbrauen.
3. Die Lippen des Babys sind verkrampft, ebenso seine Zunge, und es hat tiefe Fältchen um den Mund.
4. Das Baby hat die Finger krampfhaft zu Fäustchen geschlossen und hält den Daumen starr darin fest.
5. Es spreizt seine beiden großen Zehen weit ab.

Weitere deutliche Warn-Signale:
- Das Baby atmet heftig, sein Puls ist beschleunigt und es hat Schweißausbrüche.
- Es hat einen hochroten Kopf oder ist im Gegenteil ganz besonders blass.

Neunter bis zwölfter Monat

Mittelohrentzündung

Die Entzündung des Mittelohrs (Otitis media) ist mit sehr großen Schmerzen verbunden und eine der häufigsten akut-entzündlichen Erkrankungen im Kindesalter. Am häufigsten kommt sie in der Zeit des Zahndurchbruchs, also zwischen dem sechsten und dem dreißigsten Monat vor. Ziehen Sie die Möglichkeit immer dann in Erwägung, wenn das Baby beim Schreien mit den Händchen an den Ohren herumfuchtelt oder das scheinbar versucht – vielleicht will es damit sagen, wo es wehtut. Sie können zur Sicherheit seine Ohrmuschel auch vorsichtig nach hinten ziehen – reagiert Ihr Baby mit Abwehr oder lauterem Schreien, liegt der Verdacht einer Ohrenentzündung sehr nahe. Mögliche Begleitsymptome: Ihr Kind will nicht trinken, es ist empfindlicher als sonst. Manchmal kommt es am Beginn der Mittelohrentzündung zu Erbrechen. Die Schmerzen treten vorwiegend nachts auf, das Baby schreit schrill und herzerweichend. Gehen Sie gleich am nächsten Morgen mit ihm zum Arzt!

Das Zwiebelsäckchen ist ein bewährtes Hausmittel, das Ohrenschmerzen meist rasch und zuverlässig lindert.

Erste Hilfe bei Ohrenschmerzen

Ein altbewährtes Hausmittel bei nächtlichen Ohrenweh-Attacken ist der Zwiebelwickel. Er lindert rasch die Schmerzen, und Sie haben normalerweise alles im Haus, was man dafür braucht – auch mitten in der Nacht. So wird's gemacht: eine kleine Zwiebel fein zerhacken, in die Spitze eines Baumwollsöckchens füllen und diese Kompresse auf oder hinter das schmerzende Ohr legen. Damit sie nicht verrutscht, binden Sie Ihrem Baby ein Halstuch um den Kopf oder fixieren es mithilfe eines Stirnbands. Am besten wirkt der Zwiebelwickel, wenn sich Ihr Kind damit auf ein warmes Kirschkernkissen legt, das ist aber nicht unbedingt nötig.

Mundfäule (Stomatitis aphtosa)

Diese unangenehme Infektion im Kleinkindalter wird im Volksmund Mundfäule genannt, weil sie mit schmerzhaften kleinen Mundgeschwüren und fauligem Mundgeruch einhergeht. Verursacht wird sie durch das Herpes-simplex-Virus Typ 1, das so weit verbreitet ist, dass im Alter von zwei Jahren bereits acht von zehn Kindern Bekanntschaft damit gemacht haben. Symptome: plötzlich vorhandene Bläschen auf Mundschleimhaut und Zunge, die sich zu weißlichen, sehr schmerzhaften kleinen Stellen verwandeln. Das Kind hat Fieber und fühlt sich krank, seine Halslymphknoten sind vergrößert, es mag aufgrund seiner Schmerzen im Mund nichts essen.

Bieten Sie milde, flüssige, unterschiedliche Speisen an, aber drängen Sie dem Kind nichts auf. Sehr wichtig ist jedoch das Trinken. Mundspülungen oder Pinselungen mit verdünnter Calendula-Tinktur oder lauwarmem Ka-

PFLEGE UND GESUNDHEIT

millentee können angenehm sein und lindern die Symptome. Eine Vorbeugung und medikamentöse Bekämpfung des Virus ist nicht möglich, doch machen Sie einen Termin in der Kinderarztpraxis, um Ihr Kind gut beobachten und begleiten zu lassen.

Hand-Mund-Fuß-Krankheit

Auch wenn die Krankheit an sich harmlos ist, gehen Sie dennoch zum Arzt, um eine sichere Diagnose zu erhalten.

Diese verbreitete, sehr ansteckende, aber meist harmlose Infektion mit dem Coxsackie-A-Virus ist typisch im Kleinkindalter und kann schon bei Einjährigen vorkommen. Besonders häufig tritt sie von Sommer bis Herbst auf. Symptome: Bläschen in der Mundhöhle und ein juckender Hautausschlag um den Mund sowie an Handflächen und Fußsohlen, aus millimeterkleinen Pusteln. Das Kind kann Fieber haben und sich krank fühlen, über Hals-, Kopf- und Bauchschmerzen sowie Schluckbeschwerden klagen. Liebevolle Pflege wird Ihrem Kind gut tun, gegen die Mundbeschwerden hilft dasselbe wie bei der Mundfäule. Auch hier gibt es keine Möglichkeit vorzubeugen oder das Virus medikamentös zu bekämpfen, doch nach ein bis zwei Wochen ist die Krankheit überstanden.

> ### Kein Gebrüll beim Kinderarzt
>
> Als Mutter oder Vater können Sie wenig dafür tun, dass Ihr Baby beim Kinderarzt nicht schreit – es kommt hauptsächlich auf den Arzt selber an. Wichtig ist, dass er sich für das Kind Zeit nimmt und erst einmal Kontakt mit ihm herstellt, statt es nur wie ein Bündel von Symptomen behandeln zu wollen. Babys sind sehr empfänglich für nette Worte. Auch wenn sie deren Inhalt rein sachlich noch nicht verstehen, spüren sie doch sehr gut, ob jemand liebevoll auf sie eingeht. Wichtig ist natürlich auch, dass der Kinderarzt Ihr Baby nicht mit kalten Händen anfasst, es nicht in einem kalten Raum auszieht oder auf eine kalte Behandlungsunterlage setzt. Manchmal ist es auch der weiße Kittel, der das Baby erschreckt, vor allem, wenn weißbekittelte Menschen es schon vorher einmal medizinisch »malträtieren« mussten, zum Beispiel nach der Geburt. Rufen Sie in der Praxis an, bevor Sie sich auf den Weg machen, und erkundigen Sie sich, ob im Wartezimmer Kinder mit ansteckenden Krankheiten sitzen. In den ersten Monaten lassen Sie sich von der Sprechstundenhilfe einen Platz außerhalb des Wartezimmers geben. Ziehen Sie Ihr Baby so an, dass Sie es leicht aus- und wieder anziehen können. Nehmen Sie eine Ersatzwindel und eventuell etwas zum Trinken mit.

Fieber

Fieber ist immer ein Zeichen, dass Ihr Kind krank ist – aber es ist nicht die Krankheit selbst, sondern es ist bereits die Medizin. Fieber ist eine körpereigene, besonders wirksame Erste-Hilfe-Maßnahme zur Bekämpfung von Krankheitserregern, denn Bakterien und Viren werden durch die gesteigerte Wärme des Körpers geschwächt und in ihrer Aktivität gehemmt.

Fieber messen:
37,5 °C = normale Temperatur
38 °C = leichtes Fieber
38,5 °C = deutliches Fieber
39,5 °C = hohes Fieber

So begleiten Sie Ihr Kind bei Fieber

- Bieten Sie ihm häufig etwas zu trinken an, es benötigt jetzt mehr Flüssigkeit als gewöhnlich. Es macht aber nichts, wenn es ein paar Tage lang wenig isst.
- Wichtig sind viel Ruhe und Schlaf. Ihr Kind muss nicht die ganze Zeit im Bett verbringen, aber es sollte unbedingt zu Hause bleiben.
- Lüften Sie sein Zimmer mehrmals täglich gut durch.
- Ziehen Sie Ihr Kind nur leicht an und geben Sie ihm eine leichte Decke oder decken Sie es ab, wenn es das möchte, damit es nicht zu viel schwitzt.
- Nehmen Sie sich viel Zeit zum Vorlesen oder für ruhige Spiele.
- Wenn Sie fiebersenkende Medikamente für den Notfall im Hause haben möchten, sprechen Sie am besten schon vorsorglich mit Ihrem Arzt darüber, er wird Ihnen ein für Ihr Kind geeignetes Mittel in der richtigen Dosis für sein Alter und Gewicht empfehlen.
- Vielfach bewährt sind homöopathische Mittel wie Belladonna, Aconitum und Ferrum-phosphoricum, leicht fiebersenkend wirken Weidenrindetee und handwarme Wadenwickel: Legen Sie dafür ein feuchtes Tuch glatt um jede Wade und ziehen Sie warme Strümpfe darüber. Nur bei warmen Füßen anwenden und das Tuch nicht mehrfach um die Wade wickeln. Alle 10 bis 20 Minuten wechseln, nach der dritten Wiederholung eine Stunde Pause machen und damit aufhören, falls die Füße kalt werden oder das Fieber auch nach dem zweitem Durchgang noch weiter steigt.

Vorsicht: Geben Sie Ihrem Baby kein Aspirin oder andere Mittel mit Acetylsalicylsäure. Wenn es an einer Viruserkrankung leidet, könnte das Krämpfe und Bewusstseinsstörungen herbeiführen.

Ab wann ist das Fieber kritisch?

Melden Sie sich mit Ihrem fiebernden Kind noch am selben Tag beim Arzt,
- wenn Ihr Baby jünger ist als drei Monate,
- wenn es sehr viel weint oder schläft und sich kaum wecken lässt,
- wenn es seit drei Tagen über 38,5 °C Fieber hat.
- Rufen Sie den Notarzt, wenn Ihr Kind einen Fieberkrampfanfall bekommt. Das ist eine seltene Nebenerscheinung, die normalerweise harmlos, aber sehr erschreckend ist. Der Arzt wird Ihnen ein Medikament dalassen, für den Fall, dass es sich wiederholt.

ANHANG

Auf den folgenden Service-Seiten finden Sie ergänzende Informationen und Ratschläge, die Sie im Umgang mit Ihrem Baby unterstützen: Welche Erstausstattung braucht Ihr Kind, welche Gefahrenquellen in Haus und Garten gilt es auszuschließen und wie reagieren Sie richtig bei einem Notfall? Was gehört alles in die Hausapotheke, welche Prophylaxen werden bei der Vorsorge durchgeführt? Welche Formalitäten sind nach der Geburt notwendig, wie lauten die wichtigsten gesetzlichen Regelungen und was gilt es bei der Babybetreuung zu beachten? Ergänzend erhalten Sie einen ausführlichen Adressenteil für Deutschland, Österreich und die Schweiz und eine umfangreiche Literaturliste.

Die Erstausstattung für Ihr Baby

Was brauchen Sie für Ihr erstes Baby in den Tagen und Wochen nach der Geburt?
Eine sinnvolle Erstausstattung umfasst nur die Dinge, die unbedingt notwendig sind, sobald Ihr Baby da ist. Die wichtigste »Erstausstattung« für Ihr Baby sind Sie selbst. Unser Rat: Schaffen Sie alles, was nicht sofort nötig sein wird, erst später an – Sie wissen dann viel besser, was Sie wirklich brauchen und auf welche Auswahlkriterien Sie Wert legen. Oft wird im Voraus viel Geld für Dinge ausgegeben, die man später nie verwendet. Und es ist ganz unterschiedlich, was in verschiedenen Familien als nützlich empfunden wird! In den ersten Wochen jedoch möchten Eltern sich normalerweise lange Einkäufe ersparen und bereits so ausgestattet sein, dass es dem Baby an nichts fehlt.
Lesen Sie vor der Anschaffung aller Baby-Artikel die entsprechenden aktuellen Testberichte von ÖKO-Test oder Stiftung Warentest (siehe Seite 185).

Ausstattung mit Kleidung

Die meistverwendete Anfangsgröße für Babykleidung ist 56 oder 62.
Wichtig: Kaufen Sie für die ersten Wochen keine Kleidung, die über den Kopf gezogen muss!
Als Material empfiehlt sich gerade in der Neugeborenenzeit ein Wolle-Seide-Gemisch im Sommer oder reine Wolle im Winter für

alles, was das Baby auf der Haut trägt. Weil sich anfangs seine Körpertemperatur noch nicht gut selbst reguliert, halten Bodys und Hosen aus Wolle-Seide das Baby gleichmäßiger warm als Baumwolle, dadurch fühlt sich das Baby wohler und ist entspannter. Baumwolle hat keine temperaturausgleichenden Eigenschaften und ist deshalb besser nach ein paar Monaten geeignet.

Für drinnen:
- zwei bis vier Langarm-Bodys aus Wolle oder Wolle-Seide
- zwei bis vier Hosen oder Strampler mit Fuß aus Wolle oder Wolle-Seide
- zwei bis vier leichte Jäckchen oder Pullis, aus Baumwolle (Sommer) oder Wolle (Winter)
- zwei Mützchen aus Wolle-Seide oder Seide (für drinnen)
- zwei Paar Woll-Söckchen
- eine dünne Wolldecke zum Einhüllen
- zwei Schlafanzüge aus Wolle-Seide (Langarm)
- zwei Schlafsäcke ohne Ärmel oder Kapuze

Für draußen:
- eine Ausgehgarnitur entsprechend der Jahreszeit: warme Jacke oder Overall, Mütze, Handschuhe, Söckchen, evtl. Schal
- ein leichter Wollsack (Sommer) oder Schneeanzug (Winter)
- eine Sonnenkappe (Sommer)

Ausstattung zum Wickeln und für die Körperpflege

- Heizstrahler über dem Wickelplatz (auch im Sommer!)
- vier bis sechs Handtücher als Wickel-Unterlage
- Windeleimer mit gut schließendem Deckel

Als Wickel- und Babypflege-Platz eignet sich jede feste Unterlage wie zum Beispiel eine gefaltete Decke mit einem flauschigen Handtuch darauf. Falls Sie eine gepolsterte Wickeltischauflage mit Plastikbezug anschaffen möchten, achten Sie auf ein Material ohne Weichmacher und zinnorganische Verbindungen (PVC).

Welche Art von Windeln wollen Sie verwenden? Ab Seite 148 sind die verschiedenen Möglichkeiten beschrieben.

Für Stoffwindeln:
- ein parfumfreies Waschmittel oder Neutralseife, benutzen Sie keine Weichspüler.

Für Wegwerfwindeln:
- eine große Packung Wegwerfwindeln für Neugeborene

Außerdem:
- sechs Mullwindeln, 100 % Baumwolle, ca. 80 x 80 cm (zum Beispiel als Spucktücher geeignet)
- sechs oder mehr Waschläppchen, 100 % Baumwolle, ca. 25 x 25 cm
- Schüssel für warmes Wasser
- kleine Flasche reines Pflanzenöl (zum Beispiel Sonnenblumen-, Oliven-, Jojoba- oder Mandelöl)
- ein Kapuzen-Badetuch, 100 % Baumwolle, ca. 80 x 80 cm
- eine Packung Heilwolle
- ein Kirschkernkissen
- eine Wärmflasche

Ausstattung fürs Unterwegs sein

Die Anschaffung eines Kinderwagens empfiehlt sich erst nach der Geburt, damit Sie das passende Modell auswählen können.

ANHANG

Rechtzeitig besorgen sollten Sie aber:
- einen Autositz – schon für die Heimfahrt nach der Geburt in einer Klinik.

Die Verwendung ist bei Autofahrten mit dem Baby vorgeschrieben. Achten Sie beim Kauf auf das Prüfsiegel GS und das gelbe Prüfnormzeichen ECE 44-03 oder ECE 44-04. Für kleine Babys eignen sich nur rückwärtsgerichtete Autositze. Probieren Sie vor dem Kauf aus, ob der Sitz auch zu Ihren Sicherheitsgurten passt.

Achtung: Ein Beifahrer-Airbag muss ausgeschaltet sein, wenn Sie das Baby auf dem Beifahrersitz transportieren möchten.
- eine Tragehilfe, die schon für Babys mit ca. 3 kg Körpergewicht geeignet und aus querelastischem Tragetuchstoff gefertigt ist, zum Beispiel Storchenwiege/Baby-Carrier oder Hoppediz/Bondolino oder:
- ein Tragetuch mit einer Länge von 4,60 bis 5,20 m, je nach Größe von Mutter und Vater
- eine Wickel-Tasche oder ein Rucksack
- ein Handtuch oder eine andere Wickelunterlage
- zwei Ersatzwindeln und eine Garnitur Kleidung
- ein kleines Fläschchen Pflanzenöl
- zwei kleine feuchte Waschlappen in verschließbarer Plastiktüte
- Papiertaschentücher
- ein Spucktuch

Ausstattung für die Ernährung

Für gestillte Babys:
Wenn Sie Ihr Baby stillen, dann brauchen Sie nichts anzuschaffen, außer vielleicht
- eine kleine Tube reines Mamillen-Lanolin (Purelan, Lansinoh), um Ihre Brustwarze vor dem Stillen gleitfähig für Babys Lippen zu machen, falls Ihre Haut trocken wirkt. Für ein Stillbaby ist es am besten, wenn es nichts als Brust in den Mund nimmt, es braucht gerade in den ersten Monaten ausdrücklich keinen Tee!

Egal, wie Sie Ihr Baby ernähren, behandeln Sie gelegentliche Verdauungsbeschwerden mit Wärme, eventuell geben Sie
- Kümmelzäpfchen (Carum carvi)

Für Ernährung mit Formulamilch:
- sechs Milchflaschen mit Feinloch-Saugern
- Flaschenbürste
- Topf zum Auskochen von Flaschen, Saugern und Zubehör oder
- ein Sterilisationsgerät, das mit Wasserdampf arbeitet
- sechs Geschirrtücher zum Abdecken der ausgekochten Flaschen und Sauger
- Thermosflasche
- Flaschenwärmer
- eine Packung Pre-Nahrung

Ausstattung Schlafen und Ruhen

- Schlafplatz für das Baby angrenzend an Ihren Schlafplatz.

Falls Sie eine neue Matratze oder neue Möbel kaufen: Informieren Sie sich über Schadstofffreiheit bei Ökotest (siehe Seite 185). Lassen Sie vorsorglich neue Möbel, Matratzen, Decken und so fort außerhalb Ihrer Wohnung mehrere Tage auslüften.
- eine Moltonunterlage unter das Laken an Babys Schlafplatz, als Feuchtigkeitsschutz für die Matratze
- drei bis vier Bettlaken
- vier bis sechs Moltontücher (Moltonwindeln) als Unterlage am Kopfende
- zwei Schlafsäcke ohne Ärmel und vor allem ohne Kapuze
- evtl. ein Pucktuch oder einen Pucksack

Sicherheit in Haus und Garten

Die Unfallstatistik zeigt, dass Babys und Kleinkinder hauptsächlich von folgenden Gefahren bedroht sind:

Stürze

- Lassen Sie das Baby niemals auf erhöhter Fläche alleine liegen, legen Sie es lieber auf den Boden, wenn Sie kurz aus dem Zimmer gehen. Auch beim Wickeln bleibt immer eine Hand am Kind, selbst wenn Sie sich nur rasch umdrehen oder bücken wollen.
- Treppen werden für Krabbel- oder Kleinkinder gefährlich. Sichern Sie diese am besten durch ein Gitter, das rund 1,20 m hoch ist, damit Ihr Kind nicht darüberklettern kann.
- Herumliegende Gegenstände und Kabel können sich in Stolperfallen verwandeln. Entfernen Sie diese möglichst, ebenso wie leichte Vorleger, auf denen Ihr Kind ausrutschen könnte. Weitere Gefahrenquellen: glatte, nasse Böden und scharfe/harte Kanten.

Hiebe von Gegenständen

Gefährlich werden herabfallende Gegenstände, wenn Ihr Kind an einem erreichbaren Tischtuch, einer offenen Schublade, einem herunterhängenden Elektrokabel, einer Pflanzenranke, einem leichten Regal zieht. Achten Sie möglichst darauf, dass etwas Derartiges nicht in Reichweite der Kinderhändchen liegt.

Verbrennungen, Verbrühungen, Stromunfälle

- Bringen Sie am Herd ein Schutzgitter an, damit Ihr Kind weder auf heiße Platten fassen noch einen Topf mit heißem Inhalt vom Herd ziehen kann.
- Stromunfälle geschehen durch ungesicherte Kabel, Elektrogeräte und Steckdosen. Für letztere gibt es Aufsetzer aus Plastik, mit denen Sie sie versperren können. Bei Berührung mit Strom muss dieser sofort abgeschaltet werden: Gerätestecker ziehen oder Sicherung ausschalten. Ansonsten das Kind an seiner Kleidung von der Stromquelle wegziehen, ohne seinen Körper direkt anzufassen.

Verätzungen und Vergiftungen

In Küche und Bad werden Putzmittel und Medikamente dem Kind gefährlich, wenn es sie in die Hände bekommt.

Gesundheitsschädlich sind:
- alle Wasch- und Spülmittel,
- Entkalkungsmittel,
- WC- und Rohr-Reiniger,
- Fleckentferner,
- Möbelpolituren etc.
- Auch Körperpflegeprodukte wie Shampoo, Lotion oder Nagellack

Räumen Sie diese ganz nach oben oder sichern Sie die entsprechenden Türen und Schubladen mit einer Kindersicherung.

- Giftpflanzen wie zum Beispiel Benjaminus Ficus, Christstern, Alpenveilchen oder Efeu, um nur einige zu nennen. Eine Übersicht finden Sie unter: www.giftpflanzen.com. Verbannen Sie diese Pflanzen aus der Wohnung, vom Balkon und aus dem Garten.
- Schädlingsbekämpfungsmittel

Verwenden Sie keine, wo Ihr Kind Kontakt damit haben könnte.

- Nikotin (Zigarettenpackungen und Aschenbecher)

In der Wohnung von Rauchern sind Kleinkinder und Säuglinge giftigen Nikotinablagerungen ausgesetzt, deren krebserregende Stoffe sie beim Krabbeln über Haut, Atmung und Mund aufnehmen. Diese gefährlichen Substanzen, sogenannte Nitrosamine, lauern auf allen Oberflächen in Raucherräumen und finden sich auch im Staub wieder.

Ersticken

Babys sind gefährdet,
- wenn ihr Kopf unter ein schweres Federkissen gerät – sie haben daher in Babys Bett noch nichts zu suchen.
- Plastiktüten machen Kinder neugierig, denn sie sind bunt und rascheln, doch über den Kopf gezogen sind sie schnell luftundurchlässig – bringen Sie eine Kindersicherung an der Schublade an, in der Sie sie aufbewahren.
- Kordeln, Schnüre, lose Bänder bergen eine gewisse Strangulationsgefahr.
- Ein Wespen- oder Bienenstich im Mund- und Rachenraum birgt durch die schnelle Schwellung akute Erstickungsgefahr. Lassen Sie deshalb nie Flaschen oder Trinkbecher draußen offen herumstehen.

Ertrinken

- Kleinkinder können schon bei einer Wassertiefe ab 10 cm ertrinken, lassen Sie Ihr Kleines deshalb im Badezimmer nie alleine, wenn es in der Wanne sitzt.
- Auch ein flacher Gartenteich stellt für Kleinkinder eine Gefahr dar. Lassen Sie sie deshalb niemals unbeaufsichtigt in der Nähe einer ungesicherten Wasserfläche spielen. Der Teich lässt sich zum Beispiel durch den Einbau eines kaum sichtbaren, aber stabilen Gitters knapp unter der Wasseroberfläche kindersicher machen.
- Schwimmreifen, Schwimmtiere oder Ähnliches dürfen kleine Kinder nur unter Aufsicht verwenden.

Notruf

Schreiben Sie sich die Nummern der wichtigsten Stellen auf einen Zettel und hängen Sie ihn gut sichtbar in der Wohnung auf. Dazu gehören:
- Notruf (Notarzt, Feuerwehr)
- Giftnotruf
- Kinderärztlicher Notfalldienst
- Krankentransport
- Polizei
- nächste Kinderklinik
- Nachbarin oder sonstiger Ansprechpartner

Bei Notruf: Die fünf wichtigen »W«-Angaben:

1. Wer ruft an? Name, Adresse, Telefonnummer.
2. Was ist passiert? Bei Vergiftung: wodurch ist es passiert?
3. Wo ist es passiert? Straße, Hausnummer, Stockwerk; gegebenenfalls Anfahrtsbeschreibung.
4. Wann ist es passiert?
5. Welche erkennbaren Verletzungen liegen vor?

Die Hausapotheke

Bei unvorhersehbaren Notfällen, Verletzungen und plötzlichen Erkrankungen ist es beruhigend, eine kleine Apotheke im Haus zu haben. Nicht alles in Ihrer Hausapotheke werden Sie am selben Ort aufbewahren: Kräutertees und Globuli müssen sich nicht beim Verbandsmaterial befinden. Dieses jedoch gehört in eine Notfall-Box, welche Sie an einem kindersicheren Ort aufbewahren, der allen Erwachsenen, auch Besuchern in Ihrem Haus, gut zugänglich ist.

Grundausstattung:
- Splitter-Pinzette
- Zeckenzange
- Verbandschere
- Einmalhandschuh
- Kühlkissen (im Kühlschrank lagern)
- Wärmflasche, Kirschkernkissen
- digitales Fiberthermometer
- Brandwundtuch
- Heftpflaster und keimfreies Wundpflaster
- sterile Verbandpäckchen
- sterile Kompressen, 10 x 10 cm
- Mullbinden: 4,6 und 8 cm breit
- elastische Binde, 6 cm breit, mit Klammern
- Dreiecktuch

Heilmittel und Arzneien
- Arnika Globuli C30 bei stumpfen Verletzungen (1 x 3 Globuli), Arnika Salbe bei Prellung, Bluterguss, Verstauchung etc.
- Bach-Blüten Notfall-Tropfen (für Mama), Notfall-Globuli (fürs Baby, 1 x 5 Globuli)
- Brandsalbe und -gel (zum Beispiel Combudoron)
- Calendula-Urtinktur, vor Gebrauch 1:10 verdünnt mit abgekochtem Wasser oder NaCl-Lösung: Hausmittel zur Wundbehandlung, entzündungshemmend. Reinigung und Blutstillung bei offenen Wunden, gut für Umschläge bei Sehnenverletzungen oder Muskelriss
- NaCl-Lösung 0,9 Prozent (heißt auch: isotone oder physiologische Kochsalzlösung) ist besonders sanft auf gereizter oder verletzter Haut. Wirkt abschwellend auf die Nasenschleimhaut. Erhältlich in Apotheken und Drogerien, aber leicht selbst herzustellen: 9 g Salz in 1 L Wasser auflösen, umrühren, fertig. (9 g = 1 gestrichener EL)
- Oleum aconiti compositum (Wala), bei plötzlichen, nächtlichen Ohrenschmerzen
- Passiflora-Kinderzäpfchen bei extremer Unruhe in Zahnungs-Nächten
- Viburcol-Zäpfchen zur Fiebersenkung, ggf. Fieberzäpfchen vom Kinderarzt verschrieben
- Fieber- und Zahnungszäpfchen (Weleda)

Tees
Ab dem Beikostalter: 1 TL getrocknetes Kraut mit 1 Tasse sprudelnd kochendem Wasser übergießen, bedeckt 10 Minuten ziehen lassen, abseihen.
- Anis- und Fenchelsamen, Melissenblätter: entkrampft bei Verdauungsbeschwerden
- Holunderblüten, Lindenblüten: durchwärmt bei Erkältung
- Isländisch Moos, Eibisch, Salbei, Spitzwegerich, Thymian: lindert Husten
- Kamilleblüten, Verbenenkraut (Eisenkraut): heilend bei Infekten
- Weidenrinde: fiebersenkend

Vorsorge im Überblick

Halten Sie möglichst alle empfohlenen Vorsorgeuntersuchungen ein, es ist zum Besten Ihres Kindes. Die Kosten werden von der Krankenkasse übernommen.

U1: unmittelbar nach der Geburt
U2: dritter bis zehnter Lebenstag
U3: vierte bis sechste Woche
U4: dritter bis vierter Monat
U5: sechster bis siebter Monat
U6: zehnter bis zwölfter Monat

Standardprophylaxen bei U1 und U2

Bei der U1 werden mit Einverständnis der Eltern zwei Prophylaxe-Maßnahmen durchgeführt, die Vitamin-K-Gabe und die Augenprophylaxe.

- Vitamin K: Bei einem Mangel an dem Blutgerinnungsfaktor Vitamin K – wie er bei etwa einem von hundert Babys besteht – könnten innere Blutungen entstehen, die schwerwiegende Folgen haben. So empfiehlt man vorbeugend die Gabe dieses Vitamins für alle Neugeborenen bei der U1, U2 und U3. Außerdem ist Vitamin K im Kolostrum enthalten und auch künstlicher Säuglingsnahrung zugesetzt.
- Die Augenprophylaxe: Beim Neugeborenen wird sie in manchen Kliniken noch empfohlen, andere verlassen sich auf die Früherkennung. Diese Prophylaxe vermindert das Risiko einer Augeninfektion, die durch den eventuellen Kontakt mit Gonorrhöe-Erregern und Chlamydien im Geburtskanal entstehen könnte.
Hier gibt es zwei Methoden: die brennende Silbernitratlösung, die leider nichts gegen Chlamydien ausrichtet, und die antibiotische Augensalbe, die umfassender schützen soll, deren Wirksamkeit jedoch hinterfragt wird. Beide Methoden sind für das Baby unangenehm und beeinträchtigen den wertvollen Blickkontakt. Es ist dadurch berechtigt, die Früherkennung zu bevorzugen, denn auch bei ersten Anzeichen einer Bindehautentzündung könnte das Kind noch gut behandelt werden.
- Vitamin D: Bei der U2 gehört zum Standard die Verordnung von Vitamin D, das für den Calcium-Stoffwechsel wichtig ist und eine Rachitis-Prophylaxe darstellt. Bei Rachitis wird nicht genug Kalk in die Knochen eingelagert, sie verformen sich. Vitamin D entsteht unter Einwirkung von Sonnenlicht im Körper selbst, so kann es gerade in den Wintermonaten zu einem Mangel kommen, wenn nicht ausreichend Zeit unter freiem Himmel verbracht wird. Die tägliche Tablette wird in etwas Wasser aufgelöst und dem Baby eingeflößt.

Formalitäten nach der Geburt

Innerhalb von 7 Werktagen: Meldung beim Standesamt: Die Ankunft Ihres Kindes muss beim zuständigen Standesamt gemeldet werden. Dort werden Ihnen dann mehrere beglaubigte Geburtsurkunden ausgestellt. Mitzubringen sind:
- die Geburtsbescheinigung, welche die Entbindungsklinik oder die Hebamme (bei Hausgeburt oder Geburt im Geburtshaus) ausgestellt hat,
- der gültige Personalausweis oder Reisepass der Mutter und ggf. des Vaters,
- bei verheirateten Eltern das Familienbuch oder eine beglaubigte Abschrift davon (Heiratsurkunde),
- bei unverheirateten Eltern die Abstammungs- bzw. Geburtsurkunde der Mutter und ggf. des Vaters, ggf. Nachweis über eine bereits abgegebene Vaterschaftsanerkennung und Sorgerechtserklärungen sowie Abstammungs- bzw. Geburtsurkunde des Vaters. Die Vaterschaftsanerkennung kann bereits während der Schwangerschaft beim Jugendamt kostenlos erfolgen.

Erkundigen Sie sich, ob das Standesamt die Meldung an das Einwohnermeldeamt übernimmt. Falls nicht, müssen Sie Ihr Kind dort selbst anmelden und in die Steuerkarte eintragen lassen. Beim Einwohnermeldeamt bekommen Sie auch den Ausweis für Ihr Kind.

Innerhalb von 1 Monat: Angabe des Familiennamens: Eltern, die verschiedene Familiennamen führen, aber gemeinsames Sorgerecht vereinbaren, müssen innerhalb eines Monats nach der Ankunft ihres Kindes den gewünschten Familiennamen des Kindes beim Standesamt eintragen lassen. Hat nur ein Elternteil das Sorgerecht, erhält das Kind dessen Familiennamen, sofern es nicht – mit Einwilligung beider Elternteile – den Namen des anderen Elternteils bekommen soll.

Innerhalb von 2 Monaten: Meldung bei der Krankenkasse: Ihr Baby ist automatisch von Anfang an krankenversichert, auch wenn es früher kommt als erwartet. In eine gesetzliche Familienversicherung wird das Kind kostenlos aufgenommen. Ist hingegen ein Elternteil privat versichert und hat das höhere Einkommen, muss seine Versicherung das Kind aufnehmen – gegen einen eigenen Beitrag zwar, aber ohne Risikoprüfung. Sie haben zwei Monate Zeit, um der Versicherung eine Geburtsurkunde zu schicken und es damit anzumelden.

Möglichst bald: Mutterschafts-, Kinder- und Elterngeld beantragen: Das Mutterschaftsgeld wird von der Krankenkasse während der gesetzlichen Schutzfristen gezahlt, nachdem der Kasse eine Geburtsurkunde zugeschickt wurde. Den Antrag auf Kindergeld erhalten Sie beim Arbeitsamt. Sind Sie im öffentlichen Dienst tätig, erhalten Sie ihn von Ihrem Arbeitgeber. Geben Sie den ausgefüllten Antrag zurück, zusammen mit der Geburtsurkunde. Sie brauchen sich nicht sofort darum zu kümmern, denn die Zahlung erfolgt auch rückwirkend. Das Elterngeld wird jedoch rückwirkend nur für die letzten drei Lebensmonate vor der Antragsstellung gezahlt, beantragen Sie es also möglichst rasch.

Gesetzliche Regelungen

Mutterschutz

Rund um die Geburt schützt das deutsche Mutterschutzgesetz Frauen, die in einem Arbeitsverhältnis stehen, vor Gefahren am Arbeitsplatz sowie vor Kündigung und in den meisten Fällen auch vor vorübergehender Minderung des Einkommens. Alle Arbeitnehmerinnen haben Anspruch auf eine Mutterschutzfrist von mindestens 14 Wochen. Das reguläre Einkommen wird währenddessen durch das Mutterschaftsgeld von der Krankenkasse und einen Arbeitgeberzuschuss ersetzt. Diese arbeitsfreie Zeit beginnt sechs Wochen vor dem errechneten Geburtstermin und endet acht Wochen nach der Geburt. Ist das Baby zu früh zur Welt gekommen oder wiegt bei der Geburt weniger als 2.500 g, oder hat eine Frau mehr als ein Baby zur Welt gebracht, endet die Mutterschutzfrist erst zwölf Wochen nach der Entbindung. Wenn ein Baby früher als errechnet zur Welt kam, können die Tage, die vor der Geburt nicht in Anspruch genommen wurden, danach noch freigenommen werden. Die Mutterschutzrichtlinien sind in einer Broschüre des Bundesministeriums für Familien, Senioren, Frauen und Jugend zusammengefasst, die bestellt werden kann (siehe Seite 185).

Elterngeld

Wenn Eltern nach der Geburt eine berufliche Pause einlegen oder auf Teilzeit umsteigen, um ihr Baby zu versorgen, können sie als Ausgleich für verlorenes Einkommen das Elterngeld beantragen. Beide Partner gemeinsam haben Anspruch auf 14 Monate. Sie können diese Zeit frei unter sich aufteilen, also beispielsweise sieben Monate lang gemeinsam Baby-Pause vom Job machen. Einer allein kann allerdings nicht mehr als zwölf Monate Elterngeld beziehen und solange Mutterschaftsgeld überwiesen wird, erhält auch nur die Mutter Elterngeld. Alleinerziehende Frauen haben Anspruch auf die vollen 14 Monate. Es steht einem frei, sich die monatlichen Beträge halbiert und damit über den doppelten Zeitraum hinweg auszahlen zu lassen.

Das Elterngeld beträgt 67 Prozent des bisherigen Einkommens jedoch höchstens 1800 Euro (im Mai 2011). Bei entsprechend geringem Einkommen kann sich der Satz auf bis zu 100 Prozent erhöhen und einem erwerbslosen Elternteil wird ein Mindestbetrag von 300 Euro zugestanden, der nicht auf andere Sozialleistungen angerechnet wird. Darüber hinaus lässt sich gegebenenfalls ein Geschwisterbonus und ein Mehrlingszuschlag beantragen. Elterngeld selbst wird zwar steuer- und abgabenfrei gewährt, allerdings wird es zur Einkommenssumme des (gemeinsam veranlagten) Ehepartners hinzugerechnet und kann so schließlich doch die Steuerlast erhöhen.

Teilzeit arbeiten?

Wer Elterngeld bezieht, muss der Arbeit nicht ganz fern bleiben, eine Teilzeitbeschäftigung von maximal 30 Wochenstunden ist gleichzeitig erlaubt. Aber lohnt es sich? Hier wird oft falsch kalkuliert, also Vorsicht: Da es als Ausgleichszahlung für verlorenes Einkommen verstanden wird, errechnet sich das Elterngeld bei Teilzeitbeschäftigung aus der Differenz zwischen dem jetzigen und dem früheren Nettoeinkommen. Übersteigt das Teilzeitarbeitseinkommen den Betrag von 2700 Euro, wird nur der Elterngeld-Mindestbetrag von 300 Euro gewährt.

Antrag stellen
Die Elterngeldzahlungen erfordern einen schriftlichen Antrag bei der zuständigen Elterngeldstelle. Dieser muss nicht sofort nach der Geburt des Kindes eingereicht werden, rückwirkende Zahlungen gibt es jedoch nur für drei Monate vor Beginn des Monats, in dem der Antrag einging. Benötigte Dokumente: Geburtsbescheinigung des Kindes, Personalausweis, Einkommensnachweise, Nachweise über Mutterschaftsgeld. Jeder Elternteil muss einen eigenen Antrag stellen und man sollte sich verbindlich entscheiden, wer wann das Elterngeld beziehen will. Nachträgliche Änderung ist nur ein einziges Mal möglich, in bestimmten Ausnahmefällen auch ein zweites Mal.

Familienergänzende Babybetreuung

Wer sein Baby schon im ersten Lebensjahr regelmäßig von jemandem betreuen lassen muss, der nicht zum engsten Familienkreis gehört, findet das in der Regel anfangs nicht leicht. Die Bindungsforschung gibt hier Rückendeckung: Kinder können schon sehr früh eine gute Bindung zu mehreren Bezugspersonen aufbauen und davon sogar profitieren. Wie die Betreuungsstrukturen gestaltet sein müssen, damit eine familienergänzende, institutionelle Kinderbetreuung kein Risiko für die Entwicklung und seelische Gesundheit eines Kindes darstellt, wird von den wissenschaftlichen Experten heute klar benannt. Hier die wichtigsten Faktoren, damit alles von Anfang an gut klappt.

- Lieber öfter kurz als seltener lang betreuen lassen: Vier Wochentage à vier Stunden sind besser als zwei Wochentage à acht Stunden.
- Je kleiner das Kind, desto ungünstiger sind Lückentage. Es sollten mindestens zwei bis drei Tage pro Woche sein, ein Baby steht sonst immer wieder vor einem Neuanfang.
- Gleichbleibende Betreuungszeiten einhalten: Nicht mehr als 4 bis 5 Stunden pro Tag sollten es im ersten Lebensjahr sein.
- Das Baby nicht mehrfach fremd betreuen lassen (Krippe, Tagesmutter, Oma).
- Die Stunde nach dem Abholen ganz dem Kind widmen, viel Zeit für Nähe einplanen und Erledigungen verschieben, bis das Baby genug Zuwendung getankt hat.
- Die günstigste Zeit für die Eingewöhnung in eine neue Betreuung liegt vor dem achten Lebensmonat. Leichter fällt es dann erst wieder etwa ein Jahr später, rund um den zweiten Geburtstag herum.
- Die Gesellschaft für seelische Gesundheit in der frühen Kindheit (GAIMH) empfiehlt altersgemischte Säuglingsgruppen, sie ermöglichen vielfältigere Erfahrungen für alle. Selbstverständlich muss auf die altersspezifischen Bedürfnisse aller Kinder geachtet werden, damit weder Reizüberflutung/Überforderung, noch Monotonie/Unterforderung in der Gruppe herrschen.

ANHANG

Adressen und Websites, die weiterhelfen

Beziehung und Entwicklung

Adressen von Beratungsstellen sowie weitere Infos zu Schreibabys unter:

Trostreich, Interaktives Netzwerk Schreibabys, Schulstr. 10, 27446 Deinstedt

www.trostreich.de und
www.schreibaby.de

Tragetuch-Bindeanleitungen unter:

www.hoppediz.de und
www.didymos.de

Informationen zu verschiedenen Baby-Therapien:

Atlastherapie

www.aegamk.de

Bobath-Therapie

www.bobath-vereinigung.de

Chiropraktik

www.chiropraktik-bund.de
www.dagc.de

Osteopathie

www.osteopathen.org

Craniosacraltherapie

www.upledger.de

Websites mit Informationen für Mehrlings-Eltern:

www.zwillingsforum.de
www.abc-club.de

www.zwillinge.at
www.zwillinge.ch
www.tripletconnection.org (englisch)

Adressen und Informationen zu Baby-Kursen:

www.fenkid.de
www.pekip.de
www.pikler.de

Ernährung

Alle Literaturquellen zum Thema Stillen innerhalb der ersten Stunde nach der Geburt:

www.velb.org/deutsch/docs/ilca-leitlinien.pdf

Infos zu Allergierisiken und HA-Formulamilch in der aktuellen »Leitlinie Allergieprävention« der Arbeitsgemeinschaft der Wissenschaftlichen Medizinischen Fachgesellschaften:

http://awmf.org

Infomaterial zu Baby-Ernährung:

www.babynahrung.org

Infos zum Thema genfreie Milch für Kinder, hier lässt sich eine Broschüre bestellen:

www.greenpeace.de/infomaterial

Websites mit Informationen über das Stillen sowie regionalen Adressen zur Stillberatung:

www.stillgruppen.de

Arbeitsgemeinschaft Freier Stillgruppen e.V., Bornheimer Str. 100, 53119 Bonn

www.afs-stillen.de

La Leche Liga Deutschland e.V., Dannenkamp 25, 32479 Hille

www.lalecheliga.de
www.lalecheliga at
www.lalecheliga.ch

BDL Berufsverband Deutscher Laktationsberaterinnen IBCLC e. V., Hildesheimer Straße 124 e, 30880 Laatzen

www.bdl-stillen.de

VSLÖ, Lindenstr. 20, A-2362 Biedermannsdorf

www.stillen.at

BSS, Berufsverband Schweizerischer Stillberaterinnen IBCLC, Postfach 686
3000 Bern 25

www.stillen.ch

VSLS Verband der Still- und Laktationsberaterinnen Südtirols, Marconistr. 19, I-39044 Neumarkt

www.stillen.it

Infos zu stillverträglichen Medikamenten:

www.embryotox.de

Gute Stillprodukte, insbesondere Milchpumpen:

www.medela.babyartikel.de

Adressen und Websites, die weiterhelfen

Hebammen

Deutscher Hebammenverband e.V., Gartenstr. 26, 76133 Karlsruhe

www.hebammenverband.de

Bund freiberuflicher Hebammen Deutschlands e.V.

www.bfhd.de

Österreichisches Hebammen-Gremium, Postfach 438, A-1060 Wien

www.hebammen.at

Schweizerischer Hebammenverband, Rosenweg 25c, CH-3000 Bern 23

www.hebamme.ch

Pflege und Gesundheit

Infos zur Individuellen Impfentscheidung:

www.individuelle-impfentscheidung.de
www.impf-info.de, www.impfo.ch, www.efi-online.de, www.impfschutzverband.de

Ein breites Informationsangebot zum Thema Neurodermitis bietet der »Bundesverband Neurodermitiskranker in Deutschland e.V.«:

www.neurodermitis.net

Deutscher Allergie- und Asthmabund e.V., Fliethstr. 114, 41061 Mönchengladbach

www.daab.de

Weitere Websites zu Allergie:
www.aak.de
www.asthma.de
www.atemwegsliga.de
www.laiv.de

Deutsche Zöliakie-Gesellschaft e. V.
Kupferstr.36, 70565 Stuttgart

www.dzg-online.de

Bundeszentrale für gesundheitliche Aufklärung (BzgA), Ostmerheimer Str. 220, 51109 Köln

www.bzga.de

Online-Portal zur Förderung einer gesunden Entwicklung von Kindern und Jugendlichen:

www.kindergesundheit-info.de

Ausstattung

Testberichte zu Schadstoffen:
ÖKO-TEST Verlag GmbH,
Kasseler Str. 1 a, 60486 Frankfurt am Main

www.oekotest.de

Stiftung Warentest,
Lützowplatz 11-13, 10785 Berlin

www.test.de

Sämtlichen Babybedarf online bestellen und liefern lassen:

www.windeln.de

Große Infoseite rund ums Thema Stoffwindeln:

www.naturwindeln.de

Schlaf

Ein breites Angebot an Informationen, Berichten und Tipps zum Babyschlaf:

www.das-kind-muss-ins-bett.de
www.familienbett.de
www.rabeneltern.org

Gemeinsame Elterninitiative Plötzlicher Säuglingstod e.V., GEPS-Deutschland e.V., Fallingbosteler Str. 20, 30625 Hannover

www.sids.de

Familie

Infos rund ums Elterngeld unter:

www.familien-wegweiser.de

Informationsportal des Bundesfamilienministeriums; den Gesetzestext finden Sie unter

www.gesetze-im-internet.de/beeg/index.htm

Verband alleinerziehender Mütter und Väter (VAMV), Bundesverband e.V., Hasenheide 70, 10967 Berlin

www.vamv.de

Schatten und Licht – Krise nach der Geburt e. V., Obere Weinbergstr. 3, 86465 Welden

www.schatten-und-licht.de
www.club-d-a.at
www.depression.ch

Aktionskomitee Kind im Krankenhaus Bundesverband e.V., Nordendstr. 32a, 60318 Frankfurt

www.akik-bundesverband.de

ANHANG

Bücher, die weiterhelfen

Austermann, Marianne/ Wohlleben, Gesa:
Zehn kleine Krabbelfinger. Spiel und Spaß mit unseren Kleinsten.
Kösel, 2002

Bauer, Ingrid:
Es geht auch ohne Windeln! Der sanfte Weg zur natürlichen Babypflege.
Kösel, 2004

Board, Teresa:
Das Stillen eines Babys mit Down-Syndrom.
LaLecheLiga-Verlag, 2006

Bumgarner, Norma Jane:
Wir stillen noch – Über das Leben mit gestillten Kleinkindern.
LaLecheLiga-Verlag, 2008

Deyringer, Mechthild:
Bindung durch Berührung: Schmetterlingsmassage für Eltern und Babys.
Leutner Verlag, 2008

Gerhardt, Sue:
Why Love Matters: How Affection Shapes a Baby's Brain.
Taylor & Francis, 2003

Gonzalez, Dr. Carlos:
Mein Kind will nicht essen – ein Löffelchen für Mama.
LaLecheLiga-Verlag, 2007

Gopnik, A., Kuhl, P., Meltzoff, A.:
Forschergeist in Windeln – wie Ihr Kind die Welt begreift.
Piper, 2007

Harms, Thomas (Hrsg.):
Auf die Welt gekommen. Die neuen Baby-Therapien.
Leutner Verlag, 2000

Hengstenberg, Elfriede:
Entfaltungen. Bilder und Schilderungen aus meiner Arbeit mit Kindern.
Arbor, 1991. 3. Auflage 2002

Hüther, Gerald, Gebauer, Karl:
Kinder brauchen Wurzeln: Neue Perspektiven für eine gelingende Entwicklung.
Walter-Verlag, 2001

Jacobs, Dore:
Die menschliche Bewegung.
Aloys Henn, 1977

Juul, Jesper:
Das kompetente Kind.
Rowohlt, 2003

Kirkilionis, Evelin:
Ein Baby will getragen sein.
Kösel, 1999

Kirkilionis, Evelin:
Bindung stärkt. Emotionale Sicherheit für Ihr Kind – der beste Start ins Leben.
Kösel, 2008

Klaus, Marshall H.:
Das Wunder der ersten Lebenswochen.
Goldmann, 2003

Klawitter, Uta:
Bewegungsspiele für Babys.
Kösel, 2001

Klein, Margarita:
Schmetterling und Katzenpfoten: Sanfte Massagen für Babys und Kinder.
Ökotopia Verlag, 2009

La Leche Liga:
Stillen von Frühgeborenen.
LaLecheLiga-Verlag, 2006

Leboyer, Frédérick:
Sanfte Hände – Die traditionelle Kunst der indischen Baby-Massage.
Kösel, 1999

Liedloff, Jean:
Auf der Suche nach dem verlorenen Glück: Gegen die Zerstörung unserer Glücksfähigkeit in der frühen Kindheit.
Beck, Neuauflage 2009

Masaracchia, Regina:
Gespaltene Gefühle – Lippen-, Kiefer-, Gaumenspalten: ein Elternratgeber.
Oesch Verlag, 2005

Montagu, Ashley:
Körperkontakt. Die Bedeutung der Haut für die Entwicklung des Menschen.
Klett, 2004

Odent, Michel:
Die Wurzeln der Liebe. Wie unsere wichtigste Emotion entsteht.
Walter, 2001

Bücher, die weiterhelfen

Pauen, Sabina:
Was Babys denken – eine Geschichte des ersten Lebensjahres.
C.H. Beck, 2006

Pikler, Emmi / Tardos, Anna:
Laßt mir Zeit. Die selbständige Bewegungsentwicklung des Kindes bis zum freien Gehen.
Pflaum, 2001

Pikler, Emmi /u.a.:
Miteinander vertraut werden. Erfahrungen und Gedanken zur Pflege von Säuglingen und Kleinkindern.
Arbor, 1997

Renz-Polster, Herbert:
Kinder verstehen. Born to be wild: Wie die Evolution unsere Kinder prägt.
Kösel, 2009

Sears, Dr. William:
Schlafen und Wachen – Ein Elternbuch für Kindernächte.
LaLecheLiga-Verlag, 2005

Sears, Dr. William:
Das »24-Stunden-Baby« – Kinder mit starken Bedürfnissen verstehen.
LaLecheLiga-Verlag, 1998

Stemme, Gisela, v. Eickstedt, Doris:
Die frühkindliche Bewegungsentwicklung. Vielfalt und Besonderheiten.
Verlag Selbstbestimmtes Leben, Aktualisierte Neuauflage 2007

Stern, Daniel N., Bruschweiler-Stern, Nadia, Freeland, Alison:
Geburt einer Mutter. Die Erfahrung, die das Leben einer Frau für immer verändert,
Piper, 1998

Wittmair, Susanne:
Zwillinge stillen – Hilfe für alle Situationen.
Verlag von Gratkowski, 2009

Weigert, Vivian:
Bekommen wir ein gesundes Baby? Was Sie über pränatale Diagnostik wissen sollten.
Kösel, 2006

Weigert, Vivian:
Stillen. Das Begleitbuch für eine glückliche Stillzeit. Alles Wichtige auf einen Blick.
Kösel, 2010

DVD:

12 Mütter, 2 Profis über die Stillzeit: Mamas Milch.
2 DVDs, 220 Minuten. www.mamas-milch.de

Bücher aus dem Gräfe und Unzer Verlag

Bohlmann, Sabine:
BabySpielZeit. Der große Spieleschatz für kleine Entdecker.
2010

Cramm, Dagmar von:
Das große GU Kochbuch für Babys und Kleinkinder.
2007

Dohmen, Barbara:
Babyernährung: Stillen, Fläschchen, Breie
2009

Guóth-Gumberger, Márta, Hormann, Elizabeth:
Stillen.
2008

Keicher, Ursula, Dr. med:
Quickfinder Kinderkrankheiten. Der schnellste Weg zu richtigen Behandlung.
2007

Kienzle-Müller, Birgit, Wilke-Kaltenbach, Gitta:
Schau, was ich schon kann! Babys Entwicklungsschritte erkennen und fördern.
2011

Pulkkinen, Anne:
PEKIP. Babys spielerisch fördern.
2008

Richter, Robert, Schäfer, Eberhard:
Das Papa-Handbuch. Alles, was Sie wissen müssen zu Schwangerschaft, Geburt und dem ersten Jahr zu dritt.
2005

Soldner, Georg, Dr. med, Vagedes, Jan, Dr. med:
Das Kinder Gesundheitsbuch.
2008

Voormann, Christina, Dandekar, Govin:
Babymassage.
2009

Register

A

Abpumpen 78, 87, 96, 126 f.
Abstillen 88, 106
Allergie 70, 91, 101, 154
Allergieprävention 101
Anfangsmilch 91
Angstträume 133 f.
Anlegen, erstes 12, 70 f.
- korrektes, 71 ff., 77, 144
Ansaugen, Hilfe beim 77
Apgar-Test 143
Aufstoßen 83
Auge-Hand-Mund-Koordination 15, 44 f.,60
Augenprophylaxe 144, 180

B

Babybalkon 114
Babynest 15, 42 ff.
Babysprache 21
Babywippe 45
Baden 145
Bakterien 70
Bauchlage 19, 42, 45, 54 f., 56 f., 61, 114, 152 f., 161
Bauchweh 23, 87, 93, 157
Bäuerchen, Aufstoßen 83, 87, 126
Beikost 98 ff.
- Empfehlungen 103 f., 107
- richtiger Zeitpunkt 98 f.
Beruhigen, intuitiv 23
Berührung, achtsame 13, 16 f., 17 ff.
Beschäftigen, sich alleine 32 f.
Bewegungsentwicklung, Etappen 54
Bewegungsmöglichkeiten erkunden 32

Bindungssicherheit 32, 106, 121
Bindungsforschung 11, 79
Bindungsverhalten 31
Blähungen 23, 157
- Haltung bei 48 f.
Blickkontakt 10, 12, 21, 35, 46, 148, 161
Blutschwämmchen 139
Bonding 10 f.,
Brei, erster 102 ff.
Brustentzündung (Mastitis) 89 f.
Brusternährungsset 75
Brusthütchen 88 f.
Brustprobleme 88 ff.
Brustwarzen, Probleme 77, 88
- wunde 88
- zu flache 78

C/D

Clusterfeeding, gehäuftes Trinken 26, 80, 116
Darm-Invagination 170
Dream-Feeding 125 f., 130
Drehen 53
Drehversuche, erste 45
Dreimonatskoliken 157
Dreitagefieber 165
Durchfall 93, 162, 167 f.
Durchschlafen, nächtliches 121 ff., 129, 132 f.

E

Einschlafen 118 f., 127 f., 130 f.
Einschlafrituale 127, 130 f., 133
Embryohaltung 40
Entwicklung, motorische 39 ff.
Entwicklungsschub 29, 95
Entwicklungssprung 24

Erbrechen 84, 168
Erkundungsverhalten 31
Erstausstattung 174 ff.
Erstuntersuchungen 10, 143 f.

F

Familienbett 112 f.
Familienergänzende Babybetreuung 183
Feinmotorik 53, 60, 67, 166
Fieber 158, 165, 173
- Gefahr bei 173
Fieberkrampf 173
Fingerfood 99, 107
Fläschchen zubereiten 93 f.
- Material 94
- Sauger 94
Fliegerhaltung 48 f.
Folgemilch 91
Formalitäten nach der Geburt 181
Formulamilch 90
- Ernährung mit 79
- Qualität 92
Fremdeln 35 f., 130
Frühgeburt, Stillen nach 78

G

Gehäuftes Trinken 26, 80, 116
Gehen, erstes freies 66
Gehirnentwicklung 29 f., 36, 46, 61, 63
Gesetzliche Regelungen 182
Getränke fürs Baby 85, 92
Gewichtsverlust 75, 144
Gewichtszunahme, normale 84, 168
Gleichgewichtssinn 13, 16, 46, 65

Gluten 102
Grundbedürfnisse, seelische 31 f.

H

Haarewaschen 146
HA-Formulamilch 91
Halten 16, 47 f.
Hand-Auge-Koordination 15
Hände und Füße entdecken 32
Hand-Hand-Koordination 44
Hand-Mund-Fuß-Krankheit 172
Hand-Mund-Koordination 44
Hausapotheke 179
Hautflecken 139
Hautkontakt 10 f., 12, 78
Hautpflege 142 f., 145 f.
- im Windelbereich 147 f.

Hautwechsel 139
Hebamme 28, 76 f., 78 f., 84, 89 f., 96, 140, 141, 143, 144, 155
Homöopathische Mittel 157, 160, 164, 173
Hunger
- Anzeichen, erste 23, 74 ff
- nachts 123 f.
- nächtlichen abgewöhnen 133
- richtiger 76, 87 f.

Hygiene 92, 94

I/K

Impfen 153 ff.
- Vorsichtsmaßnahmen 154

Impfkalender 153
Impftermine 155
Kaiserschnitt, Stillen nach 78
Kälte-Wärme-Haushalt 149
Karies-Prophylaxe 166
Kinderarzt 28, 87, 140, 143, 153, 162 f., 172
Kindersicherungen 67
Kindspech, Mekonium 140 f.

Kolostrum 74, 76, 78, 141
Kompetenz, eigene erfahren lassen 28, 32
Koordinationsfähigkeit entwickeln 62
Koordinationsvermögen 65
Körperkontakt 20, 31
- Bedürfnis nach 24, 31
- einschlafen im 119, 132

Körperkontrolle, selbst erarbeitete 62
Körperspannung 17
Körpersprache 21
Krabbeln 61, 62 f., 166
Kreiseln 56
Kriechen 57, 166
Kuckuck-Spiele 37

L/M

Lächeln, erstes 21
Lanugobehaarung 138
Lieder und Reime 28, 34
Massage 17 ff., 51
Milchbildung 71, 81, 117
- reduzieren 106

Milcheinschuss 76 f.
Milchgebiss 159
Milchmenge regulieren 82
- steigern 82, 84
- verringern 81

Milchschorf 164
Milchstau 89
Mimik 14
Mittelohrentzündung 171
Mongolenflecken 139
Mundfäule 171
Muttermilch, abgepumpte erwärmen 97, 127
- abgepumpte frisch halten 97
- gesundheitliche Vorteile 70, 78, 80, 85, 88, 99, 101, 106, 156
- Zusammensetzung 80

Muttermilchstuhl 140 f., 155

N/O

Nabelbruch 156
Nabelpflege 143, 146
Nachtschicht, Papas 117, 126 f., 132 f.
Nestschutz, abnehmender 167
Neugeborenen-Akne 140
Neugeborenen-Exanthem 139
Neugeborenengelbsucht 74, 141 f., 152
Neugeborenen-Reflexe 40 f., 43
Neugeborenen-Screening 142, 144
Neurodermitis 154, 164
Notruf 178
Ohrenschmerzen, erste Hilfe 171
Orientierungsverhalten 34
Oxytozin 11 f.,

P/R

Pflege 137 ff., 142, 156
- Genitalien 146
- Nase 146
- Ohren 146

Pinzettengriff 60, 67, 107, 166
Plötzlicher Säuglingstod 114
Pre-Milch 91
Pucken 120
Reflexe 21, 71, 144, 151
Reling-Gang 62, 64 f.
Rhythmus, fester 129
Robben 57
Rollen 56
Rückbildung 70, 77
Rückenlage 14, 19, 32, 43, 53, 61, 153
Rutschen 57

S

Säuglingsforschung 30
Säuglingspflege, liebevolle 148
Säuglingstod, plötzlicher 114

ANHANG

Saugvakuum 71
- lösen 71, 82

Schalensitz 45
Scherengriff 60
Schielen 140, 152
Schlaf 109 ff.
- in der Klinik 111
- gesunder, Voraussetzungen 113, 118

Schlafbedarf 135
Schlafdauer, Neugeborene 110
Schlafmangel 111, 116 ff., 125
Schlafplatz fürs Baby 111 ff., 125
Schlafräuber 122 ff.
Schlafrhythmus, Babys 115 ff., 121 ff.
- Neugeborenes 111

Schmerzen 25
- erkennen 170

Schmierauge 157
Schnupfen 87, 156, 165
Schreibaby 26 ff.
Schreidauer 25 f.
Schreien, Gründe fürs 22 ff.
Schreien, ignorieren 23, 30
Schreiphasen 21, 25 f.
Schreistunde, abendliche 26
Schwerkraft 16, 40, 40, 42 f.,
Sehkraft 55
Sehvermögen 12, 14, 29
Seitenlage 54, 61
Selbstvertrauen 20, 32
Sicherheit in Haus und Garten 177
Sicherheits-Check der Wohnung 58
Sinneswahrnehmungen 12 f., 14 ff., 35
Sitzen 61, 63 f., 166
Sling 50
Soor 151, 163

Sprachentwicklung 28, 33 f., 37, 166
Sprachverständnis fördern 37
Spreiz-Anhock-Haltung 50 f.
Spucken nach dem Trinken 83
Stehen 61, 64 f.
Stillberaterin 75, 77, 86, 96, 141, 144, 155
Stilldauer 105
Stillen 70, 144
- Ablenkung beim 95
- häufiges nachts 95
- Probleme 86 ff.

Stillfachfrau 162
Stillmahlzeit, Häufigkeit 80 f.
- Häufigkeit bei Neugeborenen 76

Stillpositionen 72 f.
Stillprobleme 96
Stillrhythmus, natürlicher 85
Stillstreik 96
Storchenbiss 139
Strampelspiele 58 ff.
Stressresistenz 30
Stuhl, schwarzer, 140 f.
- grüner 155

Stuhl, Häufigkeit 155
- Muttermilchstuhl 140 f., 155

T

Tagesschlaf 115, 128, 130, 132, 134
Tag-Nacht-Rhythmus 110, 115 ff., 121
Touchpoint-Modell 24
Tragebeutel 50
Tragehilfen 49 ff.
Tragen 16, 20, 46 ff.,
Tragetuch 20, 22,
Tragetuch 42, 50 ff.
- günstige Trageweisen 50 f.
- richtig binden 51
- richtig tragen 52

Traumschlaf 111, 125 f., 130

Trennungsangst 35 f.
Trinken, zu wenig 84

U/V

Uhr, innere 124, 129
Urin, roter 140 f.
Verbote 37
Verdauungsbeschwerden 76, 161 f.
Vernix caseosa, Käseschmiere 138
Verständnis zeigen 24, 27
Verstopfung 93, 155, 162, 167
Verwöhnen 30 f.
Vierfüßlerstand 63
Vitamin D 144, 166, 180
Vitamin K 144, 152, 180
Vorsorgeuntersuchungen 143 f., 180
- U1 143 f.
- U2 144.
- U3 151
- U4 152 f.
- U5 161
- U6 166

W/Z

Wachstum 144, 156, 163, 167
Wachstumsschub 80, 82, 91
Wadenwickel 173
Wärme, konstante 150 f.
Wickeln 117, 143, 146 f.
Wiegehaltung 72
Windeln 148 f.
Wohnung, kindersichere 58, 65, 67, 177 f.
Worte, erste 37
Zahnen 122, 158
Zahnpflege 160, 166
Zahnungshilfen 159 f.
Zöliakie 102 103 f.
Zufüttern 75
Zuwendung, warmherzige 30

 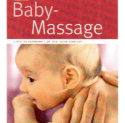 

DIE GU RATGEBER KINDER
Für Ihre Kinder nur das Beste

Sie tun viel für Ihre Kinder – wir tun alles, um Sie dabei zu unterstützen. Unsere Bücher sind geschrieben von **echten Experten** mit langjähriger Erfahrung: Sie bieten Ihnen **aktuelle und bewährte Methoden**, mit denen Sie Ihre Kinder **pflegen** und zärtlich verwöhnen, gesund erhalten und **fördern** können. Alle Übungen, Tipps und Anleitungen sind **mehrfach geprüft** und so geschrieben, dass jeder sie leicht nachvollziehen kann. Natürlich werden alle Inhalte immer auf dem **aktuellen Stand** gehalten.

GU PLUS

Und jetzt neu:
- → **Der GU-Folder** bietet einen echten Zusatznutzen – als Poster, Einkaufshilfe oder praktische Übersicht.
- → **Die 10 GU-Erfolgstipps** vermitteln spezielles Praxis-Know-how aus dem reichen Erfahrungsschatz der Autoren, das den Ratgeber einzigartig macht.

IMPRESSUM

Über die Autoren

Vivian Weigert leitet die Fachstelle für Säuglingsfragen in der Beratungsstelle für Natürliche Geburt und Elternsein e.V. in München, die 1979 von ihr mitbegründet wurde. Dort führt sie auch eine Schreibaby-Ambulanz. Sie zählt zu den Pionierinnen im Bereich rund um die Geburt, ist erfolgreiche Autorin, Heilpraktikerin und Mutter eines heute erwachsenen Sohnes. Vivian Weigert ist außerdem im Arbeitskreis Stillen des Gesundheitsreferats der Stadt München aktiv. www.vivian-weigert.de

Dr. Franz Paky ist Leiter der Kinderabteilung des Landeskrankenhauses in Vöcklabruck, Österreich. Er ist Vater zweier Kinder, die vor mehr als 20 Jahren zu Hause geboren wurden. Als Neonatologe hat er sich intensiv mit dem sparsamen Einsatz apparativer Methoden in der Versorgung von Früh- und Neugeborenen beschäftigt. Dr. Paky gilt als Experte für die Bereiche exzessives Schreien von Babys und plötzlicher Kindstod. Er ist Gründer mehrerer Schreiambulanzen in Österreich und Referent für kindliche Schlafstörungen auf internationalen Tagungen.

Wichtiger Hinweis

Alle Ratschläge, Anwendungen und Übungen in diesem Buch wurden von den Autoren sorgfältig recherchiert und in der Praxis erprobt. Dennoch können nur Sie selbst entscheiden, ob und inwieweit Sie diese Vorschläge mit Ihrem Kind umsetzen können und möchten. Lassen Sie sich in allen Zweifelsfällen zuvor durch einen Arzt oder Therapeuten beraten.
Weder Autoren noch Verlag können für eventuelle Nachteile oder Schäden, die aus den im Buch gegebenen praktischen Hinweisen resultieren, eine Haftung übernehmen.

© 2011 GRÄFE UND UNZER VERLAG GmbH, München
Alle Rechte vorbehalten. Nachdruck, auch auszugsweise, sowie Verbreitung durch Bild, Funk, Fernsehen und Internet, durch fotomechanische Wiedergabe, Tonträger und Datenverarbeitungssysteme jeder Art nur mit schriftlicher Genehmigung des Verlages.

Projektleitung: Christine Kluge
Lektorat: Angela Hermann-Heene
Bildredaktion: Petra Ender
Umschlaggestaltung und Layout: independent Medien-Design, Horst Moser, München
Herstellung: Markus Plötz
Satz: Christopher Hammond
Lithos: Repro Ludwig, Zell am See
Druck und Bindung: Firmengruppe APPL, Wemding

ISBN 978-3-8338-1985-8

1. Auflage 2011

Bildnachweis

Fotos und Illustrationen: Anders: 18, 19, 32,157; Corbis: Cover, 60, 112, 130, 136, 151, 165, 166; Dydimos: 51; Ender: 15, 55, 63, 66, 67; F1 online: 104, 140; Getty: Umschlagseite hinten 2, 4, 6, 22, 27, 38, 43, 48, 56, 64, 70, 90, 93, 97, 101, 108, 117, 123, 152, 154; Görisch: 103; Jump: 171; Mauritius: 37, 83, 128, 145; Picture Press: 42; Photolibrary: 160; Seckinger: 8, 11, 58, 68, 72, 75, 96, 135, 163; Stickel: 57, 67
Syndication:
www.jalag-syndication.de

Umwelthinweis

Dieses Buch ist auf PEFC-zertifiziertem Papier aus nachhaltiger Waldwirtschaft gedruckt. Um Rohstoffe zu sparen, haben wir auf Folienverpackung verzichtet.

Unsere Garantie

Alle Informationen in diesem Ratgeber sind sorgfältig und gewissenhaft geprüft. Sollte dennoch einmal ein Fehler enthalten sein, schicken Sie uns das Buch mit dem entsprechenden Hinweis an unseren Leserservice zurück. Wir tauschen Ihnen den GU-Ratgeber gegen einen anderen zum gleichen oder ähnlichen Thema um.

Liebe Leserin und lieber Leser,

wir freuen uns, dass Sie sich für ein GU-Buch entschieden haben. Mit Ihrem Kauf setzen Sie auf die Qualität, Kompetenz und Aktualität unserer Ratgeber. Dafür sagen wir Danke! Wir wollen als führender Ratgeberverlag noch besser werden. Daher ist uns Ihre Meinung wichtig. Bitte senden Sie uns Ihre Anregungen, Ihre Kritik oder Ihr Lob zu unseren Büchern. Haben Sie Fragen oder benötigen Sie weiteren Rat zum Thema? Wir freuen uns auf Ihre Nachricht!

Wir sind für Sie da!
Montag – Donnerstag: 8.00 – 18.00 Uhr; Freitag: 8.00 – 16.00 Uhr
Tel.: 0180 - 5 00 50 54* *(0,14 €/Min. aus
Fax: 0180 - 5 01 20 54* dem dt. Festnetz/ Mobilfunkpreise
E-Mail: maximal 0,42 €/Min.)
leserservice@graefe-und-unzer.de

P.S.: Wollen Sie noch mehr Aktuelles von GU wissen, dann abonnieren Sie doch unseren kostenlosen GU-Online-Newsletter und/oder unsere kostenlosen Kundenmagazine.

GRÄFE UND UNZER VERLAG
Leserservice
Postfach 86 03 13
81630 München

Ein Unternehmen der
GANSKE VERLAGSGRUPPE